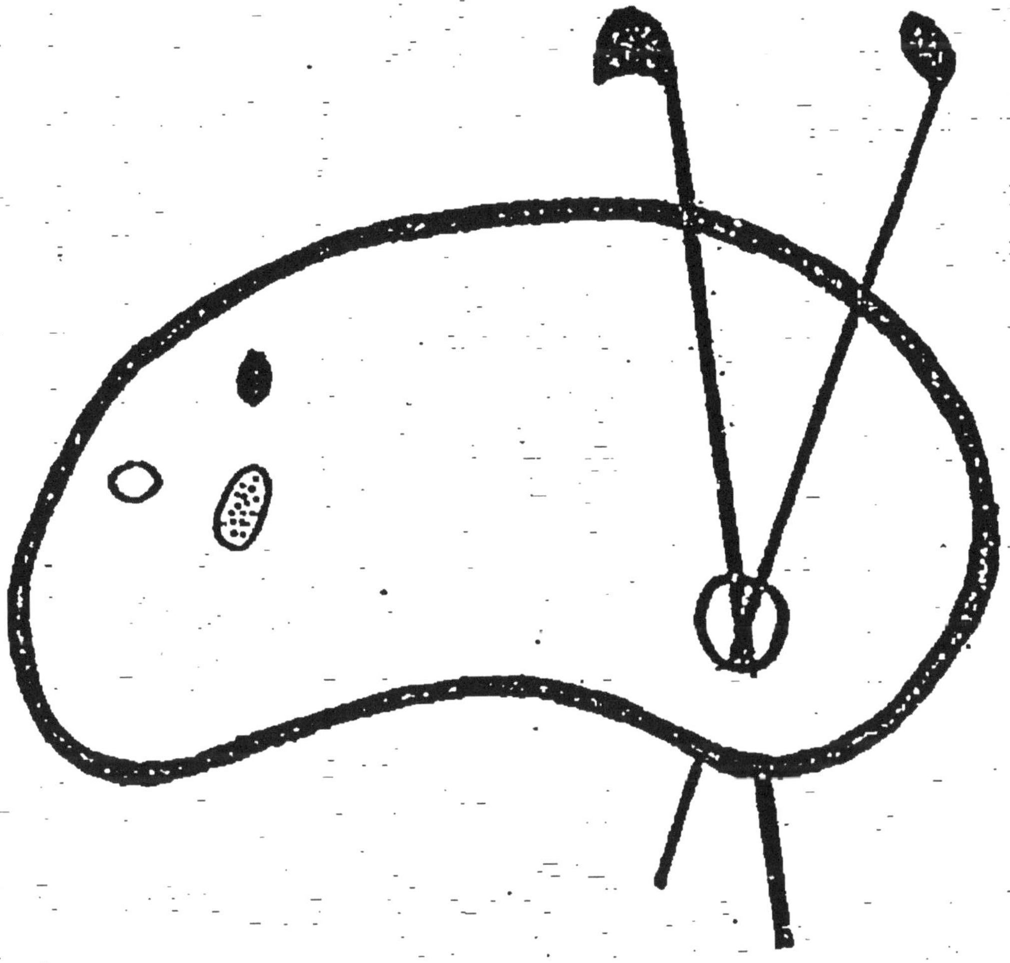

COUVERTURE SUPERIEURE ET INFERIEURE
EN COULEUR

Mᵐᵉ ZULMA CARRAUD

LES VEILLÉES

DE

MAITRE PATRIGEON

ENTRETIENS FAMILIERS

SUR LE TRAVAIL, LA PROPRIÉTÉ, LA RICHESSE
L'AGRICULTURE, LA FAMILLE, ETC.

Ouvrage couronné par l'Académie française

PARIS

LIBRAIRIE HACHETTE ET Cⁱᵉ

79, BOULEVARD SAINT-GERMAIN, 79

LITTÉRATURE POPULAIRE

EDITIONS A 1 FRANC 25 C. LE VOLUME, FORMAT IN-18 JESUS

Le cartonnage en percaline gaufrée se paye en sus 50 cent. par volume

Agassiz (M. et Mme) : *Voyage au Brésil,* 1 vol. avec une carte.

Aunet (Mme Léonie d') : *Voyage d'une femme au Spitzberg.* 1 vol.

Badin (Ad.). *Duguay-Trouin.* 1 vol.

— *Jean Bart.* 1 vol.

Baines (Th.). *Voyage dans le Sud-Ouest de l'Afrique.* 1 vol.

Baker (S. W.) : *Le lac Albert. Nouveau voyage aux sources du Nil.* 1 vol.

Baldwin. *Du Natal au Zambèse, 1865-1866. Récits de chasses.* 1 vol.

Barrau (Th.-H.). *Conseils aux ouvriers sur les moyens d'améliorer leur condition.* 1 v.

Bernard (Fréd.). *Vie d'Oberlin.* 1 vol.

Bonnechose (Emile de). *Bertrand du Guesclin.* 1 vol.

— *Lazare Hoche.* 1 vol.

Burton (le capitaine) : *Voyages à la Mecque, aux grands lacs d'Afrique et chez les Mormons.* 1 vol. avec 3 cartes.

Calemard de la Fayette. *La Prime d'honneur.* 1 vol.

— *L'Agriculture progressive.* 1 vol.

Carraud (Mme Z.). *Une Servante d'autrefois.* 1 vol.

Charton (Ed.). *Histoires de trois enfants pauvres.* 1 vol.

Corne (H.). *Le Cardinal Mazarin.* 1 vol.

— *Le Cardinal de Richelieu.* 1 vol.

Corneille (Pierre). *Chefs-d'œuvre.* 1 vol.

Deberrypon (Martial). *La Boutique de la marchande de poissons.* 1 vol.

Delapalme. *Le Premier livre du citoyen.* 1 vol.

Duval (Jules). *Notre pays.* 1 vol.

Ernouf (Le baron). *Histoire de trois ouvriers français.* 1 vol.

— *Jacquard. Philippe de Girard.* 1 vol.

— *Denis Papin.* 1 vol.

Franck (A.) : *Morale pour tous;* 2e édit. 1 volume.

Franklin. *Œuvres,* traduites de l'anglais et annotées par Ed. Laboulaye. 5 vol.

Guillemin (Amédée). *La Lune.* 1 vol. avec 2 grandes planches et 46 vignettes.

— *Le Soleil.* 1 vol. avec 58 figures.

— *La Lumière.* 1 vol. avec 71 figures.

— *Le Son.* 1 vol. avec 70 figures.

Hauréau (B.). *Charlemagne et sa cour.* 1 v.

Hayes (Dr I.-I.) : *La mer libre du pôle.* 1 v.

Hoefer (Dr) : *Les saisons,* études de la nature. 2 séries formant 2 vol. avec figures.

Chaque série se vend séparément.

Homère. *Les beautés de l'Iliade et de l'Odyssée,* traduction de M. Giguet. 1 v.

Jonveaux (Emile) : *Histoire de quatre ouvriers anglais* (Maudslay, Stephenson, W. Fairbairn, J. Nasmyth). 1 vol.

— *Histoire de trois potiers célèbres.* 1 vol.

Joinville (Le sire de). *Histoire de saint Louis,* texte rapproché du français moderne, par Natalis de Wailly. 1 vol.

Jouault. *Abraham Lincoln.* 1 vol. avec deux portraits.

— *Georges Washington.* 1 vol. avec 2 cartes.

Labouchère (Alf.). *Oberlin.* 1 vol.

Lacombe (P.) : *Petite histoire du peuple français.* 1 vol.

La Fontaine. *Choix de fables.* 1 vol.

Lanoye (Fr. de) : *L'Inde contemporaine.* 1 vol.

Le loyal serviteur : *Histoire du gentil seigneur de Bayart.* 1 vol.

Livingstone (Charles et David). *Explorations dans l'Afrique centrale et dans le bassin du Zambèse, 1840-1860.* 1 vol.

Mage (E.) : *Voyage dans le Soudan occidental.* 1 vol. avec une carte.

Marcoy (P.) : *Scènes et paysages dans les Andes.* 2 vol.

Meunier (Mme H.). *Le Docteur au village. Entretiens familiers sur l'hygiène.* 1 v. *Entretiens sur la botanique.* 1 vol.

Milton (le Vte) et le Dr W. B. Cheadle. *Voyage de l'Atlantique au Pacifique, à travers les montagnes Rocheuses,* 1 vol. avec cartes.

Molière. *Chefs-d'œuvre.* 2 vol.

Mouhot. *Voyages à Siam, dans le Cambodge et le Laos.* 1 vol.

Müller (Eug.). *La boutique du marchand de nouveautés.* 1 vol.

Palgrave (W. G.) : *Une année dans l'Arabie centrale.* 1 vol. avec carte.

Perron d'Arc : *Aventures d'un voyageur en Australie.* 1 vol.

Pfeiffer (Mme Ida). *Voyage autour du monde,* édition abrégée par J. Belin de Launay. 1 vol.

Piotrowski (R.) : *Souvenirs d'un Sibérien.* 1 vol.

Poirson. *Guide-Manuel de l'Orphéoniste.* 1 vol.

Racine (Jean). *Œuvres complètes.* 3 vol.

— *Chefs-d'œuvre.* 2 vol.

Reclus (E.). *Les phénomènes terrestres.* 2 vol. qui se vendent séparément :

I. *Les continents.* 1 vol.

II. *Les mers et les météores.* 1 vol.

Rendu (Victor). *Principes d'agriculture.* 2 vol. avec vignettes.

— *Mœurs pittoresques des insectes.* 1 vol.

Shakspeare. *Chefs-d'œuvre.* 3 vol.

Speke (Journal du capitaine John Hanning). *Découverte des sources du Nil.* 1 v.

Thévenin (Evariste). *Cours d'économie industrielle.* 7 vol.

— *Entretiens populaires.* 9 vol.

Chaque volume se vend séparément.

Vambéry (Arminius). *Voyages d'un faux derviche dans l'Asie centrale.* 1 vol.

Véron (E.). *Les Associations ouvrières en Allemagne, en Angleterre et en France.* 1 vol.

Wallon (de l'Institut). *Jeanne d'Arc.* 1 v. ill.

LES VEILLÉES

DE MAITRE PATRIGEON

AUTRES OUVRAGES DE Mme CARRAUD

Contes et historiettes à l'usage des jeunes enfants qui commencent à savoir lire. 1 vol. in-12, cartonné.   1 fr. 10 c.

Ouvrage dont l'introduction dans les écoles est autorisée par le Ministre de l'instruction publique.

Lettres de famille ou modèles de style épistolaire pour les circonstances ordinaires de la vie. 1 volume in-12, cartonné.   1 fr. 10 c.

Une servante d'autrefois. 1 vol. in-12, broché.   1 fr. 25 c.

Le livre des jeunes filles, simple correspondance. 1 vol. in-12, broché. . . . .   3 fr. 50 c.

Petite Jeanne (la) ou le Devoir. Livre de lecture courante à l'usage des écoles primaires des filles. 1 vol. in-12, cartonné, contenant 8 vignettes. . . . .   1 fr. 10 c.

Ouvrage dont l'introduction dans les écoles est autorisée par le Ministre de l'instruction publique, couronné par l'Académie française et approuvé par Nosseigneurs le cardinal du Pont, archevêque de Bourges, et les évêques de Dijon, de Limoges, de Versailles, de Séez et de Quimper.

Le même ouvrage, illustré de 20 vignettes. 1 volume in-12, broché. . . . .   2 fr. 25 c.

Historiettes véritables pour les enfants de 4 à 8 ans. 1 volume in-12, illustré de 94 vignettes, broché. .   2 fr. 25 c.

Les métamorphoses d'une goutte d'eau, etc. 1 volume in-12, illustré de 50 vignettes, broché. . . . .   2 fr. 25 c.

Les goûters de la grand'mère. 1 volume in-12, illustré de vignettes, broché. . . . .   2 fr. 25 c.

La reliure de ces trois derniers volumes en percaline rouge se paye en sus, tranches jaspées, 1 fr.; tranches dorées, 1 fr. 25.

Coulommiers. — Imprimerie PAUL BRODARD.

LES VEILLÉES

DE

MAITRE PATRIGEON

ENTRETIENS FAMILIERS

SUR

L'IMPÔT, LE TRAVAIL, LA RICHESSE
LA PROPRIÉTÉ, L'AGRICULTURE
LA FAMILLE, LA PROBITÉ, LA TEMPÉRANCE, ETC.

PAR

Mme ZULMA CARRAUD

OUVRAGE COURONNÉ PAR L'ACADÉMIE FRANÇAISE

QUATRIÈME ÉDITION

PARIS

LIBRAIRIE HACHETTE ET Cie

79, BOULEVARD SAINT-GERMAIN, 79

1879

INTRODUCTION

Sylvain Patrigeon, fils d'un riche fermier des Bernardins de la Prée, acheta fort jeune encore, en 1777, la métairie du Grand-Parc, située à l'extrémité du faubourg des Allouettes, à Issoudun. Il s'y maria, et la géra avec ordre et intelligence.

Les moines qui, dans son enfance, l'avaient pris en affection, à cause de son heureux naturel, lui enseignèrent à lire, à écrire et à compter. Sylvain, comprenant le grand avantage que lui donnait sur ses pareils ce peu d'instruction, envoya ses enfants à l'école, chose bien rare à cette époque.

Son fils aîné, Cyr, qui lui succéda dans la propriété de la métairie, avait acquis une sérieuse influence dans le quartier par son caractère estimable; toujours prêt à obliger ses voisins, cet homme, d'un grand sens et d'une sérénité d'âme remarquable, était l'arbitre de tous les différends autour de lui, la probité étant traditionnelle dans la famille Patrigeon qui, de temps immémorial, avait vécu sur les terres des moines.

En 1860, le pauvre Cyr Patrigeon eut les deux jambes paralysées. Le voyant veuf et jeune encore, sa sœur Véronique renonça au mariage pour se consacrer entièrement à lui ; elle éleva les enfants et prit le gouvernement du ménage. Des trois fils que lui avait laissés sa femme, il n'avait conservé qu'Étienne, ayant alors soixante ans, et père de deux garçons qu'il gardait auprès de lui et qui étaient eux-mêmes en famille. Ainsi donc sœur, enfants et petits-enfants, tout le monde se pressait autour du vieillard et cherchait à lui faire oublier sa cruelle infirmité ; comme il avait conservé toute sa tête, qu'il voyait et entendait bien, Cyr Patrigeon pouvait apprécier les soins religieux dont il était l'objet, et s'en trouvait très-heureux.

Étienne conduisait la culture avec l'aide de ses fils et de leurs jeunes enfants qui gardaient les bestiaux ; jamais il n'avait voulu consentir à ce que son père lui cédât son bien et se réduisît à une pension pour lui et sa vieille sœur, ainsi que le vieillard l'en avait souvent pressé. Étienne lui avait respectueusement représenté qu'il n'est pas séant que le chef de la famille renonce à l'entière disposition de son avoir, et qu'il doit toujours conserver sa supériorité en toute chose. Aussi ne faisait-il jamais rien sans prendre l'avis de son père auquel il rendait exactement ses comptes.

Tous les champs de la métairie du Grand-Parc étaient entourés de noyers, en grande partie plantés par Sylvain Patrigeon, le grand-père d'Étienne. Chaque année, aussitôt après la Toussaint, on employait les veillées à casser et à *curer* (éplucher) les noix avant de les porter à l'huilerie. Cette besogne étant longue et fastidieuse, il est d'usage dans le pays de s'entr'aider entre voisins. Or, les amateurs ne manquaient pas aux veillées du Grand-Parc : non-seulement l'accueil y était cordial, mais l'on y apprenait toujours quelque chose de bon et d'utile. Étienne Patrigeon étant comme son père, intelligent et laborieux, faisait son profit de tout ce qu'il lisait et entendait; puis la tante Véronique avait toujours un bon conseil à donner, un bon exemple à offrir.

En 1864, la récolte des noix fut assez abondante pour que tous les voisins, et aussi les amis des Patrigeon, s'empressassent de venir aider à les *curer*. Ce voisinage se composait de gens de tous états, auxquels se joignaient des amis dont l'habitation était plus éloignée. Parmi ces derniers se distinguait un huissier, parent éloigné de la famille : Châtelain, parcheminier au faubourg de Vilatte et neveu du vieux Patrigeon, homme plein de sens et ne manquant pas d'une certaine instruction : l'instituteur primaire : Limondin, fermier des environs, brave homme, mais fort ignorant : Pigelet, meunier, propriétaire du moulin de l'Étang-le-Roy, chez qui l'intelligence et un grand bon sens tenaient lieu de l'instruction qui lui manquait : et enfin Rémi, ouvrier fileur à la filature de Chinault, jeune homme quelque peu imbu des idées nouvelles, et trop ignorant de la science sociale pour distinguer les bonnes des mauvaises. Il était fiancé à l'une des petites-filles d'Étienne Patrigeon.

LES VEILLÉES
DE MAITRE PATRIGEON

PREMIÈRE VEILLÉE

L'IGNORANCE

Immédiatement après la Toussaint, on se réunit pour la première fois de l'année au Grand-Parc (prononcé dans le pays grand *Par*). Pivert, le vigneron, n'ayant pas amené son fils, on lui demanda si l'enfant était indisposé.

LE VIGNERON. — Non pas, Dieu merci ! mais comme le gars a douze ans, je l'ai mis en apprentissage chez un tonnelier.

ÉTIENNE PATRIGEON. — Comment ! tu as mis en apprentissage un garçon qui ne sait pas assez bien écrire et calculer pour être en état de tenir ses comptes un jour ! Va-t-il au moins à l'école du soir ?

LE VIGNERON. — Bah ! laissez donc ! est-ce que ça l'empêchera de faire ses affaires aussi bien que je fais les miennes ? Voyez-vous, maître Étienne, l'on est toujours de son temps ; et les plus ignorants d'à présent en savent plus long que les savants des temps passés.

ÉTIENNE. — D'abord, ce n'est pas bien sûr; et puis tu ne dis pas qu'à présent les savants en savent plus long que ceux d'autrefois; en sorte que la proportion reste la même.

LE VIGNERON. — Tout cela est bel et bon : mais, il faut que le petit sache travailler de bonne heure; car je ne peux pas le nourrir à rien faire, moi! Ce n'est pas comme un enfant de riches.

ÉTIENNE. — Tu nous donnes là de bien mauvaises raisons, mon pauvre Pivert : car, d'abord, tu as assez d'aisance pour nourrir ton enfant pendant qu'il se perfectionnera à l'école, et que son corps prendra de la force.

CHATELAIN, LE PARCHEMINIER. — Et puis, vous êtes dans une grande erreur si vous vous imaginez que les enfants qui auront de la fortune ne font rien; ils travaillent au contraire infiniment plus que les vôtres. Dès leur plus bas âge ils étudient du matin au soir pour amasser les connaissances nécessaires aux états qu'ils professeront plus tard. On leur laisse si peu de liberté, que s'il y a quelque chose à dire, c'est sur l'excès de travail qu'on leur impose.

BLIN, LE CORDIER. — Et ceux qui ne feront rien?

CHATELAIN. — Ceux-là ont aussi besoin d'une éducation complète pour apprendre à gérer leur bien, à en faire un usage convenable, et surtout à le conserver. Ceux d'entre eux qui ne font rien dans les collèges où on les place descendent au-dessous du bon ouvrier, tout riches qu'ils sont.

LE VIGNERON. — Voyons, les amis, est-il bien nécessaire que nous autres, pauvres gens, nous prenions la peine de nous instruire quand nous comptons pour si peu dans le monde?

CHATELAIN. — Et vous nous dites de semblables choses en temps de suffrage universel? quand on nous a rendu le droit de nommer ceux qui veillent aux intérêts du pays, c'est-à-dire aux nôtres? quand nous l'exerçons depuis seize ans? Vous n'y pensez pas. Est-ce que chacun n'a pas son utilité dans le monde? Vous avez bien vu les machines à battre, la mécanique à filer et à carder de Chinault, qui sont composées d'une infinité de roues, de rouets et d'engrenages de toutes sortes? Eh bien! la société est une grande machine aussi : seulement tous les rouages ont une volonté, ce qui ne les rend pas faciles à diriger. Mais les bonnes institutions font l'office de l'huile qui, versée à propos sur ces engrenages, facilite le mouvement général de la machine ; et ces institutions bienfaitrices, ce sont les députés que nous nommons qui sont appelés à les faire. Vous voyez bien que vous avez aussi votre utilité, puisque vous les nommez. Certainement, pour continuer ma comparaison, toutes les pièces de ce mécanisme n'ont pas la même importance : il en est même de si petites qu'on les aperçoit à peine ; mais essayez d'en soustraire une seule, celle qui vous semblera la plus insignifiante en apparence, vous amènerez un grand désordre : la machine fonctionnera péniblement d'abord, et finira bientôt par se détraquer. Eh bien, camarade, il en est de même dans la société où les petits ont leur utilité relative; car toutes les professions sont *solidaires*, c'est-à-dire s'appuient les unes sur les autres, depuis la plus grande jusqu'à la plus petite; et si l'on veut que la machine sociale marche sans frottement, il faut que chacun, par respect pour soi-même, cherche à se perfectionner sans cesse.

BLANCHARD, LE MARÉCHAL. — Moi, je connais certaines gens que l'on pourrait ôter de la société sans le moindre inconvénient; elle n'en marcherait même que mieux.

CHATELAIN. — Ah! oui, ceux-là sont les grains de sable qui se mettent entre les dents des rouages et en gênent le jeu; mais ils sont broyés à la longue, et remarquez bien qu'en général ils sont ignorants, et par conséquent incapables de bien juger des choses, ceux qui jouent le rôle des grains de sable! entendez-vous, Pivert?

BOIFFARD, LE SERRURIER. — Croyez-vous, monsieur Châtelain, que l'école donne de l'esprit aux enfants qui n'en ont pas?

CHATELAIN. — Mon voisin, l'esprit est comme le feu de ta forge; il a besoin d'être excité sans cesse pour répandre toute sa chaleur, toute sa lumière; si tu tiens ton feu sous la cendre, c'est presque comme s'il n'existait pas.

BOIFFARD. — Et alors l'instruction fait l'office du soufflet?

CHATELAIN. — Justement, mon ami.

BLIN. — Je ne crois pas ça, moi; nous autres, nous sommes si bêtes que l'école n'y fait rien.

VÉRONIQUE. — Depuis que je suis au monde, et il y a longtemps de cela, je n'ai jamais connu de gens qui fussent absolument *bêtes* comme vous le dites : je n'ai vu que des paresseux soit de corps, soit d'esprit, et souvent des deux à la fois. Un bon ouvrier, un simple terrassier même, qui fait sa besogne avec goût et conscience, ne manque pas d'intelligence; et tous ceux qui ne font rien qui vaille pèchent presque toujours par le bon vouloir.

LE VIGNERON. — Moi, je me dis que chacun ayant une âme et cinq sens, il ne peut y avoir une bien grande différence entre celui qui sait par expérience, et ceux qui apprennent dans les livres.

CYR PATRIGEON. — Si tout le monde a cinq sens, on peut dire que celui qui sait bien lire, bien écrire et compter, qui comprend bien ce qu'il trouve dans les livres, a un sens de plus que ceux qui ne savent rien, outre qu'il se sert mieux de ceux qu'il a reçus en naissant. Est-ce que moi qui suis vieux, je n'ai pas vu des gens avec qui j'allais à l'école devenir des hommes remarquables par les circonstances des différentes révolutions? S'ils s'en étaient tenus à ce que nous avions appris ensemble, ils ne seraient pas montés si haut; mais ayant eu l'occasion de développer leur intelligence, ils sont sortis de la foule au lieu de rester paysans comme moi; ou bien artisans; ils auraient fait leur métier sans en penser plus long, et auraient vécu dans l'obscurité. Vous voyez bien que chacun a sa dose d'intelligence et qu'il ne s'agit que d'être en position de la cultiver et d'en faire tout l'usage possible.

VÉRONIQUE. — Dites donc aussi que celui qui est instruit se trouve plus à même de rendre service que l'homme qui ne sait rien.

GOGUERY, LE CHARRON. — Et ce genre de service a cela de bon qu'il n'humilie pas celui qui le reçoit, bien au contraire; il lui réchauffe le cœur et en fait sortir tout ce qu'il contient de bon. Je connais ça, moi qui suis ignorant et qui prends volontiers conseil de ceux qui en savent plus long que moi.

PIVERT. — Oh bien! moi, je n'aime pas les conseils, et je préfère m'en tenir à mon idée.

ÉTIENNE PATRIGEON. — Et en cela tu as grand tort, voisin. Moi, c'est tout l'opposé : quand j'ai choqué mon idée contre une autre toute différente, je sais bien mieux ce que la mienne contient de bon ou de mauvais. La lumière jaillit de ce choc comme l'étincelle de deux cailloux qu'on cogne l'un contre l'autre.

BOIFFARD. — Malheureusement, l'entêtement étouffe trop souvent la raison.

CHATELAIN. — Et comme l'on est d'autant plus entêté que l'on est plus ignorant, le cousin Étienne a raison d'insister sur la grande nécessité de s'instruire.

PIGELET, LE MEUNIER. — Et la méfiance dont vous ne parlez pas? Est-il rien qui gâte plus le cœur d'un homme que de se méfier de tout le monde ? et chacun sait que la méfiance marche de compagnie avec l'ignorance, parce que celui qui ne sait rien se sent à la merci de tout le monde. Je vais vous en citer un exemple qui n'est que trop commun.

Mon grand-père qui était fort à l'aise, mettait de temps en temps quelques écus de côté, et il cachait ses épargnes dans un vieux pot ébréché, derrière la grande cuve du cellier, dans un coin où l'on ne voyait goutte en plein midi. Il en gardait la clef et allait lui-même chercher le vin dont on avait besoin chaque jour. Je couchais auprès de lui, et je l'ai vu souvent se lever la nuit pour aller ajouter quelques pièces à son trésor. Je l'ai suivi plus d'une fois sans qu'il s'en doutât. La crainte d'être volé finit par le rendre morose et grondeur, lui, le meilleur homme du monde.

C'est moi qui ai hérité du moulin où je fais des profits et des économies comme le faisait mon grand-père : mais au lieu de les cacher dans mon cellier, je les porte chez le receveur qui m'achète de la rente que je peux revendre quand je trouve quelque bonne occasion de m'arrondir. J'ai pour toute sûreté un petit carré de papier qu'on ne peut pas me voler, puisqu'il n'a de valeur qu'entre mes mains, et qu'il est facile d'ailleurs à serrer; mais mon grand-père qui ne savait pas lire ne s'en fût pas contenté, lui qui prétendait qu'on fait dire au papier tout ce qu'on veut!

CHATELAIN. — Voici un autre exemple des bienfaits des lumières. Autrefois, quand mon père avait des parchemins à vendre, il les conduisait lui-même à Nantes ou à Lyon, avec sa voiture et son cheval, ce qui entraînait des frais et une perte de temps considérables : je fais des parchemins comme mon père et je les vends , mais avec bien moins de souci, vraiment! grâces aussi à une feuille de papier où j'inscris le poids et la nature de mon envoi, le jour du départ, le prix du transport et sa destination; je confie ma marchandise, soit à un roulage responsable, soit au chemin de fer, et je continue tranquillement mon travail.

VÉRONIQUE. — Je crois qu'il a fallu bien du temps pour en venir à faire des lettres de voiture!

LE PARCHEMINIER. — Oui, certes, ma tante; cela suppose une civilisation assez avancée; il a fallu bien des tâtonnements, bien des essais avant d'arriver à donner une aussi grande sécurité au moindre membre de la société; et si l'instruction ne fût pas venue en aide, nous n'en serions pas encore là.

ÉTIENNE. — Et pourtant, nous sommes loin d'avoir atteint le degré de civilisation qui nous donnera une parfaite sécurité.

CHATELAIN. — Aussi est-ce un devoir pour chacun de

nous d'acquérir de l'instruction selon notre pouvo'r afin d'aider à cette œuvre providentielle de la civilisation qui, du reste, profite à tout le monde. Comprenez bien cela, mes amis !

BLANCHARD. — Dame ! il y a si peu de temps que nous comptons pour quelque chose, nous autres !

CYR PATRIGEON. — C'est une raison de plus pour se hâter de mettre son esprit à la hauteur d'une position si chèrement conquise ; car celui qui sait quelque chose peut se conduire par lui-même : il ne croit pas à toutes les sottises qui se débitent chaque jour ; il en dit et en fait moins aussi parce qu'il juge plus sainement des choses, et surtout il se respecte ! et vous savez comme moi que celui qui sait se respecter, sait aussi respecter les autres : ce qui est une grande condition de paix et d'équité.

LE MARÉCHAL. — C'est vrai, cela ! l'homme qui se respecte un peu ne profère jamais de paroles injurieuses, même quand la vivacité l'emporte : et par conséquent il ne blesse personne ; car l'injure entre plus avant dans le cœur que le couteau dans les chairs ; c'est pourquoi il ne faut jamais en dire ; et puis ne ravale-t-elle pas celui qui les profère au niveau des brutes ?

CYR PATRIGEON. — Et tu prêches d'exemple, ami Blanchard, car tu es l'honneur du faubourg par ta modération et ta cordialité : et tu y as du mérite, ayant affaire à des animaux plus forts que toi et souvent indociles, ainsi qu'à des matériaux difficiles à manier !

ÉTIENNE. — N'as-tu donc pas remarqué, Pivert, qu'il n'y a pires frondeurs que ceux qui ne savent rien, dénigrant tout ce qu'ils ne comprennent pas ? Celui qui s'est donné la peine d'apprendre quelque chose, connaît trop bien les difficultés qu'on rencontre à chaque pas quand on veut s'instruire, pour parler légèrement de ce qu'il ne sait pas; ainsi, on l'entend rarement murmurer contre les lenteurs de l'administration, car il sait que les affaires ne se jettent pas en moule, et qu'il faut une bonne tête, une main ferme pour mener les choses de ce bas monde, ce qui ne se rencontre pas souvent.

BLIN. — Dites-moi un peu, vous autres, à quoi peut servir l'instruction à un pauvre diable comme moi, forcé par son métier d'aller à reculons toute la journée?

LUMET, L'INSTITUTEUR. — Blin, un cordier a peut-être plus besoin encore que tout autre d'avoir quelque chose dans la tête, précisément parce qu'il fait une besogne qui n'exige pas de grandes combinaisons. Pendant que vous allez à reculons, votre esprit travaille; et comme vous ne le nourrissez que de menus propos et aussi de médisances, soit dit sans vous offenser, vous les ressassez toute la journée sans profit pour vous ni pour personne. Aigri par toutes vos réflexions, vous êtes moins disposé le lendemain à être bon et indulgent pour votre prochain.

CYR PATRIGEON. — Et moi j'ajouterai que l'éducation faisant mieux connaître les vertus nécessaires à chaque homme et les devoirs qu'elles lui imposent, plus on est éclairé, plus il devient facile d'être honnête.

LIMONDIN, FERMIER. — Je vous écoute avec attention depuis le commencement de la veillée, et je ris dans ma barbe, en voyant Blin et Pivert se gendarmer contre la science que les ouvriers prennent à l'école, quand il est bien reconnu, malheureusement, qu'il n'y a pas la moitié des enfants qui soient en état de profiter de ce qu'ils y ont appris, ni de faire comprendre ce qu'ils lisent à ceux qui les écoutent; et cela, parce qu'ils ne vont pas assez longtemps dans les classes. Comment de braves gens comme eux ne voient-ils pas que plus on est éclairé, mieux on comprend que l'intérêt bien entendu de chacun est de travailler dans l'intérêt de tous ! L'égoïsme s'en va avec l'ignorance.

CHATELAIN. — La moralité des hommes s'est nécessairement accrue à mesure qu'ils ont mieux étudié les forces et les produits de la nature pour les approprier à leurs besoins ; ce qui a considérablement augmenté le bien-être général. Ce bien-être amène les joies et l'intimité de la famille. Or, l'amour de la famille est un grand stimulant au travail et développe la moralité. Voyez l'homme qui n'est plus tourmenté par le souci du lendemain, il aime à réunir ses enfants autour du foyer, et sa rudesse s'en adoucit ; il affectionne d'autant plus sa famille qu'elle lui doit son aisance, et cet amour-là rend meilleur.

PIVERT. — Maître Limondin, est-il vrai qu'au lieu de confier votre charrue à bœufs à votre garçon qui a quatorze ans, vous l'envoyez encore à l'école, lui qui lit, écrit et compte comme père et mère ?

LIMONDIN. — Ceux qui te l'ont dit n'ont pas menti : oui, Pivert, quoique je ne sois pas trop *avancé*, j'aime mieux garder un domestique de plus pendant un an, et que mon fils sache bien à fond tout ce que l'on enseigne à l'école, connaissant trop par moi-même tous les inconvénients de l'ignorance.

LE VIGNERON. — Mais Georges en sait dix fois plus que vous !

LIMONDIN. — Heureusement, car les choses ont marché vite depuis ma jeunesse ! Si mon fils n'en savait pas vingt fois plus que moi qui ne sais rien du tout, il serait trop en arrière de tous ceux de son âge. D'ailleurs, mon gros bon sens me dit que nous devons pousser nos enfants en les faisant partir du point où nous sommes.

CYR PATRIGEON. — Ne faut-il pas qu'ils profitent des connaissances acquises par les pères, comme ils profiteront un jour du petit héritage qu'on leur laissera? Ce qu'on les met à même d'apprendre en étudiant dans les livres, est un héritage aussi réel que l'hectare de terre acquis du fruit de notre travail. Cette toute petite dose de savoir est aussi le fruit du travail : il faut espérer que nos enfants y ajouteront quelque chose, comme ils ajouteront aux champs de l'héritage paternel, pour laisser le tout à leur famille qui fera de même à son tour; et le capital de l'instruction grossira en même temps que celui de la terre.

L'HUISSIER. — Et ce qui distingue le capital de l'intelligence, c'est que tout en y puisant largement on l'augmente, chacun y mettant involontairement plus qu'il n'y prend.

UNE DES BRUS D'ÉTIENNE. — Moi aussi, je vous écoute tous avec attention, et je trouve que vous avez raison. Pourtant, j'avoue qu'il m'est bien pénible de faire lever mes pauvres petits de bon matin pour aller à l'école par tous les temps, souvent dans la boue jusqu'aux chevilles; et quand je pense qu'eux qui aiment tant le soleil et les champs, sont assis devant une table pendant trois ou quatre heures, j'en ai le cœur gros.

CYR PATRIGEON. — Ma fille, ce sont là des tendresses mortelles aux enfants.

LA BRU. — Mortelles? oh ! grand-père !

CYR PATRIGEON. — Oui, mortelles, pour leur esprit si ce n'est pour leur corps. En aimant tes enfants de cette

façon-là, c'est toi que tu aimes avant tout. N'as-tu pas
dans le voisinage plus d'un exemple de parents qui ne
voulant pas envoyer leurs enfants à l'école, dès le bas âge,
en ont fait de tristes sujets, se refusant à tout travail?

Le médecin entre : il venait voir le vieux Patrigeon,
convalescent d'un gros rhume. Le fermier Limondin profitant de l'occasion, l'interpelle aussitôt et lui demande
un remède contre ses maux d'estomac.

LE DOCTEUR. — Que voulez-vous que je vous dise, mon
cher ami? vous êtes incorrigible. Étant d'une faible com-
plexion, ayant le sang pauvre, vous travaillez comme
quatre et ne mangez pas de viande! comment voulez-
vous réparer les forces que vous dépensez chaque jour?

LIMONDIN. — Mais, monsieur, suis-je donc le seul laboureur qui ne mange pas de viande?

LE DOCTEUR. — Aussi n'êtes-vous pas seul à vous plaindre d'épuisement. Si vous étiez hors d'état de faire cette
dépense, je n'insisterais pas; et si je vous blâme hautement, c'est que je connais votre aisance. Je n'ai d'autre
ordonnance à vous donner que de manger la soupe grasse
au moins trois fois par semaine, et de boire de temps en
temps un coup de bon vin. Le soin de la santé est trop
négligé par vous autres cultivateurs; et pourtant, qui
mieux que vous doit savoir qu'elle est le premier des
biens? Celui qui la néglige volontairement est coupable
envers sa famille ; car il court la chance presque certaine
de lui manquer avant le temps, et devient incapable de
veiller à ses affaires.

VÉRONIQUE. — Ajoutez donc, monsieur, que le défaut de
santé force beaucoup de vertus à l'inactivité, faute de pouvoir être pratiquées.

LIMONDIN. — Eh! monsieur, que diraient les commères,

si elles voyaient un paysan manger aussi souvent de la viande !

LE DOCTEUR. — Elles diraient que ce paysan entend la véritable économie parce qu'en se nourrissant mieux il travaille davantage; autrement, ce seraient des sottes que vos commères. Avez-vous entendu parler d'une grande nation de l'Amérique, qu'on appelle les États-Unis ?

ÉTIENNE. — Oh ! oui, monsieur. C'est le pays où une partie des habitants, gens de cœur, fait la guerre à l'autre partie qui vend et achète les hommes noirs comme nous vendons nos bestiaux.

LE DOCTEUR. — Précisément : eh bien ! dans ce pays où le peuple est bien plus éclairé que dans le nôtre, le salaire des ouvriers est double de celui qu'on donne en France, et les patrons vendent cependant leurs produits à meilleur marché tout en y gagnant. Pourquoi ? C'est que l'ouvrier se nourrit mieux, est instruit, invente une quantité de machines, enfin trouve par là moyen de tirer meilleur parti de sa profession tout en se donnant moins de peine . et tout le monde y gagne. Mais chez nous, les préjugés sont si difficiles à déraciner !

BLANCHARD. — Pardon, monsieur, j'entends souvent parler de *préjugé*, et je ne sais pas bien ce que cela veut dire. Si vous aviez l'obligeance de me l'expliquer, vous me feriez grand plaisir.

LE DOCTEUR. — Mon ami, préjugé veut dire *jugé avant*; quand on accepte une opinion sans examen, un jugement porté par le monde, mais dont ne connaît pas le motif, on prend des *préjugés*. Ainsi, vos ménagères ont dit que l'ouvrier des champs et souvent même celui des villes ne devaient pas manger de viande, et vous n'en mangez pas, sans vous donner la peine de calculer si c'est là une économie véritable, et sans vous demander si les humeurs froides dont tous vos enfants sont atteints ne tiennent pas à ce régime débilitant qui leur appauvrit le sang. Oh ! s'il s'agit de votre bétail, vous savez bien lui choisir la nourriture la plus convenable, et vous ne comprenez pas qu'il y va d'un intérêt bien plus grand pour vous, à se garantir du dépérissement et de la maladie. Mes pauvres amis, vous avez grand besoin d'être éclairés, je vous assure !

CYR PATRIGEON. — Docteur, ce que vous venez de dire tombe bien à propos, car depuis le commencement de la veillée, nous discutons sur les inconvénients de l'igno rance qui trouve ici des partisans.

LE DOCTEUR. — Quoi ! dans cette assemblée de notables ouvriers, la fine fleur du faubourg, il se trouve des hommes pour nier le bienfait des lumières ! ! !

LE VIGNERON. — Oui, monsieur, moi et bien d'autres ne voyons, dans cette instruction qu'on voudrait nous imposer, qu'une perte de temps sans le moindre profit.

LE DOCTEUR. — Pivert, comment admettre qu'un homme de votre âge et dans votre position, puisse regarder comme inutile cette instruction qu'on cherche à donner au plus grand nombre, et qui un jour sera donnée à tous? Je me dis que cet homme ne veut pas obéir à la grande loi de la Providence qui nous impose le devoir de perfectionner notre intelligence afin de devenir meilleurs.

BLIN. — A ce compte, les riches qui ont les moyens de s'instruire seraient meilleurs que nous ! Pourtant le bon Dieu a créé tous les hommes sur le même patron.

LE DOCTEUR. — Sans doute, ils doivent être meilleurs, et ceux qui ne le sont pas méritent de grands reproches.

La raison en est facile à trouver : comme leur travail ou celui de leurs pères leur a donné une aisance qui les dispense de pourvoir par eux-mêmes aux premiers besoins de la vie, ils emploient le temps à cultiver leur âme, à rechercher ce qui est bon, ce qui est beau; et, je le répète, s'ils ne s'améliorent pas, ils sont très-coupables.

CYR PATRIGEON. — Moi je comprends cela; le terrain est bien le même chez tous les hommes, mais la culture est différente; celui des riches étant mieux ensemencé donne une meilleure moisson; et ceux qui laissent leur terrain en friche, n'y récoltent que des épines et des herbes folles !

CHATELAIN. — Votre science, docteur, ne peut donc pas rendre le mouvement aux jambes de ma pauvre femme?

CYR PATRIGEON. — Mon neveu, il est des choses qui viennent d'en haut et auxquelles l'homme ne peut rien.

LE DOCTEUR. — Il est pourtant bien habile, l'homme! n'a-t-il pas trouvé le moyen, par le chloroforme, de rendre si parfaitement insensible, que nous pouvons faire les opérations les plus douloureuses sans que le malade le sente? N'est-ce donc pas là une belle découverte?

VÉRONIQUE. — J'ai peur que les hommes n'aillent trop loin; j'avoue que je me méfie de toutes ces inventions merveilleuses : chemins de fer où les voitures marchent toutes seules aussi vite que le vent : télégraphes qui portent au loin les nouvelles avec la rapidité de l'éclair : chloroforme qui rend insensible comme un mort : tout cela ne me semble pas bon. Quant à moi, je n'irais pas en chemin de fer quand ma vie en dépendrait.

UNE BRU. — Possible, tante Véronique : mais pour rendre service vous n'hésiteriez pas une minute.

Le vieillard voulant aller au lit, sortit accompagné de sa sœur. Quand ils se furent retirés, le jeune fileur dit :

Il faut convenir que les personnes d'âge tiennent grandement à leurs idées! Ne pas vouloir aller en chemin de fer quand c'est le moyen le plus prompt et le plus commode de voyager! cela se comprend-il?

LE DOCTEUR. — Jeune homme, quand vous aurez l'âge de Mlle Véronique, vous tiendrez comme elle aux idées et aux choses de votre temps, et pas plus qu'elle vous n'accepterez les nouveautés. Il ne faut pas juger légèrement les vieillards dont on doit même respecter les erreurs sans les suivre. Leurs cheveux blancs rappellent les souffrances qu'ils ont endurées soit dans leur corps par la maladie, soit dans leur esprit par le tracas des affaires, soit dans leur cœur par l'oubli ou l'ingratitude.

LE FILEUR, *un peu confus.* — Monsieur, je reconnais la justesse de vos paroles. Convenez cependant qu'il est singulier qu'une femme de grand sens comme Mlle Véronique, trouve à redire aux chemins de fer et au chloroforme?

LE DOCTEUR. — La vénérable fille subit la loi commune aux vieillards qui ont employé une bonne partie de leur vie à classer dans leur tête un certain nombre des idées de leur temps. Aujourd'hui son esprit fatigué, affaibli, se refuse au travail nécessaire pour en admettre de nouvelles. Vous ferez de même à son âge. Si, comme je l'espère, on parvient à diriger les ballons, je parie que vous ne voudrez pas user de ce moyen de voyager?

LE FILATEUR. — Oh! monsieur, quelle différence!

LE DOCTEUR. — Pas si grande, mon cher : certes, les wagons qui ont l'air d'aller tous seuls et si vite que l'œil les suit à peine, sont plus effrayants pour la digne fille qu'un ballon ne pourra jamais l'être pour vous. (*Il se lève pour partir.*)

PIVERT. — Monsieur, avant de nous quitter, faites-moi donc comprendre, s'il vous plaît, l'importance de ce qu'on apprend dans les écoles.

LE DOCTEUR. — Elle est immense, cette importance, la lecture et l'écriture étant le point de départ de toute science. Quoi de plus beau, je vous le demande, que cette invention qui nous permet de causer avec les amis absents? qui nous fait savoir malgré le temps et la distance ce qu'il est de notre intérêt de connaître? qui sert à transmettre les idées, les inventions, les volontés de ceux qui ne sont plus, et qui prolonge encore la vie au delà du tombeau? Comment sans l'écriture saurions-nous l'histoire des faits qui se sont passés avant nous?

BLIN, LE CORDIER. — En se les répétant de père en fils.

ÉTIENNE. — Mauvais moyen de connaître la vérité. Ne sais-tu pas, par expérience, combien le moindre événement est dénaturé quand il a passé par cinq ou six bouches? Chacun y ajoutant ou retranchant suivant sa fantaisie, le fait est méconnaissable avant la fin de la journée.

LE DOCTEUR. — C'est bien ce qui est arrivé à l'origine des nations sur laquelle nous n'avons que des notions fort contestables et qui datent de centaines de siècles. N'est-ce pas chose heureuse que, grâce au bon marché des livres, l'homme qui a une bonne idée puisse en faire profiter tout le monde, et cela jusqu'aux extrémités de la terre?

UNE BRU. — La tante Véronique dit qu'on répand aussi les mauvaises.

LE DOCTEUR. — C'est vrai; mais le mal passe et le bien reste, c'est une des grandes lois de la Providence.

LE SERRURIER. — Monsieur, je suis très-partisan des écoles; mais je crois que nous aurons beau y envoyer nos enfants, ils n'auront jamais autant d'esprit que les vôtres.

ÉTIENNE. — En disant cela, tu ne vois donc pas, Boiffard, que tu accuses Dieu de favoriser une classe d'hommes, ce qui serait une injustice, et il ne peut en faire? Nous sortons tous égaux de ses mains.

LE DOCTEUR. — Boiffard entend sans doute par esprit une plus grande facilité à s'exprimer; et de ce côté, il est certain que nos enfants dont nous sommes sans cesse occupés, l'emportent sur les vôtres que les nécessités de votre profession vous forcent à négliger sur ce point; mais l'intelligence ne se manifeste pas seulement en paroles : pour exécuter parfaitement un travail quelconque, il faut autant de réflexion et de combinaison qu'un avocat peut en mettre dans son plaidoyer. L'intelligence est la même, seulement chacun l'emploie suivant ses aptitudes et les besoins de son travail.

LE CORDIER. — Il faut songer, monsieur, que l'ouvrier en faisant toujours la même chose devient un peu machine et s'engourdit l'esprit.

LE DOCTEUR. — Raison de plus pour le nourrir, cet esprit, et ne pas s'en tenir seulement aux notions premières que l'on a reçues à l'école. Si chaque ouvrier, après la journée finie, prenait un bon livre, il retirerait de précieux fruits de cette lecture, n'eût-elle duré qu'un quart d'heure. Dans les professions où la besogne étant toujours la même, comme chez le cordier, chez l'homme qui travaille la terre, on n'a pas grande dépense d'intelligence à faire, la lecture est d'autant plus salutaire qu'elle donne pâture à l'esprit pendant que les mains fonctionnent. Pourquoi ne pas employer quelques heures du dimanche à une lecture faite en commun? Ne serait-ce pas mieux que d'aller au café? d'autant plus qu'elle est alors bien plus profitable. Celui-ci comprend une chose, celui-là une autre : on discute les opinions, et l'on s'éclaire mutuellement en discutant. Enfin, les réunions offrant le moyen de se mieux connaître, les bons améliorent ceux qui le sont moins; et c'est comme cela que la fraternité s'établit.

LE MEUNIER. — N'est-il pas bien singulier que moins on en sait moins on en veuille savoir?

LE DOCTEUR. — Mais aussi, plus on en apprend plus on en veut apprendre encore. Croyez-moi, mes amis, poussez vos enfants à s'instruire le plus et le mieux possible.

LE CORDIER. — Enfin, monsieur, il faut bien que l'éducation n'améliore pas les hommes autant que vous le dites. Voyez donc tout ce que l'on raconte des ouvriers de fabrique, qui pourtant sont beaucoup plus policés que nous?

LE DOCTEUR. — Mes amis, les ouvriers des fabriques ont, comme vous, le tort de ne pas laisser leurs enfants assez longtemps à l'école, et même quelquefois de ne pas les y envoyer du tout. De plus, ils les emploient beaucoup trop tôt à un travail qui les prive d'air sain et de soleil. S'ils sont plus développés que les ouvriers des champs, c'est qu'étant rassemblés en grand nombre, leur esprit s'aiguise par le contact continuel de leurs semblables. Mais ce contact n'est pas toujours salutaire : certains vices se manifestent dans les grandes agglomérations, qui restent inconnus à l'ouvrier vivant en famille. Ces ouvriers-là ont encore bien plus besoin de lumières que vous autres. Retenez toujours ce mot d'un homme de bien : *plus on sait, plus on vaut.*

Le docteur salue et quitte la maison.

PIVERT. — Est-ce donc notre faute, à nous aussi bien qu'aux ouvriers de fabrique, si nous ne sommes pas assez riches pour tenir nos enfants longtemps à l'école ?

L'INSTITUTEUR. — Voilà un propos mal à sa place dans votre bouche, maître Pivert, vous l'un des plus riches vignerons d'Issoudun ! Si vous vouliez cultiver le champ de votre intelligence aussi bien que vous cultivez vos vignes, vous y auriez plus de facilité qu'aucun autre.

ÉTIENNE. — Qui sait mieux que toi, ami Pivert, que c'est par l'ordre et l'économie qu'on devient riche, et que les trois quarts des pauvres ne sont tombés dans la misère que par suite de leur paresse, de leur imprévoyance, et souvent de leur ivrognerie ?

CHATELAIN. — S'il n'en était pas ainsi, il faudrait donc croire que le travail et les privations de tous les jours conduiraient au vice ? autant vaudrait renier Dieu tout de suite puisque c'est lui qui a donné à l'homme ce pressant besoin du *mieux* qui le pousse à monter sans cesse. Il ne lui aurait donc mis au cœur ce besoin d'améliorer son sort et d'élever son esprit que pour le conduire à la perte de son âme ? Vous voyez bien que cela n'a pas de bon sens.

L'HUISSIER. — Remarquez bien qu'aussitôt que nous avons l'habitude de jouir d'un bien après l'avoir longtemps désiré, et que nous l'avons enfin obtenu par nos efforts, nous en recherchons tout de suite un autre ; car l'esprit ne peut rester en repos. Chacun veut gravir un nouvel échelon de cette échelle qui s'allonge, s'allonge sans cesse à mesure qu'on y monte, et conduit à Dieu de perfectionnements en perfectionnements.

Puis on parla agriculture. Étienne dit qu'il avait déjà fait sa provision de graines fourragères, et il engagea Limondin, qui tenait une ferme à un kilomètre de là, à faire de même.

LIMONDIN. — Bon pour toi, Étienne, qui cultives ta propre terre et qui en retires tout le profit; mais moi qui partage avec mon propriétaire, je ne suis pas d'humeur à faire des avances pour augmenter son revenu.

ÉTIENNE. — Même quand cela doit augmenter le tien propre? Ami Limondin, voilà un mauvais sentiment dont je ne t'aurais pas cru capable, et qui, comme tout ce qui est mal, porte son châtiment avec soi; car tu es la dupe de ton égoïsme, et je vais te le faire toucher du doigt : si, comme nous, tu cultivais des racines pour hiverner tes vaches, elles donneraient de meilleur lait et trois fois davantage; et remarque que ce produit est pour toi seul! Les veaux étant plus beaux se vendraient cher et tes élèves seraient remarqués en foire. Je ne tiens pas compte du surcroît d'engrais qui, à lui seul, compense les frais. Et de même pour toute autre amélioration. Calcule bien, et dis-nous si la seule bonification de ta moitié ne vaut pas dix fois la mise de fonds et de temps? Crois-tu que ton argent ne serait pas mieux employé ainsi, qu'à acquérir un bout de vigne que tu ne peux pas cultiver toi-même?

LIMONDIN. — Ma foi! j'avoue que je n'ai jamais fait ce calcul-là. Voilà le malheur de n'avoir rien appris dans ma jeunesse. Mais quand j'aurai mon Georges!

ÉTIENNE. — Ainsi vois où cela te conduit. Toi, le plus brave homme du monde, toujours prêt à rendre service, tu fermes les yeux sur ton propre avantage par la crainte d'améliorer le revenu de ton propriétaire, dont pourtant tu n'as pas à te plaindre ! Oui, tu as raison de le croire, c'est encore là un des malheureux effets de l'ignorance qui nourrit l'envie dans l'âme sans qu'on prenne garde; et ces deux plaies-là font plus de mal au cultivateur que la grêle et la gelée. Tâchons donc de nous éclairer un peu. Notre cœur en sera meilleur et notre sort aussi.

LE CHARRON. — Tu parles si bien, Étienne, que tu nous fais oublier que demain il nous faut être debout avant le soleil levé.

BLANCHARD. — Heureusement il n'est pas matinal dans cette saison, le soleil; et après cette longue veillée, il nous reste encore le temps de faire un bon somme.

DEUXIÈME VEILLÉE

L'IMPOT

Le lendemain, quand tout le monde fut réuni, le vieux Patrigeon dit au serrurier :

Boiffard, tu as la mine bien longue, aujourd'hui : est-ce qu'il y a des malades dans ta maison ?

BOIFFARD. — Non, monsieur Patrigeon ; tout mon monde va bien, Dieu merci !

CYR-PATRIGEON. — Tu n'es pourtant pas dans ton assiette ordinaire ?

LE SERRURIER. — C'est que je suis allé payer mes impôts ce matin, et qu'il m'en coûte toujours beaucoup de donner au gouvernement cet argent que j'ai tant de peine à gagner.

LE MARÉCHAL. — Moi de même ; car cet argent-là, il est bien perdu pour nous.

TOUS. — Il y a de l'écho !

PINOTEAU, L'HUISSIER. — Voilà bien le plus singulier propos qu'on puisse entendre sortir de la bouche de braves gens comme vous tous ! Vous criez après l'impôt, et pas un de vous, je gage, ne s'en fait une idée bien nette. Il serait facile de vous le démontrer.

PIVERT. — Pas déjà si facile, monsieur Pinoteau. Essayez un peu, pour voir !

L'HUISSIER. — Volontiers. Suivez-moi avec attention : quand vous avez besoin d'une paire de roues, vous allez chez le voisin Goguery; il vous la fait et vous la lui payez. S'il faut des sabots aux enfants, le sabotier vous en fournit à prix débattu, et ainsi de toutes choses.

LE CHARRON. — Où voulez-vous en venir, monsieur ?

PINOTEAU. — Laissez-moi donc achever ! Il ne vous est jamais arrivé de trouver mauvais que les ouvriers qui travaillent pour vous, voulussent être payés pour le service qu'ils vous rendent ?

LE MEUNIER. — Bien entendu ! après, cousin !

L'HUISSIER. — S'il vous fallait faire toutes les choses dont vous avez besoin, vous n'y suffiriez pas, vous ne pourriez vous occuper des choses de votre métier, et vous n'y acquerriez aucune habileté. Vous, Boiffard, vous ne pourriez faire cette belle grille qu'on vous a commandée pour l'église; vous, Pivert, ne cultiveriez pas, en temps utile, ces vignes qui donnent de si bon vin. Mais elles font envie à bien du monde, ces belles vignes des *Monts*, et je crois que vous ne les garderiez pas longtemps s'il n'y avait, dans l'Etat, une justice assez bien organisée pour les faire respecter, et punir ceux qui voudraient les vendanger à votre place. Pourquoi ne payeriez-vous donc pas cette justice comme vous payez le charron et le sabotier qui travaillent pour vous ?

Quand vous allez vendre du vin aux foires des environs en compagnie de votre beau-frère Roux, le jardinier, lequel y porte ses légumes, et que, mettant le temps à profit, vous partez la nuit, n'êtes-vous pas bien contents tous les deux de marcher en sécurité sur une bonne route bien entretenue? Qu'est-ce qui vous donne cette sécurité? C'est que vous savez qu'il y a des gendarmes sur pied, courant sans cesse la campagne pour surprendre les malfaiteurs. Ne leur devez-vous donc rien à ces gendarmes qui veillent sans cesse à la sûreté publique?

Et vous, Boiffard, quand vos filles rentrent tard du bal avec leurs jeunes voisines, vous dormiez bien tranquillement au lieu d'aller au-devant d'elles. Vous êtes sans inquiétude parce que vous savez que le commissaire de police veille à votre place pour les préserver de toute insulte. Ne faut-il donc pas qu'il vive, ce commissaire, et qu'une retraite lui soit assurée pour le temps où il ne pourra plus faire ce rude service ? Et qui doit donc lui en fournir les moyens, sinon ceux à la tranquillité desquels il veille ? Et ainsi du reste. Estimez vous-même ce que vous demanderait un homme pour vous rendre les différents services que vous recevez de l'État, et dites-moi, en conscience, si votre coté d'impôts suffirait à le payer?

LE CORDIER. — Mais, monsieur Pinoteau, pourquoi les riches ne payeraient-ils pas l'impôt à eux seuls? Tout n'en irait que mieux.

L'HUISSIER. — Bien, les terres du riche payent aussi bien que celle du pauvre; car la terre est imposée selon sa qualité et non d'après celle du propriétaire. Voudriez-vous donc qu'elle fût imposée arbitrairement, et qu'à chaque mutation de la propriété, on fît une nouvelle répartition de l'impôt? C'est bien alors que vous auriez raison de crier ! D'ailleurs, l'État prendrait les deux tiers du revenu des gens riches, qu'il n'apporterait qu'une diminution presque insensible à vos charges.

LE VIGNERON. — Est-il possible ! moi qui croyais qu'à eux seuls ils pourraient acquitter l'impôt tout entier

CHATELAIN. — Regarde bien autour de toi, et tu verr ´ ton erreur ; compte les maisons aisées de notre ville ; additionne leur revenu, qu'on exagère toujours ; porte le total au percepteur : ton impôt n'en sera pas diminué de 50 centimes, il y a infiniment moins de gens riches qu'on ne le croit généralement. D'abord, il n'est pas facile de faire une grande fortune, et plus difficile encore de la conserver quand on l'a reçue en héritage ; ensuite le partage équitable des biens paternels entre les enfants amène un certain nivellement dans les fortunes. Enfin, il est de toute justice que le pauvre paie sa quote-part de l'impôt, car il coûte davantage à l'État qui le protége infiniment plus qu'il ne protége le riche.

LE CORDIER. — Voilà qui est fort, par exemple !

PINOTEAU. — Monsieur Châtelain a raison. Supposons un instant qu'il n'y ait ni tribunaux, ni gendarmerie, ni police : l'homme riche fera garder sa terre contre les déprédations ou la convoitise de ses voisins : sa maison sera solidement close et une sentinelle veillera à sa porte : s'il voyage, une bonne escorte le mettra à l'abri des mauvaises rencontres, comme il arrivait dans ce *bon vieux temps*, triste époque où la force faisait loi. Il est facile de comprendre quel était alors le sort de pauvres diables comme nous, restant sans défense à la merci de qui voulait les opprimer et ravir le fruit de leur travail. Aujourd'hui, le dommage fait aux petits est aussi sévèrement puni que celui fait aux grands. Il faut donc de bonnes et fortes lois pour protéger le faible, et des agents sûrs pour faire observer ces lois. Les faibles ont donc bien mauvaise grâce à n'en pas reconnaître la nécessité.

LE JEUNE FILEUR. — Mais M. Pinoteau ne dit pas que ces gens-là ne produisent rien et consomment les fruits du travail des producteurs.

L'HUISSIER. — Halte-là, jeune homme! quand on veut parler économie politique, il faut auparavant bien étudier les questions qu'elle traite. Sachez donc que tout produit n'est qu'un service qu'on échange contre un autre service, soit directement, soit par l'intermédiaire de la monnaie. Si ce que vous nommez le producteur, produit les objets qui servent à la consommation, les employés de l'État, en lui assurant par leur vigilance la paisible possession de ses instruments de travail, en assurant sa tranquillité par la répression de tout acte d'insubordination de la part de ses ouvriers, ne rendent-ils pas un service aussi grand que si, comme vous, ils avaient filé quelques livres de laine? Si tous les employés étaient producteurs de choses matérielles, puisque vous n'accordez votre estime qu'à ce genre de travail, et que personne ne veillât au salut public et aux affaires de l'État, c'est-à-dire de tout le monde, pourrions-nous, par exemple, être ici à discuter tranquillement, sans craindre de voir nos maisons forcées, nos femmes insultées, nos biens pillés? M. Patrigeon laisserait-il son blé en meule au milieu des champs, Goguery son bois et ses roues devant sa porte, et M. Châtelain ses peaux dans son lavoir pendant la nuit?

LA MAÎTRESSE PATRIGEON. — Et nos chanvres qui sont si longtemps à rouir dans le ruisseau et à sécher sur la prairie!

LE MARÉCHAL. — Vous croyez donc le monde bien pervers?

L'HUISSIER. — Non pas! je reconnais au contraire que

les méchants sont en minorité; mais comme il suffit d'un seul d'entre eux pour troubler la tranquillité d'une contrée, il faut se tenir en garde, car ils sont fort dangereux quand la crainte de la justice ne les retient pas.

LE SERRURIER. — Alors pourquoi n'impose-t-on pas les objets de luxe?

CHATELAIN. — Parce que ce serait la mort de l'industrie; car le jour où toutes ces choses qui ne sont pas d'utilité première seront imposées, on en achètera beaucoup moins.

LIMONDIN. — Et où serait donc le grand mal?

CHATELAIN. — Il serait dans la cessation du travail pour beaucoup d'ouvriers qui fabriquent ces objets-là et qui ont besoin de gagner leur pain tout comme les autres. Tout le monde ne peut pas labourer, faire des roues, ferrer les chevaux. Si cette classe d'ouvriers qui confectionne toutes ces belles choses à l'usage des gens riches n'avait plus d'ouvrage, elle consommerait moins des objets de première nécessité produits par ceux qui semblent occupés plus utilement. Les fabricants n'achèteraient plus les matières premières fournies par le cultivateur, et les propriétaires sentant leurs revenus diminués d'autant, ne feraient plus travailler les journaliers. Ainsi, vous le voyez, de proche en proche tout le monde ressentirait le contre-coup de cette mesure désastreuse.

LE MENUISIER. — Il y a déjà longtemps que j'ai observé que ce qui est regardé luxe à une époque, devient le nécessaire un peu plus tard.

BOIFFARD. — Je dois convenir que si l'on eût dit à ma mère qu'un jour je porterais des chemises de calicot le dimanche, elle m'aurait cru ruiné par ce luxe-là.

LA MEUNIÈRE. — En 1830, quand je me suis mariée, je

croyais fermement qu'il fallait avoir de bonnes rentes pour mettre un papier sur les murs de sa chambre, et pour porter une robe de fin mérinos; et aujourd'hui ma chambre est tendue d'un joli papier à fleurs, et me voilà vêtue de mérinos sans que pour cela ma maison en aille plus mal.

L'HUISSIER. — Vous voyez, Boiffard, que si en 1830 on eût mis un impôt sur les papiers peints et les mérinos, ces industries ne se seraient pas développées et ne nourriraient pas le grand nombre d'ouvriers qu'elles emploient maintenant; nos fines laines des plaines pierreuses du Berri ne seraient pas aussi recherchées : les fabricants n'auraient pas trouvé les moyens de produire à bon marché pour forcer la consommation. N'est-il pas satisfaisant pour l'ouvrier de reposer dans une chambre bien propre, bien claire, égayée par un joli papier, plutôt que de vivre dans ces galetas froids et sombres comme en avaient nos pères? l'esprit et le cœur gagnent à ce contentement de toutes les heures, croyez-le bien, voisins. Laissons en repos ce luxe qui nous promet des jouissances à venir, tant qu'il n'entraîne pas à plus de dépense qu'on ne peut en faire. Soyez tranquille, ces industriels qui ne semblent travailler que pour les gens de loisir n'ont qu'une idée : c'est de mettre leurs beaux produits à la portée des petites bourses, parce que leur fortune est là; car elles sont innombrables, les petites bourses.

LE SERRURIER. — Comment pourront-ils y parvenir ?

L'HUISSIER. — La concurrence les stimulant sans cesse, ils trouveront le moyen d'employer une des forces de la nature, comme la vapeur par exemple, qui peut faire en une heure la besogne de cent hommes réunis; et quand ils auront trouvé ce moyen de fabrication, ils feront d'abord payer leurs produits au même prix quoiqu'ils leur aient peu coûté; et c'est justice, car il faut qu'ils soient dédommagés de leurs peines, de leurs avances et des expériences qui n'ont pas toutes réussi. Mais ce privilége, d'abord légitime, cesse de lui-même; ce qui était luxe peut être acheté par tous; et l'inventeur s'enrichit promptement s'il a de l'ordre.

LA MEUNIÈRE. — Parce que, comme on dit, les petits ruisseaux font les grandes rivières.

CHATELAIN. — Vous dites juste, maîtresse Pigelet. La plus sûre des industries est bien certainement celle qui s'adresse aux petits acheteurs. Je vais vous en donner un exemple. Il n'en est pas parmi nous qui n'ait donné à son gamin un de ces pistolets qui chassent une balle de liége retenue par une ficelle? Eh bien! l'inventeur de ce joujou qui se vend quinze centimes, a fait en peu d'années une fortune considérable. Il a eu une idée ingénieuse et ses produits étaient à la portée de tous les enfants pauvres et riches.

LE MARÉCHAL. — En faisant mon tour de France, j'ai pourtant vu bien des ouvriers ruinés par le luxe.

LE PARCHEMINIER. — Ce n'est pas le luxe qui les ruinait, mais bien l'inconduite, l'imprévoyance, le manque d'ordre dans le ménage. De tout temps l'ouvrier sans conduite a dépensé son salaire sans utilité pour sa famille; quand ce n'est pas le luxe qui le tente, c'est le cabaret, la débauche. C'est donc l'ouvrier imprévoyant ou prodigue qu'il faut accuser de sa misère, mais non le luxe qui n'en peut mais. Il est toujours quelque chose qu'on ne peut se donner; voilà le vrai luxe devant lequel il faut s'arrêter; voilà le véritable malheur.

CYR PATRIGEON. — Et sans remède, je le crains.

L'INSTITUTEUR. — Oh! monsieur Patrigeon, ne dites pas cela. Beaucoup de gens recommandables s'occupent d'instruire et de moraliser l'ouvrier, et leurs soins ne sont pas perdus. Le progrès est lent, il est vrai, mais enfin il s'accomplit. S'il y avait un plus grand nombre de livres qui traitassent spécialement des choses qu'il importe surtout à l'ouvrier de savoir, il comprendrait bien mieux tous les avantages d'une conduite régulière.

PIGELET. — Moi, je ne blâme pas trop le luxe quand il n'exclut pas une sage économie. Je puis vous assurer que les jours de fête, quand je vois mes garçons en redingote de fin drap noir dont se fût paré de mon temps le premier bourgeois de la ville, j'en suis tout fier, et cela me rehausse dans ma dignité d'homme; je suis content de donner par mon travail toutes sortes de petites jouissances à ma famille; et puis ces toilettes obligent les jeunes gens et les jeunes filles à se mieux tenir et à prendre moins de libertés.

L'HUISSIER. — Pour en finir avec l'impôt sur les objets de luxe, soyez certains qu'ils n'atteindraient que les ouvriers qui les fabriquent; et ce ne sont pas là assurément les gens que vous voulez grever. Si la société, et j'entends par là tout le monde réuni, consomme cinq pour cent de son revenu en objets de luxe, elle y emploie un vingtième de ses ouvriers. Supprimez ou entravez seulement cette fabrication, et tous ces gens-là resteront sans moyens d'existence. N'allez pas vous imaginer qu'ils gagnent beaucoup plus que vous, proportion gardée du talent qu'il leur faut acquérir et de la longueur de l'apprentissage! et enfin le luxe ne paye-t-il pas son impôt, employant les matières et les produits qu'il transforme à son usage, et en occupant une quantité de bras qui n'auraient pas d'emploi sans lui?

LE VIGNERON. — Et l'impôt sur le vin, est-il juste celui-là? qu'en dites-vous?

ÉTIENNE PATRIGEON. — Celui-là pourrait être mieux assis et d'une perception plus agréable, j'en conviens; mais tu parles là en vrai vigneron. Si l'on consultait tous ceux qu'atteint l'impôt, il n'y aurait de juste que celui auquel ils ne seraient pas soumis. Le producteur veut l'abolition de l'impôt dans l'espoir de gagner davantage sur ses produits, et le consommateur la désire comptant bien les payer moins cher.

L'HUISSIER. — Tenez, voisins, en vous plaignant ainsi, vous ne rendez pas justice au temps où nous vivons. J'ai plus d'une fois entendu dire à mon grand-père qu'autrefois l'impôt tout entier tombait à la charge du peuple, et que les nobles et le clergé qui, dans ce temps-là, possédaient presque toutes les terres, en étaient exempts. Il trouvait la répartition actuelle bien équitable et l'impôt bien léger, lui qui avait payé la *capitation*, les *gabelles*, la *dixme*, la *taille* et le reste! Pensez donc que toute amélioration demande du temps, beaucoup de temps même. Savez-vous que l'impôt réparti également sur tout le monde, sur le chef de l'État comme sur les autres, est un avantage immense que toutes les autres nations nous envient?

CHATELAIN. — Il ne faut pas s'imaginer que personne ne prenne les intérêts des contribuables trop occupés de leurs propres affaires, ou trop ignorants des choses de finance pour y veiller eux-mêmes. Des gens de mérite recherchent sans cesse le moyen de rendre le peuple plus heureux, et cela sans autre intérêt que de faire le bien.

CYR PATRIGEON. — Sans doute! les conseils municipaux, les conseils d'arrondissement, les conseils généraux, et enfin les députés sont institués pour cela.

PIVERT. — Ah bien oui ! Ils ne s'embarrassent guère de nous, tous tant qu'ils sont ! Ils décident les dépenses sans s'inquiéter de ceux qui doivent les payer.

LE MARÉCHAL. — Ce que tu dis là, Pivert, n'est pas conforme à la vérité ; M. Châtelain qui, comme moi, a l'honneur d'être du conseil municipal, peut t'affirmer que pas une dépense n'est votée sans une discussion approfondie.

ÉTIENNE. — Tu as mauvaise grâce à te plaindre des conseils et des députés, toi que je n'ai jamais vu à aucune élection, et qui étais, avant 48, un de ceux qui criaient le plus fort contre les électeurs privilégiés.

L'INSTITUTEUR. — Le vote est universel, et il est encore des gens qui n'y participent pas ! C'est une honte pour le pays, un des grands maux causés par l'ignorance ! Et pourtant, on se donne assez de peine pour la faire cesser, cette ignorance qui rend inutile et parfois nuisible même votre intelligence ! Et qui donc demande tous les jours de nouvelles institutions pour le peuple, lequel, dans son aveuglement, n'en sent pas le besoin ? Ce sont précisément ces mêmes gens riches et éclairés pour qui plusieurs d'entre vous me semblent si mal disposés ; ils cherchent à fournir à chacun les moyens d'améliorer son sort et d'arriver à une fortune plus ou moins suffisante ; et comme l'instruction est indispensable à ce but, on augmente sans cesse le nombre des écoles.

UNE FEMME. — C'est égal ! ceux qui reçoivent l'impôt sont joliment bien partagés.

ÉTIENNE. — Comment donc cela, voisine ?

LA FEMME. — Dame, il leur passe tant d'argent par les mains qu'il doit bien leur en rester un peu au bout des doigts.

L'HUISSIER. — Détrompez-vous, ma chère. Les gens de finance rendent un compte très-rigoureux de l'argent qu'ils reçoivent ; et il leur est alloué tant pour cent à quoi ils ne peuvent pas ajouter un centime. L'État, qui ne peut pas perdre, les rend responsables de tout vol ou infidélité commis à son préjudice. C'est pour cela qu'on exige d'eux un cautionnement proportionné à l'importance des sommes qu'ils touchent.

BLIN. — Qu'est-ce que c'est que cela, un cautionnement?

L'HUISSIER. — C'est une somme que chaque employé, ayant le maniement des fonds publics, verse au trésor en entrant en place, afin qu'en cas de malheur ou de détournement l'État soit toujours nanti. Et l'État, c'est nous tous qui payons l'impôt et qui avons grand intérêt à ce qu'il ne soit pas gaspillé.

LIMONDIN. — Moi, je ne suis pas de ceux qui pensent que le gouvernement peut se passer de revenu, et je reconnais la nécessité de l'impôt; mais je demande pourquoi les capitaux ne sont pas imposés tout comme les immeubles et les denrées. Voyons, monsieur Châtelain, vous qui en savez long, qu'allez-vous répondre à cela?

LE PARCHEMINIER. — Maître Limondin, vous touchez là à une des questions les plus délicates et les plus difficiles à résoudre. Dites-moi, à votre tour, comment faire pour atteindre l'argent, si facile de sa nature à faire disparaître, et que le temps n'altère pas comme il fait de la denrée qui se détériore si promptement ! Songez donc que le possesseur de capitaux ne tient pas au sol comme le propriétaire. Cet argent représente le travail de toute une existence, souvent même de plusieurs dans le passé; si vous l'inquiétez, on le portera ailleurs, et la France ne profitera pas des services qu'il peut rendre; vous aurez perdu, chassé l'âme de notre industrie. Enfin, comment vous y prendrez-vous pour constater la présence et l'importance des capitaux? Faudra-t-il faire des visites domiciliaires?

L'HUISSIER. — Dites-lui donc aussi que l'argent doit bien moins à l'État que l'immeuble ou la denrée, puisqu'il est loin de demander une protection aussi active. Celui qui le possède le déplace sans que le gouvernement lui fournisse une escorte; avec les billets de banque et de commerce un seul homme peut transporter des sommes immenses sans que personne s'en doute.

LE SERRURIER. — Que direz-vous d'un impôt sur les rentes et les actions qu'on vend à la Bourse?

L'HUISSIER. — Je vous dirai que les rentes sont le résultat d'un emprunt fait par l'État à des particuliers qui ont la faculté de vendre leurs titres quand ils ont besoin de rentrer dans leur capital. Il n'est pas un de vous, j'en suis sûr, qui n'ait souscrit pour peu ou prou à l'emprunt dernier; il n'en est guère qui ne fasse de petites économies, car vous êtes tous gens d'ordre. Ces épargnes, vous les placez et recevez le billet de votre emprunteur pour gage. Que diriez-vous de l'impôt qu'on mettrait sur votre portefeuille? De même pour les chemins de fer qui, au fond, ne sont que des emprunts faits par les compagnies? Si vous touchiez à cela, vous arrêteriez l'essor de cette nouvelle industrie qui rend de si grands services. Si celui qui a prêté à l'État et aux compagnies avait pu prévoir qu'on imposerait l'intérêt qui lui est dû, bien certainement il n'eût pas livré son argent. Vous voyez qu'on ne peut pas imposer les rentes sans blesser l'équité.

LE SERRURIER. — Et les actions industrielles?

L'HUISSIER. — Toujours la même difficulté; qu'elles

soient sujettes à l'impôt et personne n'en voudra plus. Alors, comment mener à bonne fin toutes ces entreprises si utiles à la prospérité de l'État et qui fournissent tant d'ouvrage à qui veut travailler? Car, en fin de compte, tout cet argent-là tombe dans la poche de l'ouvrier.

BLIN. — Et n'y reste pas longtemps.

L'HUISSIER. — S'il en sort, c'est pour y rentrer bientôt; et c'est justement ce mouvement perpétuel de l'argent qu'on appelle *circulation*, ce qui veut dire tourner en cercle, revenir au point d'où il était parti. Eh bien, plus cette circulation est rapide, plus l'État et par conséquent les particuliers sont prospères. Songez au service que rend par exemple une pièce de cinq francs en foire, ou pour mieux dire la quantité de services qu'elle peut payer en passant seulement dans une douzaine de mains successivement!

LE CHARRON. — En a-t-on dépensé pour les chemins de fer, de ces pièces de cinq francs! Était-il donc bien équitable de prendre sur les impôts que nous avons tant de peine à payer, pour aider les compagnies qui ont tout le profit?

CYR PATRIGEON. — Et qui courent tous les risques aussi, ce me semble. Voyons, sois juste, Goguery; qui donc les fait ces chemins de fer qui transportent au loin mon blé, le vin de Pivert, les farines de Pigelet et les moutons de Limondin? N'a-t-il pas fallu une grande quantité de bois pour la pose des rails, ce qui n'a pas fait de peine aux propriétaires de forêts; et il me semble aussi, camarade, que tu as trouvé ton compte à fabriquer ta part des brouettes et des tombereaux dont on s'est servi.

GOGUERY. — Sans compter, monsieur Patrigeon, que depuis que notre chemin de fer est fini, j'ai pris un ouvrier de plus et que je ne suffis pas aux commandes.

CYR PATRIGEON. — Ne te plains donc pas alors!

LE FILEUR. — Et cette quantité d'employés qu'il faut nourrir de l'impôt, et qui se croisent les bras toute la journée?

ÉTIENNE. — Rémi, pour un garçon qui en sait plus long que nous et qui lit le journal tous les jours, tu nous dis là une fameuse bêtise! Ces employés ne sont-ils pas des ouvriers comme nous, et crois-tu qu'il n'y a d'autre travail que celui des bras? Ces ouvriers-là sont *responsables* et ont la tête sans cesse occupée de leur besogne.

CHATELAIN. — Est-ce bien à vous, jeune homme, qui ne manquez ni d'intelligence ni d'une certaine éducation, de ne reconnaître d'autre travail que celui que font les mains? Ces employés des administrations et du commerce dont vous contestez l'utilité, que font-ils de leurs maigres émoluments? ils en achètent des vivres, des meubles, des vêtements. Le cultivateur fournit les uns, l'artisan, le manufacturier les autres. Tout homme qui emploie utilement son temps est un travailleur, soit qu'il occupe ses bras ou son intelligence. Mes amis, il est une vérité pénible à dire, c'est que l'envie seule dicte toutes ces récriminations; car enfin, chacun de nous ici possède assez d'intelligence, assez d'expérience pour comprendre qu'en définitive tout revient au producteur, qu'on le veuille ou non.

PIVERT. — Il n'en est pas moins vrai que la terre que j'ai gagnée à la sueur de mon front n'est pas bien à moi, puisque je ne puis la posséder sans payer un droit, ni en disposer sans en payer un autre.

CYR PATRIGEON. — Mais tu ne dis pas, camarade, que cette terre tu la possèdes en toute sécurité : que ce droit que tu acquittes de si mauvaise grâce sert à solder les hommes qui empêchent ceux à qui ton champ convient d'y mettre la charrue : qui veillent à ce que les fainéants, manquant de pain, n'aillent moissonner ton blé, ou qu'on ne le fasse paître en herbe aux troupeaux. Dans ma jeunesse j'ai fait la guerre dans un beau pays où, faute d'impôt, le laboureur est toujours armé de son fusil. Crois-tu donc qu'il vaille mieux vivre dans des transes continuelles que de payer un droit pour dormir en repos?

LIMONDIN. — Nous n'avons pas parlé des fonds employés dans le commerce et qui ne sauraient se cacher, ceux-là?

CHATELAIN. — Mais ne payons-nous pas patente, ce qui est l'impôt de notre industrie? Si l'on nous demandait davantage, le marchand qui ne peut perdre, sous peine d'être ruiné, augmenterait le prix de sa marchandise, et ce serait le consommateur qui supporterait ce nouvel impôt, lequel n'aurait d'autre effet que de ralentir le mouvement des affaires, chose qui porterait préjudice à tout le monde.

BOIFFARD. — Ainsi, il faut donc renoncer à l'espoir de voir diminuer l'impôt?

L'HUISSIER. — Oh! non, un temps viendra où, quand la tranquillité sera bien établie, il ne sera plus nécessaire d'entretenir une nombreuse armée, cette plaie de l'Europe entière. Mais observez, mes amis, que depuis que la Californie, l'Australie et autres lieux ont versé tant d'or dans la circulation, sa valeur relative a diminué, et la même quantité d'impôts ne représente plus les mêmes sacrifices.

CYR PATRIGEON. — Il est juste de le dire : quoique le chiffre de l'impôt soit plus élevé qu'il ne l'était autrefois, il est bien moins lourd à supporter; on travaille mieux et davantage, et le travail est mieux rétribué.

LE SERRURIER. — Dites-moi un peu à quoi sert une armée quand on est en temps de paix?

ÉTIENNE. — Je crois que si nous n'avions pas d'armée pour nous garder, les peuples voisins qui aiment nos vins et nos eaux-de-vie, pourraient bien s'aviser de les venir boire dans nos caves.

L'HUISSIER. — N'est-ce pas par les armées régulières que nous sont venues l'aisance et la civilisation? Avant qu'elles fussent organisées, chacun était obligé d'aller en guerre au commandement de son seigneur, sans recevoir ni solde ni vivres; en sorte qu'amies et ennemies, toutes les troupes ravageaient le pays à merci. La paix même ne remédiait pas à ces maux parce que le plus grand nombre de ces hommes d'armes, déshabitués du travail, couraient le pays en le saccageant. La prospérité de la France ne date réellement que de l'époque où les troupes furent payées régulièrement.

LIMONDIN. — Savez-vous, monsieur Pinoteau, que l'impôt s'est terriblement accru depuis une trentaine d'années?

L'HUISSIER. — D'accord; mais la richesse publique s'est accrue dans une proportion plus grande encore, convenez-en? Il ne faut estimer l'impôt que d'après la valeur et l'abondance de toutes choses.

PIERRE PUY, LE BOUCHER. — Passe encore pour tous les impôts dont vous venez de parler. Mais l'octroi en est-il de plus oppressif? Pour moi, je ne m'en cache pas, car vous êtes tous braves gens incapables de me dénoncer, je le fraude toutes les fois que j'en trouve l'occasion favorable. Ainsi les deux bœufs que je viens d'acheter ici, aussi bien que la douzaine de moutons, ne lui payeront rien, ou les employés seront bien fins.

LE MEUNIER. — Vous n'êtes donc pas endormi, maître Puy, que vous prenez la parole? Eh bien! moi je crois que tout compte fait, vous ne trouvez pas grand profit à cette fraude dont vous vous vantez. Les amendes que vous payez souvent compensent, et peut-être au delà, les droits que vous n'acquittez pas.

CYR PATRIGEON. — L'ami Puy n'a sans doute pas réfléchi que quand il fraude, il condamne la communauté à payer pour lui : car le budget de la ville étant arrêté d'avance, il faut que les dépenses soient soldées de façon ou d'autre.

PIERRE PUY. — Est-ce que le budget de la ville me regarde?

CHATELAIN. — Mais certainement oui, il vous regarde tout aussi bien que les autres citoyens. Ne jouissez-vous pas du pavage, de l'éclairage, des avantages de la police des rues et des marchés? Pourquoi chercher à vous soustraire aux charges quand vous participez aux bienfaits? Est-ce là le fait d'un honnête homme qui tient à sa réputation comme vous? Seriez-vous du nombre de ceux qui trouvent que tout ce qu'on dérobe à l'État est de bonne prise? Vous qui ne tromperiez pas un enfant sur le poids ni sur la qualité de la viande que vous vendez, vous ne vous faites pas le moindre scrupule de frustrer la ville de ce qui lui est dû; et cela, faute de réfléchir à ce que ce manque de probité a de honteux, et sans penser que vous faites retomber votre part de la charge commune sur les gens trop honnêtes pour chercher à s'affranchir de la leur!

CYR PATRIGEON. — Mais au moins, vends-tu ta viande meilleur marché puisqu'elle ne paye pas de droits d'entrée?

LE BOUCHER. — Ah! bien, par exemple! mais d'ailleurs, n'en est-il pas de même partout?

LE PARCHEMINIER. — Non pas, s'il vous plaît! Je me suis plus d'une fois rencontré à Lyon avec un vieux marchand de Hambourg, une des villes libres d'Allemagne; il m'a raconté que cette ville n'ayant que très-peu de territoire, toute sa richesse réside dans le grand commerce qui s'y fait. En 1775 et années suivantes, chaque citoyen donnait un quart de son revenu comme redevance. Les magistrats s'en rapportaient à la déclaration des particuliers, et il n'y a pas d'exemple qu'on ait cherché à les tromper.

LE MARÉCHAL. — Mon cousin le commandant d'artillerie fit partie comme lieutenant, en 1832, d'une commission qu'on envoya en Suède pour visiter une grande fonderie de canons en fer. Il nous a raconté que, dans ce pays, ce sont ceux qui passent sur les routes qui en payent l'entretien. A cet effet sont placées de distance en distance des barrières : à l'un des poteaux de chacune d'elles est attaché un tronc pour recevoir la petite rétribution du voyageur qui ouvre et ferme lui-même la barrière. Jamais aucun n'a négligé de la refermer, et il ne vient à l'idée de personne de se dispenser de mettre sa contribution dans le tronc.

CYR PATRIGEON. — Eh bien! voilà de braves gens, et je les estime fort! Comprenez bien, mes amis, que frauder l'État, frauder les particuliers, c'est tout un. Si l'on entre une fois dans cette voie-là, adieu honneur et probité.

BOIFFARD. — Je reconnais la vérité de tout ce que vous venez de dire, et j'avoue que vous avez déjà redressé plus d'une erreur de mon jugement. Pourtant, convenez qu'il faut que la manie de l'impôt soit poussée bien loin pour qu'on l'ait étendue jusqu'au tabac, une vraie bagatelle?

LE MEUNIER. — Voilà bien le propos d'un fumeur ! C'est précisément parce que le tabac n'est pas de première nécessité qu'on peut le grever d'un fort impôt. Celui qui le trouve trop lourd s'abstiendra de faire usage de cette denrée.

CYR PATRIGEON. — Je ne connais pas de dépense plus vaine que celle qu'on fait pour le tabac.

LE SERRURIER. — Oh ! vous, monsieur Patrigeon, vous voudriez qu'on s'abstînt de tout plaisir !

CYR PATRIGEON. — Où as-tu pris cela, Boiffard ? Ai-je jamais trouvé mauvais que mes enfants et mes voisins cherchassent à se distraire chacun suivant son âge et ses moyens ? Je comprends parfaitement que la jeunesse aime la danse et la toilette, et je ne suis pas plus fâché qu'un autre de boire une bonne bouteille avec un ami. Je trouve qu'après avoir bien travaillé toute la semaine, il est juste de se régaler honnêtement le dimanche. Mais fumer toute la journée comme tu le fais, je ne saurais approuver cela ; et s'il faut tout dire, j'ai une mince opinion de l'ouvrier qui a toujours la pipe à la bouche.

LE SERRURIER. — N'allez pas croire que ma pipe nuise à mon ouvrage, au moins ! D'ailleurs, il me serait à présent impossible de me passer de fumer.

VÉRONIQUE. — Boiffard, ce sont là de ces mauvaises raisons qu'on se donne à soi-même quand on veut mentir à sa conscience. Croyez-vous donc que si vous cessiez de fumer vous en mourriez ? Moi je suis sûre que votre ouvrage y gagnerait beaucoup ainsi que votre intelligence.

LE VIEUX PATRIGEON. — Essaye de rester seulement une semaine sans fumer ; tu m'en diras des nouvelles. Allons ! un peu de courage.

BOIFFARD. — Parbleu! monsieur Patrigeon, j'en veux tenter l'épreuve, ne fût-ce que pour montrer que je n'ai pas tort.

ÉTIENNE. — Mais tu y mettras de la conscience; car enfin, nous nous en rapporterons entièrement à toi!

LE SERRURIER. — Sois tranquille, Étienne; je ne me salirai pas d'un mensonge pour si peu.

VÉRONIQUE. — Et vous ferez bien, Boiffard; le mensonge est encore plus laid et plus blâmable dans les petites choses que dans les grandes.

L'instant de se séparer était venu, l'huissier dit :

Voisins, vous ne me paraissez pas bien convaincus de l'utilité de l'impôt.

Et comme personne ne répondait, il ajouta :

Il n'est personne parmi vous qui n'ait fait assurer sa maison contre l'incendie? Nul ne se fait tirer l'oreille quand il faut payer sa police d'assurance, qui n'est autre chose qu'un impôt volontaire. Eh bien! ce que nous donnons à l'État est tout simplement une prime d'assurance pour la tranquille possession de nos biens et la sécurité de nos personnes. Qui donc, par exemple, fera les routes et les entretiendra, si vous qui en usez, vous ne fournissez rien à l'impôt? Ce ne seront pas, certes, les riverains. Je n'en veux pour preuve que l'état des chemins conduisant aux fermes et aux hameaux et qu'il serait si facile de rendre praticables si l'on voulait s'entendre.

Avant de critiquer si vertement l'administration, songez qu'il a fallu quatorze siècles d'essais et de travail pour organiser le pays tel que nous le voyons aujourd'hui. Nos ancêtres ont enduré bien des maux pour amener les choses où elles en sont, et qui seront perfectionnées par ceux qui viendront après nous. Payez donc l'impôt en vous félicitant de pouvoir dormir tranquilles chaque nuit.

TROISIÈME VEILLÉE

ÉCHANGE

Quand tout le monde fut réuni et qu'on se fut bien chauffé avant de se mettre à la besogne, le charron dit :

En regardant ce matin des enfants qui troquaient leurs billes, leurs pommes, leurs noix, leur corde à sauter, et qui mettaient dans leurs marchés autant de feu que s'il se fût agi d'objets de valeur, je me disais qu'il fallait que l'esprit de trafic fût bien naturel à l'homme pour qu'il se montrât à cet âge.

L'INSTITUTEUR. — C'est cet esprit-là qui rend l'homme supérieur aux autres créatures, lesquelles n'ayant aucune idée de l'échange, restent stationnaires dans leurs diverses industries, si parfaites d'ailleurs, mais qui sont toutes personnelles. Le besoin d'échanger est sans contredit la cause première de toute civilisation.

CHATELAIN. — Eh bien, nous allons faire de grands pas dans cette voie-là, car je viens d'apprendre que le libre échange entre les nations va être proclamé.

CYR PATRIGEON. — Je ne vois pas qu'il y ait lieu de se tant réjouir.

CHATELAIN. — Comment, mon oncle, quand vous allez

avoir à meilleur compte la plus grande partie des objets de consommation!

CYR PATRIGEON. — Mais cela n'ôtera-t-il pas du travail aux ouvriers?

CHATELAIN. — Je ne dis pas qu'il ne résulte d'abord de cette mesure libérale un certain trouble dans l'industrie, en déplaçant le travail. Mais pensez que ce genre d'impôt que chacun payait en achetant ses vêtements, même sa viande, pour protéger l'industrie de quelques-uns, était une espèce de spoliation légale, puisqu'on puisait dans la bourse de tous pour enrichir un petit nombre. Quand le libre échange aura fonctionné pendant quelques années, les choses reprendront leur place naturelle. Alors on en appréciera les bienfaits, et nos enfants ne pourront pas comprendre dans vingt ans qu'il y ait jamais eu de droits prohibitifs entre les nations.

L'INSTITUTEUR. — On ne comprend même plus aujourd'hui qu'on ait si longtemps entravé le progrès de la civilisation en contrariant l'échange; car il est l'essence même de la société. Pour échanger, il faut au moins être deux ayant besoin l'un de l'autre. C'est de l'échange que sont nés les métiers divers. L'un ayant plus d'aptitude à produire une chose l'a proposée à son voisin en échange de ce que celui-ci faisait mieux que lui. Il a créé la propriété, puisque nous sommes toujours propriétaires du service que nous rendons. L'échange des produits n'est en fin de compte que l'échange des services, et toute valeur réside dans l'importance d'un service relativement à un autre. Tout le mécanisme de la société, tous les liens qui unissent les hommes résident dans le besoin qu'ils ressentent et l'effort qu'ils font pour lui donner satisfaction.

ÉTIENNE. — Ah! oui, je crois comprendre. Moi je ne

peux pas ressentir les besoins de mon voisin, ni lui mes satisfactions; mais l'un et l'autre nous pouvons faire un ffort, un travail qui donnera réciproquement satisfaction u notre besoin. Au lieu que si chacun de nous vivait dans un isolement complet, le besoin aurait beau crier fort, la satisfaction n'arriverait pas; c'est si peu de chose qu'un homme tout seul!

L'INSTITUTEUR. — Et ce qu'il y a de merveilleux dans ces rapports créés par l'échange, c'est que pour l'effort ou le travail que nous faisons chaque jour en rendant à la société le service que comporte notre profession, nous recevons en échange une très-grande quantité de satisfactions dont nous ne pourrions pas nous donner la millième partie si nous étions livrés à nos propres efforts personnels. Je n'en veux prendre que l'exemple le plus simple. Marie, la bergère que voilà, en gardant et soignant ses agneaux et leurs mères, ne rend pas en apparence un grand service à la masse? Et voyez pourtant que de gens ont travaillé pour lui donner des satisfactions, depuis ses sabots jusqu'à son bonnet à dentelles des jours de fête, et ses pendants d'oreille?

CYR PATRIGEON. — Tiens, je n'avais jamais pensé à tout cela, moi qui me pique de réflexion! Je vois bien, maintenant, que chacun reçoit plus qu'il ne donne. Mais alors il y en a donc qui sont lésés?

L'INSTITUTEUR. — Du tout, monsieur Patrigeon. Les besoins de l'échange ayant amené la division du travail en même temps que la prévoyance, chacun, au lieu d'attendre qu'on lui demandât le service qu'il peut rendre, a fabriqué d'avance une grande quantité de produits qui sont le service qu'il tient à la disposition du public. Ces produits s'échangent journellement au moyen d'un intermédiaire qui est la monnaie; et le travail continuel de tous aboutit aux satisfactions de tous.

LE PARCHEMINIER. — C'est le besoin de trafiquer qui a créé la division du travail. La certitude de trouver à échanger le produit de sa fabrication contre ce qui lui est nécessaire parmi les objets fabriqués par d'autres, engage l'ouvrier à fabriquer mieux, plus promptement et à meilleur compte, afin d'augmenter le nombre de ses satisfactions; et mieux il réussit à donner à bas prix, plus il a de consommateurs.

LE MARÉCHAL. — Au fait, celui qui fabrique un produit quelconque l'échangeant contre tout autre produit qui lui convient, on peut dire que chacun jouit de l'industrie de tous.

LE JEUNE FILEUR. — Et celui qui ne produit rien

CHATELAIN. — Alors il donne en échange l'argent qu'il possède et qui est le prix d'anciens services rendus. Car cet argent n'est pas venu tout seul aux mains de son premier possesseur.

LE MEUNIER. — Il faut convenir qu'avant l'invention de la monnaie on devait être bien embarrassé pour les échanges; car enfin, si j'ai besoin d'un cheval, il se peut que celui qui en a un à vendre n'ait pas besoin de farine pour l'instant; et celui qui demande de la farine m'offrirait en échange tout autre produit qui m'est inutile; donc sans l'argent nous serions tous fort embarrassés.

L'HUISSIER. — Mais n'oubliez pas qu'on a tort d'attacher trop de prix à l'argent qui, au fond, n'est qu'une marchandise comme toute autre.

ÉTIENNE. — Oui, mais une marchandise reine; celle dont on n'est jamais embarrassé, parce qu'elle est plus demandée qu'offerte : parce qu'elle représente tous les services, même dans le passé, et qu'elle les paye tous, car il est rare qu'on puisse échanger directement service contre service. Cette marchandise-là s'échange sans retard contre toute autre, avantage qu'elle seule possède; et enfin, et surtout, elle ne se détériore pas. Supposons que j'offre de l'avoine au voisin Goguery en échange des roues qu'il me fait en ce moment? N'ayant pas de cheval pour la consommer il ne saura qu'en faire en attendant l'occasion de la vendre, et il donnerait certainement ses roues de préférence à tout homme qui les lui payera en argent dont il pourra faire sur l'heure tel usage qu'il lui plaira. Ainsi, l'avoine que je produis ne saurait, sans l'intermédiaire de l'argent, procurer satisfaction à mon besoin de roues.

LE CHARRON. — C'est juste; et en effet, je pourrais avoir ma cour et mon hangar remplis des produits de mon industrie sans pour cela arriver à me procurer ce qui est nécessaire à ma consommation; et si je ne les échangeais que contre d'autres produits que je ne pourrais placer promptement et qui finiraient par se détériorer, je serais bien vite en perte.

L'HUISSIER. — Mais je le répète, l'argent n'a pas de valeur en soi-même. La vraie valeur ne se trouve que dans les services échangés; car une chose ne vaut que par la satisfaction qu'elle donne ou par la peine qu'elle épargne. Ainsi, à Paris où l'eau se vend, elle n'a certainement aucune valeur puisque chacun peut en aller puiser à la Seine ou en prendre à la fontaine : aussi n'est-ce pas l'eau qu'on paye, mais bien le service de l'homme qui l'apporte à domicile, et qui épargne ainsi la peine de l'aller chercher soi-même. La valeur n'est donc pas dans les choses, pas plus dans l'or que dans l'eau et le drap, mais dans le service échangé, la peine épargnée; et si l'on dit le blé, le bois, la toile valent tant, c'est pour la plus grande commodité du langage; car il n'y a de valeur que dans la peine prise pour confectionner ces choses destinées à donner satisfaction aux besoins de tous.

BLIN. — Il y a bien des services qui ne coûtent pas grand'-peine à celui qui les vend et qu'on paye encore assez cher.

L'HUISSIER. — C'est possible; mais c'est quand ils évitent une grande peine ou regardée comme telle, à celui qui les paye de l'argent qu'il a reçu en échange de ses propres services rendus précédemment.

PIVERT. — Pourtant, puisqu'on vend la pierre, le bois, le fer, tout cela a donc une valeur propre.

L'INSTITUTEUR. — Mon ami, on ne saurait vendre les produits naturels, dons gratuits de la Providence, mais seulement la peine et l'intelligence employées pour les mettre en œuvre et en état de rendre les services que l'on en attend. Si vous achetez de la pierre, vous payez la peine de l'homme qui l'a extraite de la terre et celle de celui qui l'amènera chez vous; plus quelque chose pour le propriétaire de la carrière dont vous gâtez le champ auquel il eût pu faire produire autre chose. Il en est de même pour le fer et pour le bois : il faut payer ce que la terre aurait rendu en culture pendant les cinquante ans qu'a mis à pousser l'arbre que vous achetez.

CHATELAIN. — D'ailleurs, l'homme ne crée ni les matériaux ni les forces de la nature; il se borne à les combiner, à les transformer, à les asservir à son usage.

LE MEUNIER. — C'est clair. Ainsi l'eau qui fait tourner mes roues n'a pas de valeur; mais seulement le travail qu'a demandé la chaussée pour maintenir le niveau de la

rivière et produire une chute, puis les écluses et empale-
ments. Je profite de cette force asservie par ces travaux,
mais je ne la paye pas et ne la fais pas payer à mes pratiques; je ne leur demande que le dédommagement dû
pour la création de mon usine et de son entretien.

ÉTIENNE. — La valeur de ta mouture est surtout dans la
peine que tu épargnes à nos ménagères qui, sans les
moulins, seraient obligées à piler le grain dans un mor-
tier, plutôt que dans celle que tu prends pour en faire de
la farine.

L'INSTITUTEUR. — Pénétrez-vous donc bien de cette vérité, mes bons amis : qu'un service ou un travail, ce qui
est la même chose, ne peut s'échanger que contre un autre
service ou travail, soit directement, soit par l'intermédiaire de la monnaie. Ceux qui demandent plus de temps,
de risques, plus d'habileté, sont nécessairement mieux
rémunérés (ce qui veut dire récompensés). Cela vous ôtera
bien des aigreurs contre les personnes qui sont parvenues
à une fortune qui n'est, à tout prendre, que des services
économisés, représentés par la monnaie avec laquelle ils
se procureront d'autres services quand ils en auront besoin.

LE CHARRON. — Vous avez raison, monsieur Lumet; on
avait tant parlé de la commodité des échanges en nature que moi qui ne suis pourtant pas grand amateur
de nouveautés, je m'y étais quasi laissé prendre.

ÉTIENNE. — Il y a comme cela quantité de choses que
l'on met en avant, et que les gens qui, comme nous, n'ont
pas le loisir d'étudier, sont toujours disposés à accepter
pour peu qu'elles aient un côté satisfaisant. Aussi est-il
prudent de bien examiner une idée avant de se la mettre
en tête, parce qu'une fois qu'elle y est entrée, elle donne

sa couleur à toutes les autres et les gâte si elle est mauvaise.

LE MEUNIER. — Est-ce que toutes les mines d'or qu'on découvre à l'étranger ne finiront pas par en jeter une si grande quantité dans la circulation qu'on ne saura plus qu'en faire?

L'HUISSIER. — N'allez pas vous imaginer qu'on puisse faire entrer plus d'or dans un pays que ses besoins ne l'exigent. Quoique ce métal ait baissé de valeur depuis qu'on en reçoit tant de la Californie et d'ailleurs, il faudra bien du temps encore avant qu'on s'aperçoive de sa trop grande abondance. D'abord, les arts en consomment une quantité considérable. Plus cette abondance se fera sentir, plus haussera le prix de toute marchandise. Si l'or se trouvait en excès sur un point, en France par exemple, il s'écoulerait dans les pays voisins au moyen du commerce; et enfin, plus l'aisance générale augmentera, plus l'emploi des métaux précieux dans les objets d'un usage journalier se multipliera.

CHATELAIN. — Il n'est déjà plus guère d'artisans aisés qui ne se servent de couverts argentés, ce qui est plus propre et plus sain que le fer étamé; et le métal qu'emploie la dorure et l'argenture est tout à fait perdu.

LE VIGNERON. — Dans ce temps-là, tout le monde sera-t-il riche?

L'HUISSIER. — Ce ne sera pas la quantité d'or qui fera la plus grande richesse si elle ne représente pas une plus grande quantité de travail; seulement, cette abondance de numéraire facilitera beaucoup les échanges, et par conséquent le travail qui nous habille, nous loge et nous nourrit. Tout le monde sera riche quand il n'y aura plus de fainéants, plus d'ivrognes, c'est-à-dire plus d'ignorance.

CYR PATRIGEON. — Moi, je trouve un grand avantage au numéraire ; c'est de représenter sous un petit volume la richesse acquise, de permettre de la transporter facilement où l'on veut, de la transformer à volonté en maisons, en terre, en vignes ; enfin l'argent ne manque jamais à celui qui a de bonne marchandise à donner en échange.

LE VIGNERON. — J'ai dans l'idée, sauf meilleur avis, que l'échange se ferait plus avantageusement pour le consommateur s'il achetait directement au producteur ; car le bénéfice que font les marchands en détail serait bien mieux placé selon moi dans la poche de l'acheteur.

ÉTIENNE. — Je ne suis pas de cet avis-là, Pivert, et je ne regrette pas de contribuer pour ma part au petit bénéfice du détaillant ; car il me rend un grand service en prenant la peine de réunir dans sa boutique, et à ses risques et périls, tout ce dont je puis avoir besoin sans que j'en aie le moindre souci. Où en serais-je si, tout occupé de mes cultures et de mon bétail, il me fallait faire venir le sucre de Nantes ou d'Orléans, l'eau-de-vie de Cognac, le sel de l'île de Ré, les épiceries du Havre, etc., sans compter les étoffes dont s'habillent les femmes de la maison, et qui se fabriquent dans tous les coins de la France ! Non-seulement cela prendrait un temps bien mieux employé à mes affaires ; mais les frais auxquels je serais entraîné seraient dix fois, vingt fois plus considérables que le bénéfice dont le marchand se contente. Mais, toi qui parles, que ne vends-tu ton vin à la bouteille ?

VÉRONIQUE. — En vérité, tout est si renchéri que bientôt on ne saura plus comment faire pour vivre. Quand j'étais chargée des provisions, du vivant de mon père, je ne payais pas les denrées la moitié de ce qu'elles valent aujourd'hui.

LE PARCHEMINIER. — Vous ne dites pas, ma bonne tante, que les produits de la ferme se vendent le double aussi, et qu'elle produit trois fois davantage : songez donc que l'argent est infiniment plus abondant aujourd'hui qu'il ne l'était alors, et surtout que la circulation en est beaucoup plus active. Ce ne sont pas les denrées qui ont augmenté de prix, car elles sont en plus grande quantité que jamais; c'est la valeur du numéraire qui a baissé. Si les mines d'or et d'argent ne produisaient plus rien, vous verriez le prix de toutes choses diminuer rapidement; mais elles n'en seraient pas à meilleur marché pour cela, puisque tout service payé en argent le serait peu; et on ne peut trop le dire, le service échangé a seul de la valeur, l'argent n'en est que le représentant; le travail ne se paye que par le travail. Quand il y a du travail pour tout le monde dans un État, le haut prix des denrées est un signe de prospérité.

LÉ SERRURIER. — Monsieur Lumet, puisque la monnaie ne s'use pas ou bien peu, expliquez-moi, s'il vous plaît, pourquoi la quantité en diminuerait si fort au cas où les mines seraient épuisées?

L'INSTITUTEUR. — D'abord, il se perd chaque année une certaine quantité du numéraire; et puis, comme on vient de le dire, les arts absorbent beaucoup d'or et d'argent; et si les mines n'en fournissaient plus, on fondrait la monnaie pour s'en procurer.

Cyr Patrigeon voulant se coucher, on se sépara plus tôt qu'à l'ordinaire.

Mes amis, dit le parcheminier en se levant, rappelez-vous que la grande loi de l'échange est que la cherté de l'un des produits échangés fait le bon marché de l'autre.

Voilà qui demande explication, dit Pivert en se rasseyant.

CHATELAIN. — Elle est bien simple et la voici : un produit ou plutôt un service est cher parce qu'il est rare ou fort recherché : pour se le procurer il faut donner une grande quantité de services ou de produits, ou du numéraire qui les représente, mais qui est moins rare, moins demandé. Ainsi un beau tableau, unique dans son genre se vend à un prix très-élevé, et l'argent qui représente les services qu'on donne en échange a peu de valeur comparativement à celle du tableau. En ce moment le vin est à vil prix : l'argent qu'on donne en échange a donc, au contraire, une grande valeur comparée à celle du vin. Ce qui revient à dire qu'il n'y a de valeur réelle que dans le service, le travail, bien qu'il soit payé diversement suivant les circonstances, et qu'une quantité de travail, de services, ne se solde que par une autre quantité proportionnelle de services, de travail.

LE FILEUR. — Attendez donc un peu ! Quand j'achète du blé, je comprends bien que mon argent aille dans les mains de tous ceux qui ont contribué à le faire venir en état d'être vendu sur le marché; mais je ne vois pas aussi clairement que le propriétaire en prenne sa part pour avoir fourni la terre du bon Dieu qui devait appartenir à tous les hommes.

L'INSTITUTEUR. — Aussi n'est-ce pas le service rendu par la terre que vous lui payez, mais le service rendu par les hommes qui l'ont défrichée, épierrée, assainie, et close pour la mettre dans le principe à l'abri de toute déprédation. Ces services ont créé des droits transmis de père en fils, ou bien cédés à prix d'argent; s'il fallait rémunérer tout le travail enfoui dans un champ bien cultivé et depuis des siècles, une fortune n'y suffirait pas.

QUATRIÉME VEILLÉE

COMMERCE

Savez-vous, mes amis, qu'il y a eu du bruit au marché, dit le charron en entrant ; sans le secours de la gendarmerie, on ne sait pas trop comment tout cela eût tourné.

ÉTIENNE. — Nous n'en savions absolument rien. J'arrive du marché de Bourges, et personne autre n'a quitté la maison aujourd'hui.

CYR PATRIGEON. — Dit-on quelle est la cause de tout ce tapage ?

LE CHARRON. — C'est qu'un fort meunier de Corbeil, petite ville près de Paris, est venu acheter une grande quantité de blé. Les vignerons se sont monté la tête et ont essayé d'empêcher les sacs de descendre à l'embarcadère.

L'HUISSIER. — Sont-ils aveugles, ces gens-là ?

PIVERT. — Dame, écoutez donc, monsieur Pinoteau, à ce commerce-là on affamerait bientôt la ville !

L'HUISSIER. — Erreur, Pivert, erreur ! Si, par impossible, ce marchand enlevait tout le blé d'Issoudun, Vatan, Graçay, Reuilly et toutes les localités environnantes en amèneraient bien vite assez pour alimenter le marché ;

plus, même, puisqu'il y aurait profit à le faire. Soyez tranquille, il n'y a pas de meilleur pourvoyeur que l'intérêt particulier, et c'est à grand tort qu'on s'inquiète ainsi.

ÉTIENNE. — Tu ne comprends donc pas, voisin Pivert, que les gros négociants qui font ces forts achats de grains rendent un immense service au cultivateur en lui fournissant ainsi la possibilité de satisfaire à ses engagements en temps utile. Et, bien loin d'affamer le pays, comme tu sembles le craindre, ils l'enrichissent au contraire. Tu ne peux nier qu'il y ait plus de blé sur les marchés qu'il n'y en a jamais eu.

PIVERT. — C'est qu'on en produit davantage.

ÉTIENNE. — Et pourquoi en produit-on davantage? C'est que le commerce étranger qui, du reste, ne peut acheter avant que la ville soit approvisionnée, maintient les prix à un niveau favorable à l'agriculture; et surtout que la certitude de vendre son blé, quelle que soit la quantité qu'on en apporte au marché, pousse le laboureur à augmenter sa production.

PIVERT. — Mais pourtant, maître Étienne, il est bien dur au pauvre vigneron de payer cher le blé dans un pays qui en produit plus qu'il n'en consomme.

CYR PATRIGEON. — Quand la récolte est abondante, le blé ne monte jamais assez haut pour nuire à l'intérêt du consommateur. Si elle est mauvaise, il en est de cette denrée comme de toute autre : le prix s'en exagère plus par la crainte d'en manquer (ce qui porte le consommateur à surenchérir), que par la disette véritable; j'ai eu bien des occasions de constater cette vérité dans ma longue vie.

CHATELAIN. — Rien de plus fâcheux que tous ces troubles à l'occasion des grains. Avez-vous donc oublié qu'en 1815, où les vignerons s'opposèrent à la sortie du blé, on n'en vit plus sur le marché ? Il se vendit dans les greniers et à des prix exagérés, par la raison qu'il n'y avait plus de concurrence, cette grande loi du commerce qui équilibre tout. Cette violence des vignerons amena une disette factice augmentée par la mauvaise récolte de 1816. Il a bien fallu pâtir alors, et les vignerons tout les premiers; car, quand il n'y a pas de pain à la maison, l'on ne songe guère à boire du vin.

L'INSTITUTEUR. — Maintenant que chacun est mieux éclairé sur ses véritables intérêts, de semblables excès n'auraient pas d'excuses. Aussi, depuis que la sécurité du marché n'est plus troublée, il a triplé, quintuplé d'importance. Il a fallu doubler l'étendue de la place ; les maisons valent davantage, tant le commerce s'est ressenti de cette prospérité ; car si l'agriculteur vend bien sa denrée, il se donne ses aises.

ÉTIENNE. — Voyons, Pivert, toi qui appartiens à cette race honnête et laborieuse, mais rétive et que rien ne satisfait, que dirais-tu à celui qui t'empêcherait d'aller vendre ton vin soit à Bourges, soit à Châteauroux, et qui exigerait qu'il fût bu à Issoudun, afin qu'il pût l'acheter à meilleur marché?

LE VIGNERON. — Oh ! la spéculation n'est pas sur le vin comme sur le blé. J'aurais voulu que tu les visses ce matin, étrangers ou non ! ils sont tombés sur le marché comme des vautours.

LE MEUNIER. — Comment un homme comme toi qui tiens un bon rang dans ta *nation*, comme vous dites, vous autres, ne comprend-il pas que le spéculateur qui achète le blé quand il est abondant pour le revendre quand il sera cher, rend un grand service à tout le monde? N'a-t-il pas de la prévoyance pour tous ceux qui en manquent, et dans les mauvaises années n'est-on pas bien heureux de voir reparaître le blé qu'il a su emmagasiner.

BLIN. — Mais il y trouve son intérêt.

CHATELAIN. — Bien entendu ! Ne faut-il pas que les spéculateurs trouvent l'intérêt des sommes qu'ils avancent et qui représentent un travail fait antérieurement ? Et puis, ils les risquent, ces sommes, comme il arrive nécessairement dans le commerce; mais leur intérêt les porte à rendre service précisément aux gens qui ne veulent pas le reconnaître; est-ce que les petites bourses, les ouvriers, vivant de leur salaire au jour le jour, pourraient faire des approvisionnements suffisants pour les nourrir dans les temps de disette?

LIMONDIN. — Sans compter que, dans les années d'abondance, sans eux nous serions bien embarrassés, nous autres fermiers, de trouver l'argent nécessaire à payer le charron et le maréchal.

CYR PATRIGEON. — A qui dis-tu cela, Limondin? N'ai-je pas vu mon père avoir pour plus de 6,000 francs de blé dans ses greniers et se trouver sans argent faute d'acheteurs ! Il fallait bien emprunter, et Dieu sait à quel taux ! Car alors il n'y avait pas de banquiers dans nos villes. Moi-même, j'en ai passé plus d'une fois par là.

LE MEUNIER. — Dites donc aussi, monsieur Patrigeon, que ces amas de grains donnaient beaucoup de peine pour les préserver de toute détérioration, et que le déchet était considérable au bout de quelques années.

LE VIGNERON. — Tout cela peut être vrai; mais votre spéculateur ne vous vendra pas le blé au prix coûtant.

CYR PATRIGEON. — Et bien il fera, ma foi ! Ne court-il pas les risques de perdre tout son bénéfice par une suite de bonnes récoltes ? Ne vaut-il pas mieux payer le blé cher que d'en manquer? D'ailleurs, depuis que le commerce s'est étendu, l'on ne voit plus de ces grandes chertés qui causaient autrefois tant de misère.

LE CORDIER. — Est-ce que le blé ne serait pas autant en sûreté dans le grenier du fermier et dans celui du propriétaire que dans celui du spéculateur ?

CYR PATRIGEON. — Tu ne comprends donc pas que le propriétaire a besoin de son revenu pour vivre ; quand il ne pouvait vendre son blé, il restreignait sa dépense, et l'ouvrier était le premier à en souffrir ; et quant au fermier, je viens de dire comment il était contraint de recourir aux emprunts, ce qui est une ruine.

LE MEUNIER. — Les moulins à bluter ont beaucoup diminué le nombre des spéculateurs sur le blé.

LE MARÉCHAL. — Le résultat n'est-il pas le même?

PIGELET. — Non pas du tout ! comme il faut que nos usines fonctionnent sans cesse pour que nous ne soyons pas en perte, nous sommes bien forcés d'acheter du blé à tous les marchés, ce qui soutient les prix en temps d'abondance; mais ayant d'un autre côté besoin de rentrer dans nos fonds pour alimenter nos meules, il nous faut vendre nos farines en tout temps et aux prix du cours. Nous ne saurions donc les accaparer, comme vous dites, vous autres, étant obligés de travailler régulièrement. Voilà ce qui maintient l'équilibre dans le prix des grains.

L'HUISSIER. — A-t-on eu assez de peine à faire fonctionner les moulins à l'anglaise dans notre pauvre pays arriéré, où pourtant l'intelligence ne manque pas ! On criait bien

haut qu'ils affameraient le pays; et il se trouve encor
des gens pour le croire.

CYR PATRIGEON. — Quoique je n'aime guère les nouveau
tés, je dois convenir cependant que l'établissement de
moulins à l'anglaise a fait cesser cet encombrement d
blé dans nos greniers où il finissait par se perdre.

VÉRONIQUE. — Et le papillon dont vous ne parlez pas
mon frère. Vous souvient-il de l'année où notre digne père
ne trouva plus que du son dans son grenier au lieu du blé
qu'il y avait mis?

LE FILEUR. — Pourquoi ne l'avait-il pas vendu?

CYR PATRIGEON. — C'est que trois années de grande abon
dance avaient empli tous les greniers, et que la consommation ne suffisait pas à les vider; et comme il n'y avai
dans notre pays ni canaux ni routes, il fallait bien garder
notre denrée, tandis qu'à cinquante lieues d'ici elle était
rare.

CHATELAIN. — Maintenant que chaque village a sa route
qui aboutit à un chemin de fer de près ou de loin, vous
ne pouvez comprendre que pour conduire un cent de blé
à Charost qui alors n'avait pas de marché, il fallait trois
vigoureux chevaux et une demi-journée.

LE FILEUR. — Quoi? pour faire ces dix kilomètres?

LE PARCHEMINIER. — Mais oui; l'on partait avant le jour
l'hiver, pour ne rentrer qu'à nuit close.

ÉTIENNE. — Quand j'entends tout le monde, grands e
petits, réclamer l'intervention du gouvernement dans l'a-
griculture, je ne comprends pas qu'ils puissent demander
autre chose que des routes, de bons chemins vicinaux,
des canaux, selon les pays. L'État ne doit que cela, qui
suffit pour assurer la prospérité générale.

LE MEUNIER. — Avez-vous compris tout l'avantage des blutoirs qui empêchent la destruction du blé par le papillon? On le réduit en farine aussitôt qu'on s'aperçoit qu'il va s'échauffer; et une fois en cet état, il se conserve fort longtemps sans s'altérer. Aussi ne verrez-vous plus de ces disettes qui affament la population, ni ces bas prix de la denrée qui ruinent le cultivateur. Reposez-vous sur l'intérêt particulier pour toutes ces choses.

LE CORDIER. — M. Pigelet a raison; l'intérêt particulier, il n'y a que cela! ainsi j'ai acheté aujourd'hui une forte partie de bon chanvre de Melun à moitié prix.

LE CHARRON. — Mais, voisin, celui qui te l'a vendu ne connaissait donc pas le cours?

LE CORDIER. — C'est probable, et tu penses bien que je ne me suis pas empressé de le lui faire connaître.

CYR PATRIGEON. — Blin, il n'y a pas là de quoi se van-ter, et je suis fâché d'avoir à rabattre de la bonne opinion que j'avais de toi.

LE PARCHEMINIER. — Cela prouve surtout que Blin n'en-tend rien au véritable esprit du commerce; tout marché où l'une des parties est lésée ne saurait produire un grand avantage, car elle n'y revient plus et décrie à bon droit l'homme qui a exploité son inexpérience. Pour qu'une affaire soit réellement bonne, il est nécessaire que les contractants y trouvent un légitime profit; il ne faut pas qu'un service soit payé par dix services. En commerce plus encore qu'en toute autre chose, la droiture est le meilleur élément de succès. Comme personne ne se soucie d'être pris pour dupe, celui qui vend trop cher éloigne les chalands; et quel que soit le bénéfice qu'il fasse de loin en loin, il n'arrive jamais à fonder une maison solide.

LE FILEUR. — Où serait donc le grand mal de faire payer au consommateur toutes choses un peu plus cher que de raison, lui qui est exempt de tant de charges!

L'HUISSIER. — Ceci est une confusion dans les mots. Tout producteur n'est-il pas consommateur et peut-on faire ainsi des catégories différentes? Le consommateur ne paye-t-il pas sa part de l'impôt par le fait seul de sa consommation qui aide le producteur à solder les différentes taxes auxquelles sont soumises les matières qu'il emploie, aussi bien que sa patente?

LE MEUNIER. — L'autre jour, j'ai entendu dire au café où m'avait emmené un gros boulanger de Blois avec qui je venais de conclure un marché que, nous autres Français, nous étions fort inférieurs aux autres nations quant à notre commerce extérieur.

CHATELAIN. — Mon cher ami, le commerce extérieur dont on fait tant de bruit, n'est pas aussi avantageux qu'on veut bien le dire, quoique, certes, il ne soit pas à dédaigner puisqu'il est une cause incontestable de puissance au dehors; et je conviens qu'il est très-avantageux à un pays d'écouler à l'étranger le superflu de sa propre fabrication; mais l'exagérer dans ce but est chose pernicieuse.

L'INSTITUTEUR. — Pourtant, monsieur Châtelain, voyez donc comme l'Angleterre est puissante!

LE PARCHEMINIER. — D'accord; mais allez sonder ses plaies cachées, vous en serez épouvanté. Et, d'ailleurs, pour toute nation qui n'entend pas sacrifier le bien-être de la population à son importance politique, qu'est donc le commerce extérieur comparé à celui qui se fait au sein du pays lui-même?

ÉTIENNE. — Est-ce donc à dire qu'il faut le délaisser?

LE PARCHEMINIER. — Non pas, vraiment! Ce genre de trafic aide beaucoup au progrès des arts et des sciences; il entretient entre les peuples de nombreux rapports qui les civilisent et créent des liens de sympathie entre eux, et, par-dessus tout, il détruit les préventions et les préjugés nationaux qui alimentent les vieilles haines; enfin, il concourt puissamment à établir la grande fraternité humaine qui doit être le but de tous nos efforts. Et puis, n'avons-nous pas besoin de mille productions étrangères que ne sauraient fournir nos climats; et n'est-il pas bon de donner les nôtres en échange! L'on s'exagère beaucoup trop les avantages de l'exportation. Ce n'est pas le grand nombre de vaisseaux qui prouve la prospérité d'un pays, mais bien celui des routes et des canaux qui le sillonnent, le commerce intérieur ne pouvant arriver à son plus grand développement qu'en raison de la facilité des transports. Demande à ton père ce qu'était la France, sous ce rapport, avant le commencement du siècle?

CYR PATRIGEON. — Il est certain que le pays n'avait alors ni routes ni navigation, et il a fallu une *rude* volonté et beaucoup d'industrie, sans compter l'argent, pour créer ce qui existe aujourd'hui. Dans ma jeunesse, je mettais douze heures pour faire les neuf lieues qui me séparent de Bourges avec le meilleur cheval de mon écurie. Alors, ne pouvant transporter les denrées qu'à grands frais, on ne produisait guère que ce qui se consommait sur place et dans les environs.

LE VIGNERON. — Et que faisait-on donc des terres dans ce temps-là?

CYR PATRIGEON. — On cultivait les meilleures et on laissait les autres en friche.

VÉRONIQUE. — Mais qu'elles produisaient de belles fleurs que le bétail broutait avec tant de plaisir !

ÉTIENNE. — Oui, ma tante; mais qu'il fallait grand de terre pour le nourrir, ce bétail, et comme il se trouve bien mieux de nos sainfoins et de nos luzernes !

LE MARÉCHAL. — Je ne comprends pas bien pourquoi le commerce extérieur n'est pas aussi avantageux que l'autre, puisque l'argent des étrangers vaut autant que le nôtre.

LE PARCHEMINIER. — Je vais vous le faire comprendre : écoutez-moi bien : dans toute transaction commerciale, il y a deux capitaux engagés qui, si l'affaire est bonne, produisent chacun son bénéfice.

LE MARÉCHAL. — Je sais cela.

CHATELAIN. — Eh bien ! dans le commerce extérieur, un seul de ces capitaux est national, un seul de ces bénéfices revient à la France, par exemple, puisqu'il est question de notre commerce, et elle ne pourra demander que moitié de travail à ses ouvriers. L'autre moitié des bénéfices sera, selon la justice, pour le pays qui trafique avec nous, et servira à solder le travail des siens. Dans notre commerce intérieur, au contraire, les deux profits demeurent pour nous, puisque nous avons produit les deux services échangés. Par exemple : le département de l'Indre envoie ses farines dans ceux de la Haute-Vienne et de la Charente qui donnent en échange soit le bétail, soit l'eau-de-vie. Le commerçant de chacun de ces départements a son bénéfice tout aussi bien que celui de l'Indre, et il l'emploie dans sa localité à créer de nouveaux produits dont la France s'enrichira encore.

LE MARÉCHAL. — Merci, monsieur Châtelain; c'est clair, cela, et je le comprends bien maintenant.

LE PARCHEMINIER. — Il y a encore autre chose à considérer dans le commerce d'exportation. Il est fort rare que ces sortes d'affaires puissent se solder dans la même année à cause des distances et de la longueur des échanges ; et les capitaux considérables qu'on y engage restent improductifs tant que durent les transactions. Le négociant qui met vingt mille francs, je suppose, dans le commerce extérieur, ne peut faire travailler dans l'année que pour cette même somme de vingt mille francs, puisqu'elle ne lui rentrera qu'au bout de douze mois. S'il trafique avec une nation voisine, il rentre dans son capital au bout de six mois : il pourra donner du travail pour quarante mille francs dans l'année. Mais s'il a engagé ses vingt mille francs dans le commerce à l'intérieur, les retours fréquents lui permettront de faire travailler pour soixante, pour quatre-vingt mille francs, pour cent peut-être ! enfin, avec le secours des banquiers qui, moyennant une légère prime, escompteront les règlements qu'on leur a faits, son capital pourra fonctionner sans discontinuer ; c'est ce qui explique le bon marché des produits d'un usage général.

LE MARÉCHAL. — Cela fait une grande différence, en effet.

CHATELAIN. — Vraiment oui. Voyez un peu, Blanchard : avec les contrées lointaines, les affaires se font avec le capital simple. Si la contrée est voisine, il fonctionne comme s'il était double ou triple. Mais chez nous en famille pour ainsi dire, son mouvement ne cesse jamais, jamais il ne se repose. Ce capital sort des mains du fabricant ou du marchand sous forme de produits et y rentre aussitôt sous forme de billets. Le banquier escompte le papier, et l'argent dégagé de nouveau sert à fabriquer d'autres produits qui seront bientôt convertis en billets. Et comme à chaque rentrée du capital le négociant réalise un bénéfice, plus les rentrées sont fréquentes, plus les bénéfices s'accumulent. Et remarquez bien que cette richesse-là n'est pas toute pour le négociant qui en fait part nécessairement à tous ceux qui concourent à produire ce dont il trafique.

LE SERRURIER. — Mais pourtant, le commerce intérieur que vous mettez au-dessus de tout autre, ne fait pas entrer de nouvel argent dans le pays, et par conséquent n'en augmente pas les richesses ?

CHATELAIN. — Vous n'avez donc pas compris, Boiffard, que la seule et vraie richesse d'un pays est dans le travail produit, et non dans le numéraire qui n'en est que le signe représentatif. Quand sa grande circulation fournit à la population tout le travail qu'elle peut faire, la quantité importe très-peu. Si l'argent est abondant il en faut davantage pour payer la même quantité de services. D'ailleurs, il est assez rare que la balance du commerce extérieur se fasse en argent, puisque son but est de procurer à chaque peuple ce qu'il ne saurait produire dans son propre pays. Avez-vous jamais songé à la valeur représentée par une simple pièce de cinq francs un jour de foire ? Il peut arriver que dans le courant d'une seule journée elle passe en trente mains et à chaque fois acquitte un service équivalent. Elle ne vaut pas les cent cinquante francs de produits qu'elle a servi à payer cependant ? Ce n'a été qu'une marchandise qui s'est multipliée en quelque sorte pour les facilités de l'échange, et qui ne vaut réellement que le service qu'elle représente. Mais grâce à la circulation, tout en laissant un petit bénéfice aux mains par où elle aura passé, elle peut revenir intacte à son premier détenteur. Ainsi donc, plus cette circulation est active, plus il y a de valeurs de toutes sortes en mouvement, plus il y a de profits. Il n'y a pas actuellement en France, d'épargne tant petite soit-elle, qui ne soit engagée soit dans les grandes entreprises nationales, soit dans le commerce intérieur : et c'est le grand nombre d'intéressés qui en fait toute la sécurité. Le total de toutes les petites épargnes de la masse forme un capital énorme auprès duquel celui des gros négociants qui spéculent sur l'exportation n'est rien.

LE CHARRON. — Je me suis souvent demandé comment il se faisait que les gros trafiquants pussent se ruiner plus facilement que les petits qui, pourtant, ont si peu de ressources ?

CYR PATRIGEON. — C'est que, mon garçon, celui qui ne fait que de petits profits est, en général, économe et rangé ; il sait que l'argent est difficile à gagner.

LE PARCHEMINIER. — Et ceux qui, par les hasards du grand commerce ou de la Bourse, peuvent réaliser en un jour des gains considérables, se laissent facilement entraîner à risquer beaucoup plus qu'ils ne possèdent.

VÉRONIQUE. — Il faut convenir que c'est une belle chose que ce commerce qui fait communiquer ensemble tant de gens qui ne se connaissent pas, qui établit entre eux un échange de services, et les intéresse à leur prospérité mutuelle !

LE CORDIER. — Services intéressés !

CYR PATRIGEON. — Toujours la même chose, tête plus dure que ton maillet ! en est-ce moins des services pour cela ? Quand Goguery me fait une charrette dont Blanchard ferre les roues, ne m'obligent-ils pas tous les deux en y trouvant leur profit légitime ? Et quand Étienne même du blé au marché avec cette charrette, n'oblige-t-il pas ceux qui veulent faire du pain quoiqu'il ne leur donne pas son grain pour rien? Si mes voisins refusaient de me faire la voiture dont j'ai besoin, et si Étienne refusait de mettre son blé au marché, à quoi servirait l'argent aux mains de ceux qui en ont? Est-ce que la campagne, en fournissant à la ville les denrées qui la sustentent et les matières brutes employées par son industrie, ne fait pas un échange de services avec cette ville qui met à sa disposition tous les objets manufacturés? Si, par impossible, l'une des deux refusait le genre de service qui lui est propre, que deviendrait l'autre? C'est donc le continuel échange de services qui fait le grand, le véritable commerce d'une nation dont les affaires à l'étranger n'approcheront jamais.

CHATELAIN. — Les villes ne se contentent pas seulement de ce que peut leur fournir la campagne dont elles sont entourées, elles vont encore chercher au loin ce qui leur manque, et c'est l'affaire des marchands en gros qui entretiennent à cet effet des relations avec les ports de mer et les pays de fabrique.

LE VIGNERON. — Je ne vois pas trop à quoi ils servent, si ce n'est, comme les détaillants, à faire payer plus cher ce qui est nécessaire au pauvre monde.

L'INSTITUTEUR. — Pivert, voici encore une de ces injustices auxquelles conduit l'ignorance dont vous et Blin vous constituez les défenseurs. Cette question a pourtant été traitée hier. Si le fabricant vendait directement ses produits au consommateur, ce qui la plupart du temps serait tout à fait impossible, il perdrait un temps précieux pour la surveillance de ses ouvriers. D'un autre côté, si les détaillants allaient chercher en fabrique toutes les espèces de marchandises qu'ils revendent chaque jour, ils seraient obligés à des déplacements onéreux qu'ils feraient payer nécessairement au consommateur; car tout marchand ne peut vendre à perte. Enfin, si le fabricant dispersait ses capitaux en petits crédits faits aux détaillants, il n'en aurait plus assez pour faire marcher son usine sans interruption; alors il produirait moins, et à plus grands frais.

LE CORDIER. — Il est pourtant bien obligé de faire crédit au marchand en gros, qui le fera au détaillant, que ses pratiques ne payeront pas comptant.

L'INSTITUTEUR. — Certainement, le fabricant fait crédit, mais pour un temps déterminé au bout duquel il fait une traite sur le marchand en gros et la donne en payement des matières premières qu'il emploie. Si le besoin d'argent est pressant, il négocie sa traite après l'avoir endossée, certain qu'il est qu'elle sera payée à l'échéance. J'entre dans tous ces détails pour éclairer ceux d'entre vous qui s'élèvent sans cesse contre le marchand; car je vois combien vous êtes pénétrés de ces idées fausses; et j'espère vous convertir en vous rappelant sans cesse que le producteur est aussi consommateur.

CYR PATRIGEON. — N'y comptez pas trop, monsieur Lumet. Le producteur d'une denrée ou de tout autre objet ferme volontiers les yeux sur les intérêts du producteur de ce qu'il consomme, témoin le voisin Pivert qui s'inquiète fort peu de la prospérité de quiconque ne produit pas de vin.

L'HUISSIER. — Comme si son industrie ne languirait pas le jour où toutes les autres seraient en souffrance! Qu'il se mette donc bien dans l'idée qu'elles sont toutes solidaires et qu'en touchant à l'une on ébranle les autres.

CHATELAIN. — Convenons cependant que l'importance

des commerçants en gros a bien diminué. Au siècle dernier c'étaient des gens considérables, allant faire leurs achats en poste et dans leur propre voiture, et tout le petit commerce était à leurs ordres ; mais aujourd'hui il est bien affranchi de cette servitude, grâce aux commis voyageurs qui vont jusque dans les moindres villes vendre sur échantillon.

L'INSTITUTEUR. — Les commis voyageurs rendent un grand service en introduisant jusque dans les localités les plus arriérées du pays, l'usage d'une quantité d'objets qui ajoutent au bien-être sans augmenter beaucoup la dépense.

UNE DES BRUS. — Pourquoi ne ferait-on pas soi-même une partie des choses que l'on consomme? On aurait pour soi le profit du producteur.

ÉTIENNE. — Tu es dans l'erreur, Marguerite: pour faire bien, vite, et à bon marché un objet quelconque, il faut s'en occuper exclusivement. Si ton mari, au lieu de se borner à cultiver nos terres et à faucher nos prés, voulait remonter la grange qu'il va falloir rebâtir au printemps, en faire la charpente et la couverture, elle nous reviendrait bien plus cher que nous la feront payer le maçon, le charpentier et le couvreur ensemble; il y emploierait plus de temps qu'eux et ferait pire besogne. A chacun son métier, ma fille.

LE SERRURIER. — Mais il n'y a pas toujours eu de commerce?

L'INSTITUTEUR. — De commerce bien organisé, non, quoique son institution soit si ancienne qu'elle se perd dans la nuit des temps. Mais là où deux hommes se sont rencontrés, il y a eu troc, trafic et même association, car l'homme seul ne peut se suffire à lui-même. D'abord il vécu de chasse, puis plus tard du produit de ses troupeaux; enfin il a cultivé la terre; mais jamais entièrement seul. A mesure que cette culture a donné des produits divers, l'homme a eu des besoins nouveaux, et il s'est formé des artisans qui, pour s'entr'aider, ont placé leurs habitations les unes auprès des autres; telle est l'origine des villes. Trop occupés de leur métier pour pourvoir à leur subsistance eux-mêmes, ils ont échangé leurs services contre ceux du cultivateur; enfin le boulanger, le boucher, les petits détaillants sont venus prendre place au milieu d'eux, et le commerce a été créé.

UNE JEUNE FILLE. — C'est bien heureux *tout de même!* sans cela tout le monde fût resté aussi bête que les gens de la campagne.

CYR PATRIGEON. — Où prends-tu que nous soyons plus bêtes que les gens de la ville? Est-ce parce que nous n'en avons pas les façons dégagées? Est-ce donc à cela que se mesure l'intelligence? Je me sens en colère quand j'entends maltraiter ces pères nourriciers de tout le monde. Ce n'est pas parce que je suis laboureur que je me gendarme ainsi, mais par esprit d'équité.

VÉRONIQUE. — Quoique les belles façons soient d'un grand avantage, ce n'est pourtant pas sur elles qu'il faut juger de la valeur des gens, mais plutôt sur leur moralité; et il n'en manque pas aux champs : quand nous serons aussi éclairés qu'à la ville, il y en aura peut-être davantage; car les tentations de mal faire y seront moins fréquentes. Témoin les ouvriers de fabrique qui perdent bientôt les vices qu'on leur reproche quand les manufactures sont isolées et qu'on a su leur inspirer l'amour de la terre.

LE MARÉCHAL. — On dit qu'ils pâtissent beaucoup, ces pauvres ouvriers de fabrique, du moindre chômage, et qu'ils ont bien de la peine à retrouver leur aisance quand les affaires reprennent un peu.

BLIN. — Qu'est-ce que tout cela me fait, à moi, cordier?

L'HUISSIER. — Ce que cela vous fait! Mais comptez-vous donc être le seul dans l'État à qui l'on doive s'intéresser? Si tout le monde raisonnait comme vous et séparait ainsi son intérêt de celui de ses concitoyens, nous ne formerions plus une nation, mais seulement une réunion d'individus prêts à se nuire réciproquement. Sachez donc que la prospérité *de tous* importe *à tous*, depuis le plus petit jusqu'au plus grand; car le moindre travail contribue à la richesse générale.

LA MEUNIÈRE. — Bien plus qu'on ne le croit. Voyez plutôt le père Martial qui n'a trafiqué toute sa vie que sur les chiffons, la vieille ferraille et les peaux de lapin? Il vient de mourir. Savez-vous ce qu'il laisse à son fils qui s'est fait cordonnier? Vingt mille francs en bons écus.

LE FILEUR. — Quoi! ce sale bonhomme à qui j'eusse fait l'aumône s'il me l'eût demandée, a trouvé moyen d'amasser cette somme importante?

CYR PATRIGEON. — Amasser est bien le mot; car c'est en mettant sous sur sous et en vivant de rien qu'il est parvenu à créer cette petite fortune. Je l'ai vu arriver du fond de la Marche petit ramoneur. Quand il fut trop grand pour continuer le métier, il commença son petit commerce et y déploya plus d'intelligence que ne semble en demander ce genre d'affaires. Il mit toujours la plus grande loyauté dans les siennes qu'il augmenta peu à peu, et son fils peut se glorifier de la fortune qu'il lui laisse et sur laquelle il ne comptait guère, je crois. Quelle différence entre le père Martial qui, pendant des années, n'eut peut-être pas cinquante centimes par jour de bénéfice, et ces porcelainiers du Berri qui, gagnant des journées de cinq, dix francs, et souvent plus selon leur habileté, ne savent rien mettre de côté. Quel aveuglement !

L'INSTITUTEUR. — Et ils ne sont pas les seuls à se conduire ainsi, malheureusement. Les tisseurs de Normandie, les canuts de Lyon, les fileurs de tous les pays font de même. N'est-il pas douloureux de voir ces populations intelligentes devenir volontairement un objet de scandale plutôt que de rechercher la considération publique ! Quand comprendront-ils donc l'infériorité où ils se placent vis-à-vis des autres classes d'ouvriers dont la vie bien ordonnée commande l'estime des honnêtes gens ? Ne sauront-ils jamais qu'il n'est pas pire condition qui ne s'améliore avec de la conduite et de la suite dans les idées.

Comme tout le monde se disposait à s'en aller, le parcheminier ajouta :

Nous avons parlé ce soir de tous les avantages dus au commerce, et nous avons oublié de mentionner le principal. Le commerce a pacifié le monde; il a beaucoup contribué à ruiner cet odieux régime de la force sous lequel nos ancêtres ont gémi pendant tant de siècles, alors que la population désarmée était assujettie aux volontés de ce petit nombre de puissants qui, pendant longtemps, possédèrent le sol.

N'en pouvant consommer eux-mêmes tous les revenus qui ne se payaient qu'en nature, ils exerçaient une large hospitalité dans leurs châteaux faute de trouver à vendre leurs denrées, tant le numéraire était rare. De là cette coutume de nourrir un grand nombre d'hommes toujours prêts à les suivre dans le mal tout comme dans le bien, et qui chassaient journellement pour leurs maîtres. Mais à mesure que les communes se constituèrent et que les rois étendirent leur autorité aux dépens de celle des seigneurs, le commerce et l'industrie grandirent à l'ombre de leur protection. Les grands propriétaires, pour se procurer les douceurs du luxe qu'ils commençaient à apprécier, restreignirent cette fastueuse hospitalité qui entretenait la fainéantise chez tant de gens. Dès qu'ils n'eurent plus autour d'eux tous ces hommes disposés à épouser leurs querelles, ils ne furent plus aussi turbulents, et peu à peu la sécurité s'établit dans le pays. C'est donc à l'introduction du luxe chez les grands par le moyen du commerce, que nous devons d'avoir eu la paix à l'intérieur d'où découle l'aisance du peuple; oui, nous leur devons beaucoup à ces premiers trafiquants, hommes de grand courage, obligés de se défendre contre les attaques continuelles des possesseurs du moindre manoir qui levaient sur le pauvre marchand des taxes exorbitantes. C'est donc le commerce qui a été l'agent le plus actif de la civilisation.

Aujourd'hui le riche propriétaire fait vivre un bien plus grand nombre de familles en employant son revenu à se procurer les produits de l'industrie, qu'alors qu'il nourrissait directement une grande partie des gens vivant sur ses terres. Et remarquez bien le phénomène que produit ce nouvel ordre de choses : les puissants n'ont plus d'action directe sur le grand nombre d'hommes auxquels ils donnent l'aisance en consommant leurs produits, puisqu'ils leur sont inconnus, ce qui a favorisé le développement de la liberté individuelle.

Maintenant qu'il n'y a qu'une seule justice, devant laquelle pauvres et riches sont égaux, l'oppression d'homme à homme ne saurait plus se produire, mais que de siècles

de souffrances avant d'en être venus là, et que de larmes
et de sang répandus!

VÉRONIQUE. — Puisqu'il entre dans les voies de la Providence que les souffrances des pères soient profitables aux
enfants, supportez donc avec patience les maux actuels
en pensant que vos enfants recueilleront le fruit de vos
peines.

CINQUIÈME VEILLÉE

INDUSTRIE, MONOPOLE, CONCURRENCE

LE FILEUR. — J'ai acheté ce matin, d'un colporteur, un petit livre d'une vingtaine de pages, tout plein de bonnes idées.

ÉTIENNE. — Et de quoi traite-t-il, ce fameux petit livre?

LE FILEUR. — Il traite de l'assistance que le gouvernement devrait donner à l'industrie.

L'HUISSIER. — Ceci est l'affaire de la concurrence, et laissez donc le gouvernement tranquille; qu'il vous donne de bonnes routes, de bonnes lois, la justice et la sécurité, c'est tout ce qu'il faut; mais exiger qu'il se mêle à toutes choses et surtout qu'on lui demande sans cesse de l'argent, c'est d'une absurdité choquante; car l'État n'ayant d'autre fortune que celle des particuliers, on veut donc qu'il prenne dans la poche des uns pour enrichir les autres, ce qui serait une véritable spoliation. Les contribuables n'ont-ils pas fait assez en l'aidant à exécuter certains travaux d'utilité publique? Vous voulez tous la liberté et vous demandez sans cesse l'intervention du gouvernement, même là où la liberté est la première condition de prospérité. L'État ne doit à l'industrie, à titre d'encouragement, que des récompenses honorifiques; autrement il paralyserait les efforts des industriels qui ne doivent tenir leur prospérité que de leur propre travail. Quand les champs et les vignes ne rapportent rien, les cultivateurs vont-ils réclamer une indemnité de l'État, c'est-à-dire de leurs concitoyens les contribuables? Pourquoi n'en serait-il pas de même pour l'industrie, à moins de grandes crises commerciales venues du dehors, comme la crise cotonnière? Toute industrie qui ne peut nourrir son homme doit être abandonnée, et l'État n'a pas à s'occuper de l'industriel qui fait fausse route; et d'ailleurs, tout travail infructueux pour celui qui s'y adonne ne saurait être utile à la société, laquelle se trouve en perte dès que l'industriel ne fait plus de bénéfices. N'oubliez donc pas que l'intérêt général se compose de tous les intérêts privés : la souffrance d'un seul se fait aussitôt ressentir chez les autres.

OYR PATHIGEON. — Je ne sais pas si l'introduction des machines est avantageuse au fabricant, mais il est sûr que les pauvres gens s'en trouvent mal : elles leur ont enlevé l'ouvrage qui les aidait à vivre. Quand nos femmes filaient la laine et le coton, elles en retiraient un petit profit dont le ménage s'arrangeait fort.

LE PARCHEMINIER. — Mon cher oncle, permettez-moi, malgré tout le respect que je vous dois, de ne pas partager vos idées sur ce point. Rappelez-vous comment était tenue la maison de ma grand'mère qui était certes une vaillante femme. Les meubles alors à l'usage de la famille sont dans votre chambre et dans celle de ma tante Véronique; mais aucun de vos enfants ne s'en contenterait maintenant. Vos sœurs étaient loin d'être aussi bien habillées que les brus d'Étienne; et pourtant on ne dépense pas plus ici, proportionnellement au revenu, qu'on ne le faisait chez votre père. Qui est-ce donc qui a mis ainsi les fines et jolies étoffes à la portée de l'ouvrier, sinon les machines?

VÉRONIQUE. — Je dois convenir que dans ma jeunesse nous ne mettions de bas que le dimanche, et l'on n'en donnait jamais aux enfants, qui couraient nu-pieds comme de vrais petits sauvages.

CYR PATRIGEON. — Et les hommes donc? J'ai mis la première paire à mes pieds le jour de mon mariage seulement.

L'HUISSIER. — Je voudrais, monsieur Patrigeon, que vous puissiez aller encore aux *assemblées* pour y voir les bergères parées de beaux bonnets brodés, de robes de fin lainage, sans compter les cols, les bottines et les fanfreluches!

CYR PATRIGEON, *souriant.* — J'en vois bien quelque chose ici! Mais comment font-elles pour payer tout cela? car il y a loin de la toison de leurs brebis au lainage dont elles s'habillent.

L'HUISSIER. — Ces fichus de soie, ces robes fines ne coûtent pas plus cher que les fichus d'indienne à grandes fleurs de votre temps, et ce sont les machines qui ont mis toutes ces jolies choses à la portée des petites bourses.

VÉRONIQUE. — Avouez cependant que toutes ces étoffes modernes, même le drap, ne sont pas de longue durée!

CHATELAIN. — Fort heureusement, ma chère tante : car si le mérinos dont mes cousines sont vêtues, ne dure pas autant que les draps lourds et grossiers faits avec la laine filée par les ménagères, leur peu de durée entretient une grande propreté personnelle. Quand nos grand'mères portaient dix à quinze ans le même vêtement, il recélait des émanations malsaines qui occasionnaient ces affreuses maladies de peau dont nous sommes délivrés de nos jours, et qui se transmettaient de mère en fille.

LA MEUNIÈRE. — Les jeunes filles ont bien assez à faire de coudre ces robes qui durent si peu, de broder, festonner et plisser leurs bonnets sans être obligées, pour s'occuper, de filer la laine grasse, ce qui est bien l'ouvrage le plus malpropre qui se puisse faire.

ROUX, JARDINIER. — Dites donc un mot de cette quantité de femmes occupées aux travaux du jardinage; c'est une industrie nouvelle qui n'existait pas du temps de M. Patrigeon; elle va toujours croissant et verse beaucoup d'argent dans les faubourgs.

L'HUISSIER. — La preuve que les machines qui ont enlevé la filature aux femmes ne leur causent aucun dommage, loin de là! c'est que, comme nous l'avons fait remarquer, ce qui était un grand luxe alors n'est plus aujourd'hui que le nécessaire. Il n'y a donc pas à regretter un ordre de choses qui récompensait si mal nos grand'mères d'un travail sale et fatigant. Laissez faire! un temps viendra où les machines donneront à l'ouvrier le loisir nécessaire à la culture de son intelligence.

LE MARÉCHAL. — Ah! monsieur Pinoteau, que nous sommes donc encore loin de ce beau temps-là!

L'HUISSIER. — Peut-être bien; mais enfin il arrivera, soyez-en certains, parce que le bien se réalise toujours tôt ou tard.

LE CORDIER. — Je ne suis pas du tout de cet avis-là, moi : bientôt il n'y aura plus d'ouvrage pour personne, à présent que tout le monde se mêle de travailler; trouvez-vous donc que ce soit le règne du bien, ça?

L'INSTITUTEUR. — Mais cela nous y conduit tout droit. Tnat mieux quand chacun travaille : l'on produit et l'on consomme davantage, ce qui donne l'aisance à tout le monde ; et ce bon temps dont parle Pinoteau n'arrivera précisément que quand il n'y aura plus d'oisifs, ce qui ne tardera pas autant qu'on le croit. Déjà les gens riches n'accordent plus grande considération à ceux d'entre eux qui ne s'occupent point utilement. Ne recherchent-ils pas avec empressement les moindres places, non pour les émoluments qui y sont attachés, mais pour l'importance qu'elles donnent ?

LE FILEUR. — Je voudrais bien savoir pourquoi tout le monde n'en aurait pas, de ces places ? N'y avons-nous pas autant de droits qu'eux ?

L'INSTITUTEUR. — Voici une singulière proposition pour un garçon qui n'est pas sot ! D'abord, pour occuper un emploi quelconque, il faut connaître l'administration à laquelle il se rattache ; puis, si tout le monde a des places, tout le monde les payera, puisque l'État ne dispose d'autres fonds que de ceux des contribuables. Où serait l'avantage, alors ?

LE MEUNIER. — Ne trouvez-vous pas qu'en France l'on n'estime pas assez l'industrie et le travail ?

L'INSTITUTEUR. — Hélas ! c'est par ignorance du bien qu'ils produisent l'un et l'autre. L'envie que nous nourrissons contre les classes élevées nous empêche de réfléchir aux immenses bienfaits du travail. Qui d'entre vous, tous ouvriers pourtant, s'est demandé quelle est l'importance de la transformation que l'industrie fait subir à la matière première ? Ainsi, les 500 grammes de coton en bourre qui année commune, valent dans nos ports 45 centimes, décuplent de prix quand ils sont ouvrés en fine mousseline.

Qui a donc produit cette plus-value? la main d'œuvre, le travail de l'ouvrier. Quand une livre de coton manufacturé se vend 10 fr., les 9 fr. 55 c. d'augmentation sur sa valeur primitive rétribuent le travail du cardeur, du fileur, du tisseur, de l'apprêteur, et aussi la peine du fabricant et du détaillant.

LIMONDIN. — C'est pourtant l'agriculture qui est la mère de l'industrie!

CHATELAIN. — Pas tout à fait; mais elle en est la nourrice. Dans le principe, ce furent les hommes que leur faiblesse tint éloignés du travail des champs et du métier de la guerre qui, les premiers, se livrèrent à l'industrie et y appliquèrent toute leur intelligence. Leurs produits tentèrent les grands; et pour se les procurer, ceux-ci durent mettre un peu d'ordre dans leurs affaires. Ils exigèrent alors que leurs terres fussent mieux cultivées, et rendirent au travail une grande partie des hommes qu'ils conduisaient à la guerre. La justice du roi, n'étant plus aussi souvent entravée par les violences des seigneurs, protégea efficacement l'industrie et l'agriculture, ces forces nouvelles qui devaient à la longue avoir raison de la brutalité des vassaux de la royauté.

UNE DES BRUS. — Monsieur, faut-il être savant pour inventer toutes ces mécaniques qui semblent avoir plus d'esprit que ceux qui les gouvernent! Quand mon mari m'a menée à la forge de Vierzon, je ne pouvais pas me lasser de regarder la belle machine qui fait marcher deux soufflets hauts comme cette chambre et plus gros que notre grande cuve. Elle est composée de tant de pièces différentes que je ne comprends pas qu'on s'y puisse reconnaître.

LE PARCHEMINIER. — La première idée d'une machine est souvent due à l'ouvrier. Ayant sans cesse l'esprit occupé de son métier, il y acquiert une grande expérience, et doit, plus que tout autre, trouver les perfectionnements dont il est susceptible; mais comme il n'a ni l'instruction ni le talent nécessaires pour tirer le meilleur parti de son idée, la science s'en empare, la retourne de mille façons, la combine avec ce qui est déjà connu, et la rend praticable pour le plus grand avantage de tous. Ainsi donc, l'idée première de l'ouvrier a besoin d'être fécondée par la science pour fructifier; et là encore, nous retrouvons la grande solidarité humaine, ce lien tout-puissant des sociétés.

L'INSTITUTEUR. — Cela me rappelle qu'on m'a montré dans cette même machine dont parle Élisabeth, une petite pièce qu'on appelle *tiroir* : pièce très-utile en ce qu'elle ouvre la soupape donnant passage à la vapeur qui va se condenser dans un récipient à cet effet.

Au commencement de l'invention des machines, un enfant était chargé de tirer et de pousser sans cesse le tiroir, et ne pouvait quitter son poste sans mettre tout le mécanisme en danger de se détraquer. Un de ces gamins qui trouvait dur d'être cloué à son ouvrage pendant que ses camarades jouaient au soleil, observa que chaque fois qu'il devait ouvrir le tiroir, l'un des bras de la machine s'en éloignait et qu'il se rapprochait quand ce tiroir devait être fermé. Alors il attacha à ce bras la tringle qui servait à ouvrir le tiroir, et quand il se fut assuré que le tout fonctionnait bien, il courut rejoindre la troupe joyeuse.

Le contre-maître ne l'ayant pas trouvé à son poste fut épouvanté à l'idée de la catastrophe qui allait s'ensuivre; mais voyant que tout marchait comme à l'ordinaire, il fit son inspection et découvrit l'expédient de l'enfant. Le mécanicien appelé mit l'idée à profit, ce qui apporta un grand perfectionnement aux machines à vapeur, tout en les simplifiant.

CYR PATRIGEON. — Ce luron-là dut faire un fameux contre-maître plus tard; car celui qui observe bien et sait se rendre compte, réussit toujours dans ce qu'il fait.

VÉRONIQUE. — L'homme n'est jamais content : il a beau faire des découvertes, il cherche toujours.

LE PARCHEMINIER. — Eh! c'est bien tant mieux, ma tante. C'est à cet incessant besoin qu'on doit toutes les améliorations qui nous rendent la vie plus coulante de jour en jour, et nos neveux lui devront de l'avoir meilleure encore.

CYR PATRIGEON. — Châtelain, tous ces perfectionnements font naître une concurrence dont on n'avait pas l'idée autrefois. Alors, n'était pas maître qui voulait ! aussi faisait-on de grandes fortunes dans le commerce et dans l'industrie.

LE PARCHEMINIER. — Mais, ils n'étaient pas nombreux, ceux qui faisaient fortune ! Et puis, écoutez donc, mon oncle, chacun a bien le droit d'arranger ses affaires comme il l'entend, pourvu qu'il ne nuise à personne, bien entendu, et la concurrence naît de cette liberté incontestable. Lorsque, favorisé par des lois iniques, l'industriel faisait de ces grosses fortunes, c'était au préjudice de ses confrères à qui l'on refusait les mêmes facilités; maintenant qu'il n'y a plus ni privilége ni monopole, tout homme est juge de la valeur du service qu'il demande et de celui qu'il offre en retour; et s'il se trompe, personne ne se trouvera pour faire l'échange avec lui ; la concurrence seule réglera cette valeur.

L'HUISSIER. — La concurrence se retrouve en toutes

choses : la concurrence, c'est la liberté de travailler à sa guise. Sans elle, l'humanité n'avancerait pas; et vous savez que, qui n'avance pas recule, l'état stationnaire n'étant pas dans la nature parce qu'il mène à la destruction.

CYR PATRIGEON. — Tu as beau dire, mon neveu, je m'étonnerai toujours que cette concurrence acharnée n'ait pas fait plus de mal encore.

LE PARCHEMINIER. — Mon oncle, cela s'explique par l'équilibre que se font tous les intérêts divers mis en présence, de telle sorte qu'aucun d'eux ne saurait absorber les autres. Ainsi, l'intérêt du marchand est opposé à celui du fabricant, et celui du consommateur n'est pas le même que l'intérêt du producteur; celui-ci préconise le monopole qui lui est avantageux, et l'autre lui oppose la concurrence.

LA MAITRESSE PATRIGEON. — Qu'est-ce que cela veut dire, au fond, ce mot de concurrence?

L'INSTITUTEUR. — Cela veut dire : *qui court avec, qui court ensemble*. Ainsi votre mari et maître Limondin en tâchant d'élever de beaux moutons pour avoir l'élite en foire, se font concurrence; ils courent ensemble à un même but, et si l'un veut faire un bénéfice exagéré sur son lot de moutons, l'autre, en les donnant à un prix raisonnable, le forcera de baisser ses prétentions.

Monsieur Patrigeon, la concurrence naît tout naturellement du droit qu'a chaque citoyen de travailler au métier qui lui convient, et de vendre sa marchandise comme il l'entend. Convenez pourtant qu'il y avait une grande injustice à condamner l'homme qui se sentait du talent, à rester compagnon toute sa vie?

VÉRONIQUE. — Ce qui me chagrine le plus dans cette

concurrence, c'est les mauvais sentiments qu'elle fomente entre gens du même métier.

L'INSTITUTEUR. — C'est encore là un des tristes résultats de l'ignorance qui leur fait manquer d'équité envers leurs confrères. S'ils étaient mieux instruits de leurs devoirs envers le prochain qu'ils doivent aimer comme eux-mêmes, ils ne seraient point jaloux des succès de leurs camarades. Quand on observe cette grande loi de l'amour fraternel, il n'est guère de difficultés qui ne s'aplanissent.

CHATELAIN. — Comment médire de la concurrence quand c'est à elle que nous devons de jouir de tous les biens répartis sur toute la terre! N'est-ce pas elle qui les fait entrer dans le domaine public par mille moyens favorables à la diffusion de la civilisation, et n'est-elle pas un des plus grands éléments de cette égalité qui nous est si chère? Croyez-moi, la concurrence est une des lois sociales les plus bienfaisantes et les plus fécondes.

LE SERRURIER. — Au fait, chaque ouvrier fait concurrence à ceux de son état; et si l'on voulait s'y opposer, qui donc déciderait entre celui qui devra quitter le métier pour favoriser l'autre?

LE CHARRON. — Il en est beaucoup qui disent que si le gouvernement s'en mêlait, cela n'irait pas si loin.

ÉTIENNE. — Je voudrais bien voir comment tu accueillerais le gouvernement qui viendrait t'interdire de faire des roues, sous le prétexte qu'il y a dix charrons en ville qui ont besoin de faire leurs affaires? Comment veux-tu qu'on s'y prenne pour empêcher un homme de produire une chose à meilleur compte que son voisin, et de la mettre en vente?

L'HUISSIER. — Voyez donc, mes bons amis, où conduit le manque de réflexion ! Vous êtes charmés d'avoir à bon marché toute espèce de marchandises, et vous ne voudriez pas que celui qui se contente d'un léger bénéfice vende librement ses produits, quoique cette concurrence soit toute à votre avantage, et que nous lui devions cette immense disproportion entre nos satisfactions de tout genre et notre travail. Cela ne doit-il donc pas suffire pour lui mériter notre reconnaissance ?

LA MAITRESSE PATRIGEON. — Ça se voit tous les jours, et je n'ai pas encore pu le bien comprendre.

CHATELAIN. — Cousine, je vais essayer de vous rendre ce phénomène clair comme le jour. Il y a vingt ans, Poupart, le cloutier, que vous avez bien connu, fabriquait chaque jour cinq kilos de clous je suppose, avec l'aide de son chien qui tournait la roue. A présent, grâce à la vapeur, on en fait davantage en une heure; mais comme on ne saurait faire payer à l'acheteur la force de la vapeur fournie par la nature, et lui demander pour cela des journées de travail ou l'argent qui les représente, les clous coûtent infiniment moins cher qu'alors que la force de l'homme était seule employée à leur fabrication. Il en est de même pour la plupart des produits de l'industrie, ce qui fait qu'avec le prix d'une journée de travail le consommateur a une somme de jouissances à laquelle son travail seul ne pourrait atteindre; et cette somme augmentera d'autant plus que les machines se multiplieront et que la concurrence fonctionnera paisiblement. Elle stimule le fabricant qui appelle à son aide toutes les forces vives de la nature, lesquelles sont gratuites ; car la loi de l'intérêt personnel est d'attirer tout à soi ; mais une autre loi toute providentielle contre-balance la première; c'est la concurrence qui tend à mettre en commun le fruit de tout travail; sans elle il n'y aurait bientôt plus de société.

LA MAITRESSE PATRIGEON. — Ainsi donc, quand une marchandise se vend cher, on en fabrique beaucoup afin de faire un gros bénéfice. Mais aussitôt le prix baisse parce qu'il faut vendre tout cela, et que personne n'aime à payer trop cher.

L'INSTITUTEUR. — C'est ainsi que l'intérêt privé travaille dans l'intérêt général, sans le savoir, sans le vouloir peut-être.

LE CHARRON. — Vous ne voyez donc pas que tous ces perfectionnements dérangent fort celui qui fabriquait le même article avant qu'ils ne fussent trouvés?

L'INSTITUTEUR. — Mais aussi, son intelligence est stimulée à trouver mieux encore. Rappelez-vous ce que M. Châtelain disait à Boiffard l'autre soir, sur l'esprit qui est semblable au feu, lequel ne donne toute sa chaleur qu'autant qu'il est excité par le soufflet. Eh bien, ce qui développe toute l'ardeur de l'esprit, c'est la nécessité qui, comme dit le proverbe, est mère de l'industrie. Rien ne s'améliorerait, si le besoin d'acquérir la fortune, l'aisance, le simple nécessaire, ne tourmentait chacun de nous; et il faut marcher bon gré mal gré, parce que le mouvement est la condition de la vie morale comme de la vie physique.

ÉTIENNE. — Je comprends! L'humanité se comporte comme l'homme qui a son enfance, sa jeunesse, et qui acquiert chaque jour de nouvelles connaissances.

LE MARÉCHAL. — Et quand on saura tout!

L'INSTITUTEUR. — Jamais, monsieur Blanchard. A mesure qu'on monte les degrés de la science, on en découvre de nouveaux qu'il faut atteindre aussi.

LE CORDIER. — Si l'on ne doit jamais arriver, ce n'est pas la peine de se mettre en route.

L'INSTITUTEUR. — Oh! que si, vraiment! plus on monte, plus on voit de belles choses qui dédommagent fort l'esprit de ses fatigues, et qui, loin de lui faire désirer le repos, lui donnent au contraire le désir d'en voir davantage.

LE VIGNERON. — Passe encore, s'il n'y avait que les hommes qui se fissent concurrence; mais n'est-ce pas un grand malheur de voir s'en mêler les machines diaboliques qui travaillent mieux que le pauvre monde?

CHATELAIN. — Mais, Pivert, elles ne sortent pas de terre toutes faites, ces mécaniques qui vous donneront moins de souci quand vous les connaîtrez mieux. Ne faut-il pas des bras pour travailler les métaux dont elles sont faites, pour extraire le minerai qui produit les métaux, pour nous apporter le cuivre qu'on ne trouve qu'au delà des mers? Il a fallu des hommes pour construire les vaisseaux servant aux transports, pour abattre le bois employé dans leur construction, pour semer le chanvre qui sert à tisser la toile des voiles, que sais-je! Et puis, elles sont sujettes à réparation, ces machines, et elles s'usent aussi. Et enfin, la meilleure chose qu'on puisse dire en leur faveur, c'est qu'il y a infiniment plus d'ouvriers employés dans les fabriques depuis qu'on y en a introduit l'usage.

BLIN. — Mais alors, comment faisait-on pour vivre autrefois?

LE PARCHEMINIER. — On vivait fort mal, dans ce

temps des priviléges qui maintenaient une si grande inégalité dans le travail, et la mortalité était bien plus
grande que maintenant. Heureusement il ne reste plus
d'autre inégalité parmi les ouvriers que celle qui résulte
naturellement de la différence dans les aptitudes et l'a-
mour du travail.

LE SERRURIER. — Je crois que ce ne sont pas les machines qui nuisent à l'ouvrier, mais sa paresse et son
inconduite.

L'INSTITUTEUR. — L'on confond trop souvent avec l'intelligence la volonté de travailler, le courage de persévérer, de vaincre tous les obstacles. Personne, si ce n'est par
suite d'infirmité, n'est déshérité d'intelligence, croyez-
le bien; seulement elle s'applique à des choses différentes
suivant l'éducation qu'elle a reçue et son aptitude pour
une chose plutôt que pour une autre; ceux qui se réfu-
gient derrière leur incapacité prétendue sont des paresseux, des lâches qui ne veulent pas soutenir le combat de
la vie. Souvent on les a laissés grandir dans un état d'ignorance voisin de l'abrutissement, et leur intelligence reste
engourdie à jamais.

LE MEUNIER. — Tous ces gens qui crient si fort contre
la concurrence m'ont bien la mine de ne songer qu'à celle
qu'on leur fait, tout en s'arrangeant de toute autre pour
s'approvisionner à bon marché. Depuis que chacun est
libre d'exercer le métier qui lui plaît, il s'en est élevé une
quantité de nouveaux. N'est-ce donc pas à la concurrence
qu'on doit cette grande facilité de voyager avec économie
de temps et d'argent? Ne lui devons-nous pas d'être mieux
logés, mieux vêtus?

L'INSTITUTEUR. — Et de voir la durée de la vie moyenne
augmenter chaque jour. C'est qu'il n'y a rien de tel que
d'avoir ses aises pour vivre longtemps et en santé.

BOIFFARD. — Et ces crises qui troublent le commerce, ne les comptez-vous donc pour rien?

LE PARCHEMINIER. — Est-il bien certain que ces crises ne soient pas plutôt dues à certaines causes réunies plutôt qu'à la concurrence? Et d'ailleurs, dites-moi un peu comment s'y prendre pour la réglementer, cette concurrence, et qui ferait exécuter les règlements? Surtout, qui donc voudrait y obéir?

VÉRONIQUE. — J'ai appris dans ma longue vie à ne désespérer de rien. Si la concurrence poussée à l'excès devait causer des maux réels et sérieux, un moyen de concilier tous les intérêts ne tarderait pas à se présenter; Dieu en réglant le monde n'a pas voulu que le désordre s'y établît pour longtemps parce qu'il entraînerait une ruine totale, et il a trop bien ordonné toutes choses pour que le mal l'emporte jamais sur le bien.

ÉTIENNE. — Sauf meilleur avis, il me semble que la concurrence n'est pas plus immorale que le travail, car il est tout simple que chacun cherche, comme il le peut, le moyen de gagner sa vie, et je ne trouve de blâmables que ceux qui manquent de probité.

L'INSTITUTEUR. — Vous avez bien raison, maître Etienne. Vouloir anéantir la concurrence, c'est vouloir anéantir la liberté humaine. Tout en tempérant les excès où porte l'intérêt personnel, n'est-elle pas son aiguillon? L'ouvrier est celui d'entre tous les citoyens qui a le moins de droits de s'en plaindre, car c'est par elle qu'il obtient à un moindre prix une plus grande quantité de satisfactions, puisqu'elle contribue sans cesse à niveler les services et à diminuer les efforts. N'est-ce donc rien, cela! Je voudrais bien que son action s'étendît jusque sur l'enseignement, et vous verriez les inégalités sociales s'abaisser sous le niveau de l'éducation.

L'HUISSIER. — Monsieur Lumet, les avantages matériels de votre profession ne sont pas proportionnés au travail et au dévouement qu'elle exige, et c'est là un véritable malheur; aussi, n'y a-t-il pas foule pour l'exercer.

VÉRONIQUE. — On y viendra, monsieur Lumet; car on ne vit pas seulement de pain, comme dit l'Évangile.

L'INSTITUTEUR. — Aussi j'attends patiemment, sachant que le bien est dans la force des choses et qu'il doit se faire jour tôt ou tard.

CHATELAIN. — Enfin, pour en finir avec la concurrence, convenons donc que par elle seule toute conquête de l'industrie s'écoule des mains de celui qui l'a faite, pour aller grossir le patrimoine commun de l'humanité; car, observez bien que ce n'est pas le capitaliste qui en profite, puisque l'intérêt reste le même ; ce ne sont pas non plus les ouvriers dont le salaire n'en est pas augmenté, mais c'est tout le monde ensemble qui obtient les satisfactions à ses besoins avec moins de peine. Ne lui devons-nous pas un autre bienfait dont les conséquences morales sont immenses, puisqu'elle nivelle les sinistres au moyen des assurances, qui font fraternellement peser sur tous les désastres de quelques-uns? N'est-elle pas alors un agent de solidarité et de fraternité? Je ne prétends pas dire que le constant nivellement auquel elle travaille sans cesse n'occasionne des froissements, des souffrances même; mais quel est donc l'avantage qu'il ne faille payer d'un malaise partiel?

LE FILEUR. — Vous prenez tous feu comme un paquet d'étoupes. Si vous m'aviez laissé le temps d'achever ce que j'avais à vous dire, vous auriez su que mon petit livre traite aussi du monopole.

L'INSTITUTEUR. — Eh bien! moi qui viens de défendre

la concurrence contre toute critique, je prendrai le parti du monopole qui lui fait un contre-poids si nécessaire.

CYR PATRIGEON. — Comment, monsieur Lumet, vous allez souffler le froid et le chaud!

L'INSTITUTEUR. — Non pas! s'il vous plaît : je me contente de rester dans le vrai. Je trouve donc parfaitement juste que l'homme qui, ayant une idée nouvelle, parvient à force de travail et après de grandes dépenses à la réaliser, l'exploite à son profit; et s'il en retire de grands bénéfices, le public trouve à son tour un avantage à cette invention nouvelle; et d'ailleurs, n'est-ce pas la concurrence qui engendre le monopole?

LE MARÉCHAL. — Voilà que je ne comprends plus du tout.

L'INSTITUTEUR. — Comment un homme de bon sens comme vous, ne comprend-il pas que c'est précisément la concurrence qui aiguise l'esprit des industriels, et les pousse à chercher quelque perfectionnement nouveau qui deviendra d'abord un monopole entre les mains de l'inventeur, jusqu'à ce qu'un autre ait trouvé mieux encore.

LE MARÉCHAL. — A ce compte-là, cette concurrence c'est la bataille, et le monopole c'est la victoire.

CHATELAIN. — Bien dit, vieux soldat! Seulement, en industrie l'on est tenu de combattre toujours et de vaincre sans cesse.

VÉRONIQUE. — Je suis d'avis qu'il est bon de se méfier des inventions nouvelles, et de ne les accepter qu'avec une prudence extrême.

LIMONDIN. — Mais combien en est-il parmi ces inventeurs qui perdent leur temps et leur argent à faire des choses qui ne serviront jamais?

L'INSTITUTEUR. — C'est que les choses se passent pour les hommes réunis comme pour l'homme seul. Quand un jeune garçon entre en apprentissage, il commence par gâcher sa besogne et gaspiller les matériaux qu'on lui confie; peu à peu il apprend à se servir de ses outils, et il suffit qu'il y apporte une volonté persévérante pour qu'il arrive à très-bien faire. Eh bien, il en est de l'invention comme du métier : beaucoup l'ébauchent et l'essayent de mille façons différentes, encore qu'ils ne s'entendent pas entre eux. Puis paraît un homme qui trouve la formule cherchée en vain jusqu'alors, et le produit vient confirmer la théorie.

LE PARCHEMINIER. — On ne saura jamais tout ce qui se dépense de temps, d'argent et d'intelligence dans ces essais! Heureusement que les hommes qui travaillent ainsi sans recueillir aucun fruit de leurs peines ont pour dédommagement les joies sans pareilles de l'inventeur. Sans cela, l'on ne verrait point les choses atteindre à la perfection.

LE SERRURIER. — Et quand un autre perfectionnement est trouvé?

LE PARCHEMINIER. — C'est tant mieux pour tout le monde; mais le principal mérite n'en reste pas moins à celui qui, le premier, a produit l'idée sous forme pratique.

LE CHARRON. — Les inventeurs ont grand intérêt alors à soumettre leurs idées au public qui les juge.

L'INSTITUTEUR. — Et souvent fort mal : témoin l'exemple de la vapeur trouvée par un Français. Il l'offrit en vain au gouvernement que les savants détournèrent de l'accepter.

ÉTIENNE. — Ça ne leur fait pas grand honneur.

L'INSTITUTEUR. — S'ils eurent la vue courte, le public ne l'eut pas plus longue.

LE PARCHEMINIER. — S'il ne voit pas tout, il voit bien, et son instinct le trompe rarement. Aussi, malgré les effets du monopole et de son *parallèle*, la *concurrence*, il prononce toujours dans l'intérêt général. Avez-vous remarqué qu'aussitôt que le progrès de la civilisation fait naître un nouveau besoin, un grand nombre de personnes n'ayant aucun rapport entre elles, s'étaient déjà occupées des moyens d'y satisfaire? Après quelques essais infructueux, il se fait un travail dans les esprits qui amène le perfectionnement demandé.

ÉTIENNE. — Il arrive bien souvent qu'un homme seul l'a trouvé, ce perfectionnement ?

LE PARCHEMINIER. — Oui, sans doute ; mais cet homme n'y serait pas arrivé sans le travail préparatoire de tous ceux qui s'occupaient du même objet.

L'INSTITUTEUR. — Sachez donc, mes amis, que l'esprit de tout le monde n'en forme, à bien prendre, qu'un seul qui nous vient d'en haut. Quand on y jette une idée, elle germe comme un grain de blé dans la terre, lequel, au temps de la moisson, répandra sa semence au loin.

LIMONDIN. — Je comprends bien votre comparaison, monsieur l'instituteur ; mais pourtant, il n'en est pas de l'idée comme du grain ; elle ne craint ni les orages ni es animaux destructeurs.

L'INSTITUTEUR. — Elle n'en est point exempte, maître Limondin, et ma comparaison peut s'étendre jusque-là. Les jalousies, l'injustice, la pénurie d'argent, et par-dessus tout l'ignorance, sont des causes de destruction momentanées sous lesquelles l'idée succombe le plus souvent et que de pauvres inventeurs ont vu rejeter leur travail, fruit de longues veilles et de pénibles sacrifices, bien qu'il fût réellement bon et utile!

LE PARCHEMINIER. — Comme ce pauvre Jacquard.

LE TISSERAND. — J'en ai entendu parler, de ce Jacquard : qu'a-t-il donc inventé ?

CYR PATRIGEON. — Ha! ha! tu as donc retrouvé ta langue, toi, qui ne nous dis jamais mot !

CHATELAIN. — Jacquard était un simple tisseur en soieries, travaillant à Lyon. Il inventa un moyen de monter les métiers qui font les schalls et les étoffes façonnées, lequel simplifiait singulièrement ce travail, très-compliqué et fort lent. Il soumit sa trouvaille au conseil des prud'-hommes composé des principaux industriels de la ville ; mais ils refusèrent de l'adopter. Les Anglais, que la jalousie n'aveuglait point, lui en offrirent un grand prix qu'il n'accepta pas quoiqu'il fût dans un état voisin de la misère.

CYR PATRIGEON. — Voilà ce qui s'appelle une belle et noble action : Jacquard est mon homme !

LE TISSERAND. — En fut-il récompensé, au moins ?

LE PARCHEMINIER. — Oui, mais bien tard. Grâce à sa persévérance, on adopta enfin le métier *à la Jacquard* qui se répandit avec une incroyable rapidité ; il fut appliqué à tous les tissages qui ne sont pas unis, et l'on serait dans un grand embarras maintenant, s'il fallait s'en passer ; d'autant plus qu'il occasionna une baisse considérable dans tous les produits qu'il sert à fabriquer.

L'INSTITUTEUR. — Il est vraiment bien heureux que l'ignorance ne puisse tuer l'idée, qui est impérissable de sa nature. On a beau chercher à l'étouffer, un jour arrive où un homme ne se laissant rebuter ni par la persécution ni par la détresse, résume dans son invention le travail de tous ceux qui entrevoyaient confusément le résultat à atteindre. N'est-il pas de toute justice que cet homme ait le monopole de sa création et le bénéfice de son courage persévérant ?

LE CORDIER. — Mais dites-moi un peu à quoi sert de vouloir toujours l'emporter les uns sur les autres, plutôt que de vivre sans souci, comme moi, qui me contente de faire mes cordes et mes sangles ainsi que les faisait mon père, et comme le sien lui avait appris à les faire?

ÉTIENNE. — Cela prouve seulement ta paresse d'esprit, ami Blin, et tu es vraiment bien heureux que ton métier ne soit pas susceptible de grands perfectionnements; car, rétrograde comme tu l'es, tu ne ferais guère bien tes affaires.

LE PARCHEMINIER. — S'il fallait que les grandes corderies des ports où l'on fabrique ces gros câbles et tous les cordages qui servent à gréer les vaisseaux, les filassent à ta façon, il ne s'en produirait jamais assez pour fournir à l'énorme consommation qui s'en fait; mais là, tout comme ailleurs, les machines et la concurrence ont fait leur œuvre.

ÉTIENNE. — Je suis bien loin de partager l'avis de Blin, car je fais grand cas de l'homme qui cherche à se tirer de la foule quand, pour y parvenir, il n'emploie que des moyens honnêtes. Cette émulation ne donne-t-elle pas un grand charme à la vie du travailleur? Et tu en es la preuve vivante, Blin. Tu n'es pas heureux, quoi que tu en dises, parce que tu n'as point, pour vaincre ta paresse native, ce besoin du mieux que la nécessité remplace souvent. Si tu avais une famille, cela te stimulerait et tu vaudrais davantage.

L'INSTITUTEUR. — On concevrait cet engourdissement moral si nous étions au temps où la journée de l'ouvrier suffisait à peine à payer un de ces grossiers almanachs mal imprimés, et remplis de choses inutiles quand elles n'étaient pas nuisibles; mais aujourd'hui que pour cinq centimes on peut avoir un journal qui met au fait de tout ce qui se passe, tant la concurrence est ingénieuse à augmenter nos satisfactions, celui qui reste en arrière de ses contemporains n'a vraiment aucune excuse, et on ne saurait lui pardonner de ne pas comprendre que toutes ces nouvelles inventions, lesquelles, au premier abord, semblent créer l'inégalité entre les hommes, deviennent bientôt des agents d'égalité en appelant le plus grand nombre à la jouissance des produits de l'industrie. Elles satisfont au désir qu'a chacun de jouir avec le moins de travail possible; et il est de fait que le travail épargné à l'acheteur pauvre, dépasse de beaucoup celui qui l'est au riche. Cette économie du travail dégage une partie de l'intelligence qu'il exigeait; elle aspire alors à de plus nobles plaisirs. De tout ce que nous disons résulte cette vérité : que l'homme isolé a plus de besoins que de facultés pour y satisfaire, et que pour l'homme en société, c'est tout le contraire.

CYR PATRIGEON. — Mes amis, n'avez-vous pas observé comme moi que l'amour du travail n'est point une vertu naturelle, mais bien une vertu acquise?

L'INSTITUTEUR. — Votre observation est juste, monsieur Patrigeon. Cela tient à ce que les besoins de l'homme sont d'autant plus multipliés que son être moral se développe davantage, et qu'ils servent de stimulant au travail. Le plus élevé de tous ces besoins est sans contredit celui des distinctions sociales; et il faut plaindre le pays où il ne se ferait pas sentir. C'est principalement pour y satisfaire que s'engage entre les industriels cette lutte que nous appelons concurrence.

LE CORDIER. — Vous aurez bien de la peine à me réconcilier avec ces machines qui enlèvent tant de travail au pauvre ouvrier.

CHATELAIN. — Vous parlez là de ce que vous ne connaissez pas. On pourrait vous citer un grand nombre de villes qui ne doivent leur grande population qu'à l'introduction des machines. Je ne veux prendre que Roubaix et le Creusot : la première, parce que c'est là que se fabriquent les lainages dont s'habillent toutes les femmes, pauvres et riches, et la seconde qui fournit la plus grande quantité des rails employés sur les chemins de fer.

Il n'y a pas quarante ans, Roubaix n'était qu'un bourg de 3,000 âmes, où quatre cents ouvriers tissaient à domicile des étoffes de laine bien plus chères et bien moins belles que celles qui s'y font aujourd'hui. Depuis l'introduction des machines, cette population a successivement monté à 50,000.

Avant 1837, le Creusot, véritable bourgade, se livrait à l'extraction de la houille par des moyens pénibles et dangereux, et avait grand'peine à nourrir sa faible population. A cette heure on y a créé une usine, la plus complète du monde entier, et qui emploie les machines les plus puissantes qu'elle fabrique elle-même. 10,000 ouvriers y trouvent le pain de chaque jour, y sont logés, et peuvent y devenir facilement propriétaires de la maison et du jardin qu'ils occupent. Le bourg s'est transformé en une ville de 25,000 âmes, sans compter les 10,000 ouvriers et leurs familles. Voilà, Blin, comment les machines appauvrissent le pays. Que dites-vous de ces preuves-là?

L'INSTITUTEUR. — Il est bien reconnu que depuis l'introduction des machines, l'industrie emploie un bien plus grand nombre de bras, et que l'ouvrier, soulagé de la partle de travail qui réclamait toutes ses forces, a toute son intelligence au service de ce même travail. Depuis que les machines font le gros travail de l'imprimerie, il y a mille fois plus d'ouvriers typographes et le prix des livres est considérablement baissé.

LE CHARRON. — Comment cela se peut-il faire !

L'INSTITUTEUR. — C'est qu'on en imprime dix mille, cent mille fois davantage. Voilà donc le travail de tous qui profite à tous. C'est aux machines, à la concurrence dont elles sont tout à la fois la cause et le résultat, qu'on doit de voir les productions de tous les climats, les produits de toutes les industries du monde tombés dans le domaine public. L'effet moral n'en est pas moins grand ; car les marchands ne pouvant plus se liguer contre l'acheteur, sont ramenés forcément à l'équité dans leurs transactions.

ÉTIENNE. — Enfin cette concurrence que vous n'aimez guère, chacun en ce qui le concerne, est cause cependant qu'à chaque heure du jour et de la nuit, une quantité de gens sont occupés à chercher quelque chose d'utile et même d'agréable à tout le monde.

LE SERRURIER. — Vous en parlez bien à votre aise, maître Étienne, parce que vous autres, agriculteurs, n'êtes pas molestés par la concurrence comme le pauvre ouvrier.

ÉTIENNE. — Eh ! c'est bien là le mal, vraiment ! Qu'en résulta-t-il ? C'est que notre industrie, la première en utilité, est la plus arriérée quoique les machines et les engrais du commerce commencent à s'y introduire, mais pas encore assez pour nous sortir de notre routine. Je serais bien content si la concurrence pouvait mordre un peu plus profondément sur nous.

LE PARCHEMINIER. — Tranquillisez-vous, voisins; la concurrence ne vaincra aucune industrie, car le monopole lui sert de frein. Tout est bien équilibré dans la société, allez! Si par suite de quelque perturbation cet équilibre vient à être dérangé, les malheurs qui résultent de cette même perturbation ne sauraient durer longtemps, parce que l'instinct de la conservation, tout-puissant sur l'homme, le ramène promptement à l'ordre et à l'harmonie, ces deux grandes lois des sociétés.

SIXIÈME VEILLÉE

TRAVAIL, PRODUCTION, SALAIRE

LE CHARRON. — Voisins, que je vous dise donc une drôle de chose ! M. Dascour en venant ce matin me payer son mémoire, s'est fort apitoyé sur mon sort. Moi qui n'en suis pas mécontent du tout, je lui ai demandé en quoi j'étais si à plaindre. Devinez ce qu'il m'a répondu ? Parce que j'étais obligé à un travail continuel ! Ma foi, sans la politesse, je lui aurais ri au nez de bon cœur.

CYR PATRIGEON. — Comme si le travail était un malheur !

ÉTIENNE. — Est-ce que tout le monde ne travaille pas de façon ou d'autre, sauf les sots et les vaniteux ! Fort heureusement ils sont en petit nombre. Et que lui as-tu répondu, à ce monsieur ?

GOGUERY. — Je lui ai dit que, bien loin de me trouver malheureux, j'étais content de mon sort, et que le travail était la chose qui me donnait le plus de satisfaction.

CYR PATRIGEON. — Est-il rien de plus honorable, de plus respectable au monde !

LE FILEUR. — Ce n'est pas l'avis de tout le monde, monsieur Patrigeon. J'ai lu un journal où l'on arrange bien mal l'ouvrier, l'accusant de n'avoir en général ni prévoyance ni conduite, et d'être l'unique auteur de la misère dont il se plaint.

L'HUISSIER. — Il y a du vrai dans ces reproches, mon cher ami. N'arrive-t-il pas souvent que l'ouvrier, celui des fabriques surtout, donne tout au plaisir du moment sans s'inquiéter du lendemain ? Mais espérons que tout ce qu'on leur dit à ce sujet ne sera pas paroles perdues ; et que l'espoir de laisser quelque chose à leurs enfants en vivant honorablement, touchera les ouvriers et leur donnera des idées d'ordre et de bonne conduite.

LE MARÉCHAL. — Je ferre les chevaux d'un laboureur qui est bien tout l'opposé de ces gens-là. Il ne boit jamais de vin, ne mange pas de viande, et travaille, ainsi que ses enfants, quatorze heures par jour.

CHATELAIN. — Et vous admirez cela, vous, Blanchard ?

LE MARÉCHAL. — Mais sans doute, je l'admire, en me déclarant cependant incapable de l'imiter.

LE PARCHEMINIER. — Eh bien, moi, je blâme cet homme qui n'est qu'un orgueilleux à sa manière. Je le connais parfaitement et sais que c'est un bœuf à l'ouvrage ; mais aussi, comme le bœuf, il trace son sillon sans se soucier des améliorations que le temps et l'expérience apportent à la culture. S'il sentait le besoin de se mieux nourrir, s'il avait le désir de donner quelque aisance à sa famille, et qu'il ne plaçât pas son orgueil à vivre plus mal que son bétail, il eût cherché comme tant d'autres à faire rendre davantage à la terre : il aurait fait instruire ses enfants afin de les mettre en état de comprendre ce qui se dit et se fait autour d'eux. Alors son travail, au lieu de ne lui procurer que le pain noir et le fromage dont il se contente, l'enrichirait tout en lui donnant ses aises.

L'INSTITUTEUR. — On ne peut se faire une juste idée de tout le mal que produit la paresse d'esprit. Les effets en sont plus désastreux peut-être que ceux de la fainéantise.

LE SERRURIER. — Je ne sais pas quelle est celle des deux paresses qui tient mes compagnons; mais les voilà qui, non contents de faire le lundi, ne veulent plus reprendre l'ouvrage que le mardi après goûter.

CYR PATRIGEON. — C'est là une chose très-fâcheuse, mais dont il n'est pas juste de faire tomber tout le blâme sur les compagnons.

BOIFFARD. — A qui donc l'attribuer aussi?

CYR PATRIGEON. — Aux maîtres donc, qui les font veiller tard le samedi et travailler toute la matinée du dimanche.

LE SERRURIER. — Croyez-vous donc, monsieur Patrigeon, que ce travail ne leur soit pas bien payé?

CYR PATRIGEON. — Tu sors de la question, voisin. Le repos est nécessaire à tous ces jeunes gens ; car non-seulement après un travail assidu le corps a besoin de soulagement, mais il lui faut également un peu de dissipation aussi bien qu'à l'esprit.

L'INSTITUTEUR. — Comment vous autres patrons, gens honorables, ne comprenez-vous pas qu'il ne peut être de votre intérêt de surexciter le travail un jour plutôt qu'un autre! Tout excès nécessite un repos parce que la nature ne perd jamais ses droits. Si vous laissiez le dimanche tout entier à vos ouvriers, si vous vous entendiez pour rejeter ceux qui fêteraient le lundi, l'ordre se rétablirait promptement, et tout le monde y trouverait son compte; l'ouvrier s'amuserait honnêtement sous l'œil de tous, et les maîtres auraient des compagnons rangés et sédentaires.

LE SERRURIER. — Je ne sais pas trop si cela prendrait avec cette jeunesse qui se mutine facilement. S'ils se mettaient tous en grève, que deviendrions-nous?

L'HUISSIER. — Et eux donc! En tous cas, ce ne pourrait être qu'un dérangement momentané, car il faut toujours que la raison prenne le dessus. Je vais vous citer une comparaison que j'ai trouvée dans un livre qui traite du travail. L'auteur, homme d'une puissante intelligence, dit que, dans toute industrie, le patron représente l'élément *mâle*, celui qui conçoit l'idée et possède la force; les ouvriers sont l'élément *femelle*, subordonné, celui qui ne peut rien par lui-même.

LE MARÉCHAL. — Voilà une singulière comparaison!

CYR PATRIGEON. — Pas déjà si singulière, ma foi! elle a du bon.

L'HUISSIER. — Donc, si la partie subordonnée se révolte, son impuissance même la ramène assez vite à la raison. Voyez la femme! quand elle entend bien les intérêts et l'honneur de la famille, ne reste-t-elle pas avec un mari qui, bien souvent, ne la rend pas heureuse? C'est qu'elle sait bien qu'isolée elle ne peut rien et n'inspire même pas grand intérêt.

LE FILEUR. — Si les associations d'ouvriers qui s'organisent de toutes parts peuvent subsister, on se passera bien de votre partie mâle et maîtresse.

LE PARCHEMINIER. — Je doute fort qu'il soit jamais possible de fonder une association sur le pied de parfaite égalité; et si même on y parvenait, que chaque ouvrier n'aille pas s'imaginer qu'il imposera la loi comme il le fait au patron: cela ne prendrait pas. Quoi qu'ils fassent, il leur faudra toujours une tête, un chef qui résume en lui la volonté générale. Alors cette partie mâle dont parle le livre se produira irrésistiblement parce qu'elle est dans la force des choses.

LE FILEUR. — Vous n'approuvez donc pas cet arrangement dont il a été question dans le temps, par lequel le travail et le salaire auraient été garantis à tout ouvrier, et qui eût rémunéré de même les bons et les mauvais?

CYR PATRIGEON. — Mon garçon, cette idée n'a pu venir qu'à un paresseux, et des paresseux ont dû seuls l'accueillir; car comment admettre qu'un homme de cœur ait pu croire que l'ouvrier laborieux voudrait s'affranchir de toute responsabilité envers lui-même? Le jour où le travail sera garanti au même taux à tout ouvrier bon ou mauvais, il ne se trouvera bientôt plus que de ces derniers. Adieu l'émulation et, alors, adieu l'industrie qu'elle engendre!

LE FILEUR. — Mais je ne vois pas cela, monsieur Patrigeon.

CYR PATRIGEON. — Comment, tu ne comprends pas que celui qui fait bien une chose, se donnant infiniment plus de peine que celui qui la fait mal, a besoin de voir ses efforts soutenus par l'espèce de distinction que lui attire son talent, et par le profit qu'il en retire?

LE CHARRON. — J'ai plus d'une fois éprouvé ce que vous dites là : quand j'ai fait une voiture bien proprement, je ressens deux sortes de satisfactions dont la plus grande n'est pas dans le prix qui me dédommage de ma peine; celle-là ne vient qu'après la satisfaction d'avoir réussi et d'être reconnu pour un bon ouvrier.

LIMONDIN. — Moi de même; quand mes champs sont bien labourés, bien ensemencés, bien hersés, j'ai un vrai plaisir à voir cette terre si bien cultivée, et l'idée de la récolte qui plus tard emplira mes granges, ne vient qu'après. Si moi qui me lève avant le soleil, et qui ne quitte l'ouvrage qu'à nuit close, je ne devais pas trouver dans mon travail plus de profit que celui qui se lève deux heures après moi et dételle une heure plus tôt, et qui par conséquent rend moins de services, le plaisir que je trouve à travailler serait détruit par l'idée de cette grande injustice : l'aisance de la maison en souffrirait, car il est probable que, comme les autres, je prendrais du travail à mon aise.

LE FILEUR. — Croyez-vous donc qu'on ne puisse pas travailler pour le seul plaisir de le faire, sans même se soucier de l'utilité de la besogne ni des profits qu'on en retire?

LE MARÉCHAL. — Jeune homme, ceux qui vous ont dit cela se sont joliment moqués de vous. Quand on ne travaillera que pour le seul plaisir de le faire, il est des besognes répugnantes dont personne ne se chargera, car il n'y a qu'un fort salaire qui puisse obliger à les entreprendre.

L'HUISSIER. — Il en est même auxquelles l'ouvrier se refuse malgré le salaire; celles dont l'inutilité est bien évidente.

BLIN. — Cela me paraît fort. Qu'on me paye bien, moi, et je ne m'inquiéterai pas de l'utilité du travail qu'on me commandera.

L'INSTITUTEUR. — On voit bien que vous n'en avez pas fait l'expérience. Il y avait à la fin du siècle dernier un américain nommé Franklin, grand ami du peuple, qui voulant prouver que l'homme a besoin de s'intéresser à son travail, imagina de faire puiser de l'eau dans un puits pour l'y rejeter aussitôt. Eh bien, aucun des ouvriers qu'il y employa ne voulut finir sa journée qui était grassement payée. Pourtant, chacun avant de commencer avait dit comme vous, Blin.

ÉTIENNE. — Une preuve que l'ouvrier s'intéresse à sa besogne en raison de son utilité, c'est qu'il n'est jamais plus gai qu'en moisson et en vendange, où la fatigue est plus grande qu'en aucun autre temps de l'année.

LE CORDIER. — C'est pourtant un joli métier que de se promener toute la journée la canne à la main !

ÉTIENNE. — Je ne l'envie pas, ce métier-là, car je ne puis croire que l'oisif soit heureux. Est-il donc de meilleur bonheur que celui de l'ouvrier bien fourni d'ouvrage, dont le lendemain est assuré, surtout s'il est éclairé !

BLIN. — Si vous aviez un travail monotone comme le mien, vous verriez !

ÉTIENNE. — Voisin, tout travail intéresse quand on le fait en conscience, et tu n'es pas le seul condamné à faire toujours la même chose.

LE PARCHEMINIER. — Témoin les épingliers dont l'un n'est occupé qu'à couper le laiton, l'autre à ajuster les têtes, d'autres à aiguiser les pointes, à les polir, etc., car il faut que l'épingle passe en douze mains avant d'être livrée au commerce.

UNE BRU. — Si l'ouvrier faisait l'épingle à lui seul, ce serait bien plus simple.

LE PARCHEMINIER. — Alors les épingles reviendraient à un tel prix, que vous ne vous en procureriez pas facilement pour attacher les maillots de vos enfants. Ce n'est que la division du travail qui permet à tout le monde d'avoir en quantité ce petit objet si commode.

LE VIGNERON. — M'est avis que celui qui passe son temps

à couper le laiton de longueur ne fait pas grande dépense d'esprit !

L'INSTITUTEUR. — Quoique la plus simple besogne en demande encore une certaine dose pour être bien faite, j'avoue que les épingliers en ont de reste qu'ils pourraient employer à méditer sur les grands avantages qu'a le bien sur le mal; mais travaillant presque tous en famille, ils mettent leurs enfants trop jeunes à l'ouvrage, et ne les laissent pas assez longtemps à l'école pour qu'ils puissent nourrir leur intelligence; et ils ne tirent pas un grand avantage pour leur développement moral de la liberté d'esprit que leur laisse le métier qu'ils exercent.

LE MARÉCHAL. — Mais, monsieur Lumet, pour lire il faut avoir des livres; et il n'est pas facile d'en trouver qui conviennent à l'ouvrier.

L'INSTITUTEUR. — Soyez tranquille ! quand l'ouvrier lira on lui fera des livres; mais il faut qu'il se mette à même de retirer le fruit de ses lectures; et pour cela il ne faut pas qu'elles soient un travail pour lui. Quand il saura parfaitement lire, ce qui est beaucoup plus rare qu'on ne le croit, il pourra nourrir son esprit tout en gagnant sa vie.

Ce qu'on a dit des épingliers peut s'appliquer à tout ouvrier de manufacture, réduit par la grande division du travail à ne faire qu'une seule et même chose. Ne trouvant pas de ressources suffisantes en lui-même, il cherche la distraction dont il a besoin dans de honteux excès.

CYR PATRIGEON. — Que voulez-vous, voisins ! le mal est toujours placé à côté du bien comme un avertissement d'être modérés en tout, d'autant plus que souvent le mal n'est que le bien mal compris ou poussé à l'excès.

BLANCHARD. — C'est bien extraordinaire, ce que vous dites là, monsieur Patrigeon !

L'INSTITUTEUR. — Notre vénérable ami a pourtant raison. Par exemple, les épingliers dont nous parlons travaillent généralement chez eux, en famille : femme, enfants, tout le monde est à la besogne. S'ils occupent de leur métier les enfants qui auraient encore besoin des enseignements de l'école, c'est pour augmenter l'aisance dans la maison ; et c'est un bon sentiment qui les aveugle sur leur devoir, lequel est, avant tout, de faire instruire leurs enfants afin de les garantir de l'espèce d'abêtissement où les conduit la monotonie de leurs occupations, et dont ils ne sortent que par des excès. Donc, pour leur procurer un peu de jouissances matérielles, ils les privent du bonheur bien plus grand de connaître les belles découvertes qui se font chaque jour, ainsi que les belles et bonnes actions qui éclaireraient leur conscience.

LE MARÉCHAL. — C'est juste : je n'en avais pas pensé si long.

CYR PATRIGEON. — Réfléchis un peu, Blanchard, toi qui es un homme de bien et un homme de sens ; tu verras que toutes les mauvaises actions partent d'un bon principe faussé ou exagéré. L'homme n'est pas naturellement pervers quoi qu'on en dise, et c'est justement là ce qui endort sa conscience le plus souvent ; il va de la faute au délit et du délit au crime par une pente insensible.

L'INSTITUTEUR. — Eh ! voilà bien ce qui rend l'instruction si précieuse puisqu'en éclairant elle moralise. Heureusement que plus nous allons, plus il faut travailler pour répondre aux exigences toujours croissantes de la civilisation : et le travail est un grand moralisateur aussi. La nécessité qui met l'ouvrier aux prises avec la nature pour en obtenir tout ce qu'elle contient de dons gratuits, le pose sans cesse en face de son Créateur, et le force à réflé-

chir sur la fin morale de sa propre existence. C'est ce qu'il
ne faut pas se lasser de répéter à ceux qui l'ignorent.

LE CHARRON. — Savez-vous, monsieur Lumet, qu'il n'est
pas agréable de dire toujours la même chose, et souvent à
des gens qui n'en tiennent pas grand compte ?

L'INSTITUTEUR. — A qui le dites-vous ! n'est-ce pas à
quoi je passe ma vie !

VÉRONIQUE. — Goguery, en se refusant à dire une chose
bonne et utile autant de fois qu'il est nécessaire pour
qu'elle soit bien comprise, on est tout aussi fautif que
l'entêté qui, par un sot orgueil, n'écoute pas les avis qu'on
lui donne. Si Dieu nous envoie une bonne idée, c'est pour
qu'elle soit répandue aussitôt comme les fleurs répandent
leur parfum.

L'INSTITUTEUR. — Ajoutons qu'en la gardant pour soi,
on ressemble à l'avare qui cache son or au lieu de le
mettre en circulation pour le plus grand bien de tous, à
commencer par lui-même. Ne sommes-nous donc pas tous
fils du même père, et ne nous devons-nous pas assistance ?
Cette fraternité dont on a fait un sujet de troubles quand
au contraire elle devrait tout pacifier, c'est surtout dans
le travail qu'elle se trouve ; car chaque ouvrier s'emploie
pour des milliers de consommateurs qu'il n'a jamais vus
et il est servi par des milliers de confrères qu'il ne verra
jamais.

VÉRONIQUE. — Mon neveu, est-ce que tu n'es pas
effrayé par cette énorme production qui semble s'augmenter tous les jours ?

CHATELAIN. — Mais non, ma tante, et nous sommes loin
encore d'être arrivés au point où il faudra s'en préoccuper, si même nous en venons jamais là. D'ailleurs, la

grande loi du travail veut que plus il produit et plus la nécessité de le faire produire augmente. Aussi chaque année voit-elle diminuer le nombre des oisifs; espérons que le temps où l'on ne comprendra pas qu'on puisse vivre sans rien faire n'est pas éloigné.

CYR PATRIGEON. — Je crains fort, moi, que l'ambition seule pousse à cette grande activité. De mon temps, ou plutôt du temps de mon père, un bourgeois qui avait mille francs de rente à Issoudun savait s'en contenter; et il se serait cru déshonoré si, par son travail, il eût ajouté à ce mince revenu.

LE PARCHEMINIER. — C'est de la bonne ambition, celle-là, mon oncle, puisqu'elle met le travail en honneur et le travailleur aussi. Ce qu'il recherche avant tout, c'est la stabilité de sa position, la certitude du lendemain.

L'INSTITUTEUR. — C'est bien ce qui explique cette ardeur générale à demander des places qui donnent à peine de quoi vivre à ceux qui les occupent, suivant leur importance. Mais elles permettent d'établir le budget du ménage avec certitude, et de calculer la somme de satisfactions qu'on peut se procurer. Les émoluments de la place, c'est le salaire fixe qui délivre celui qui le reçoit du tourment que donne l'inconnu du lendemain.

LE PARCHEMINIER. — Le salaire est sans contredit le perfectionnement de l'association, et je ne vois pas trop pourquoi on l'a tant décrié, et pourquoi on a cherché tant de moyens de le remplacer.

LE FILEUR. — Comment, monsieur Châtelain, c'est vous, un homme éclairé, renommé par son humanité, qui prenez le parti du salaire?

CHATELAIN. — Oui sans doute. Remontons à la source du

salaire et vous serez de mon avis. Deux hommes s'associent pour faire une besogne et chacun y met son travail. Ils réussissent, et l'entreprise rapporte à chacun tantôt 300 francs, tantôt 900. L'un de ces hommes a un capital (qui n'est que du travail accumulé), et peu lui importe cette irrégularité de revenu; mais l'autre, qui n'a que ses bras, est mécontent de ne pas savoir au juste sur quoi il peut compter. Il dit à son associé : Prenez l'entreprise à votre compte : vous me donnerez 600 francs par an qui représentent la moyenne de nos profits. C'est accepté. Voilà le salaire créé; mais l'association n'en existe pas moins; le salarié ne dirige plus l'entreprise, mais il y coopère. L'association est volontaire dans ce cas comme dans tout autre.

LE FILEUR. — Vous ne tenez pas compte de la faim qui force souvent l'ouvrier à accepter, dans cette association, une part inférieure à celle qu'il devrait avoir.

CHATELAIN. — Je ne prétends pas nier les avantages de celui qui, ayant quelques épargnes, peut attendre. Mais persuadez-vous donc bien que le chômage est aussi préjudiciable au capital qu'au travail. Le capital ne manque donc pas plus au travail que le travail ne manque au capital; moins même, car il est plus éclairé sur ses véritables intérêts, et il sait bien que la stagnation, le repos, c'est la mort pour tous les deux. Les avantages de cette association sont donc réciproques : l'un a celui de gouverner l'entreprise à sa guise, l'autre cette fixité vers laquelle il aspire toujours; et tous les deux gagnent à cet arrangement.

LE FILEUR. — Mais le travail accumulé, représenté par le capital, n'est pas toujours équitable envers le travail actuel.

LE PARCHEMINIER. — Cherchez, et dites-moi si l'ouvrier,

livré à lui-même dans l'isolement, produirait autant qu'il le fait dans son association avec le capital, quelque dures que soient les conditions que peut lui faire celui-ci? Non, n'est-ce pas? le capital favorise donc toujours le travail, même alors qu'il manque d'équité envers lui; et c'est précisément dans le salaire qu'est l'amélioration du sort de l'ouvrier.

LE FILEUR. — Je ne partage pas votre avis.

L'HUISSIER. — Comment, Rémi, vous n'êtes pas reconnaissant envers les hommes qui risquent une fortune acquise par eux ou par leurs pères, dans une entreprise, laquelle fournit du travail à l'ouvrier? Votre patron, par exemple, dont le père, autrefois drapier au faubourg des Minimes, a constitué une petite fortune à ses enfants par son épargne et son travail, a placé tout son avoir dans la filature qu'il vient de créer à Chinault; et vous trouvez que ses ouvriers ne lui doivent rien pour l'aisance que leur procure le salaire de chaque jour?

LE FILEUR. — Mais ne se réserve-t-il pas la meilleure part?

CHATELAIN. Et la plus mauvaise aussi, jeune homme. Qui peut dire qu'un jour ou l'autre il ne sera pas ruiné sans qu'il y ait de sa faute? Les mauvaises chances sont nombreuses dans le commerce, et le travail, la probité ne suffisent pas toujours à en garantir. Alors un autre prendrait la suite de ses affaires, et les ouvriers qu'il emploie n'en continueraient pas moins à recevoir leur salaire, sans se soucier du désastre de leur ancien patron.

L'INSTITUTEUR. — Comprenez donc bien, une fois pour toutes, ce qu'est le salaire. Comme vient de le dire M. Châtelain, aucune entreprise ne peut se faire sans le concours du travail *antérieur*, c'est-à-dire *fait avant*, lequel produit le capital, et le travail actuel. Le travail antérieur laissant, grâce au capital qu'il a produit, plus de loisir à son possesseur, celui-ci est tout naturellement plus éclairé que le travail actuel, sans cesse occupé à satisfaire aux exigences de la vie de chaque jour. Il tend à l'unité d'action, si nécessaire à la réussite de toute entreprise. Le travail actuel demande avant tout la fixité de situation, afin de devenir capital à son tour. Le premier offre à l'autre de lui assurer cette fixité : c'est le *salaire*. Mais il arrive que par une opération contraire, le travail actuel se fait entrepreneur. Il offre au travail antérieur une somme fixe pour le loyer de son capital. Voilà *l'intérêt* créé qui n'est pas plus immoral que le salaire.

LE MARÉCHAL. — Je comprends. Le salaire et l'intérêt ne sont au fond qu'une seule et même chose. L'association est égale dans les deux cas.

CYR PATRIGEON. — Tout cela m'ouvre les idées : je vois maintenant que le capital c'est le travail d'hier, et le travail d'aujourd'hui sera le capital de demain.

L'INSTITUTEUR. — Monsieur Patrigeon, votre bon sens vous a fait trouver cette formule remarquable publiée par un homme de grand talent.

ÉTIENNE. — Comprends-tu maintenant, Rémi, que le salaire ne soit pas plus humiliant que l'intérêt, ni l'intérêt moins moral que le salaire? Si le travail actuel veut être sûr de son profit, ce profit s'appelle salaire; si c'est le travail ancien qui ne veut prendre aucun embarras, son profit s'appelle intérêt.

L'INSTITUTEUR. — C'est un vrai plaisir, maître Étienne, d'expliquer les choses à un homme attentif comme vous l'êtes et qui les comprend si bien.

LE FILEUR. — J'ai pourtant entendu assurer qu'il va venir un temps où l'ouvrier saura bien se passer du secours du capital.

CHATELAIN. — Si vous n'attendez que cela pour faire fortune, jeune homme, je vous engage fort à réaliser vos économies dès aujourd'hui. Croyez-vous donc sérieusement que l'ouvrier privé du concours du capital, et ne pouvant fabriquer ses produits d'avance, gagnera davantage quand il lui faudra travailler au jour le jour, et attendre la commande? Avez-vous calculé le nombre des journées sans emploi, et de celles où il ne pourra suffire à la demande? Convenez que de pareils systèmes choquent le bon sens et ne méritent pas d'être discutés.

LE CORDIER. — Moi, je regrette ce bon temps où l'on n'avait pas besoin de faire sans cesse travailler sa tête.

L'HUISSIER. — Propos de paresseux. C'était un grand mal, au contraire, que cet engourdissement de l'esprit. Une population assez éclairée pour apprécier ce qui est bien et ce qui est beau, ne saurait vivre dans cette inertie. Le plus grand nombre de ses besoins résulte de l'agrandissement de ses idées; et cette population travaille d'autant plus qu'elle en a davantage à satisfaire.

CYR PATRIGEON. — Mais n'est-il pas à craindre que ce grand bien-être affaiblisse l'espèce et finisse par diminuer la population en l'énervant? On nous élevait durement, autrefois; les enfants supportaient bravement le froid et la fatigue et n'en valaient que mieux.

LE MEUNIER. — Mais, cousin Patrigeon, il meurt infiniment moins d'enfants dans ce temps-ci que dans le vôtre, et surtout le nombre des infirmes a considérablement diminué.

L'INSTITUTEUR. — Aussi la vie humaine s'est-elle accrue en moyenne.

LE MARÉCHAL. — Comment l'entendez-vous, monsieur Lumet?

L'INSTITUTEUR. — Je veux dire qu'en faisant le calcul des morts et des naissances, on trouve que sur le même nombre il y a plus de celles-ci et moins de morts; aussi la population s'accroît-elle bien plus rapidement qu'autrefois; car, précisément à cause de ce dur régime dont parle M. Patrigeon, tous les enfants qui n'étaient pas fortement constitués ne pouvaient atteindre à l'âge d'homme.

LE SERRURIER. — Était-ce donc un si grand malheur?

LA MAÎTRESSE PATRIGEON. — Comment! c'est vous qui tenez un propos pareil, Boiffard! vous père de deux jolies filles délicates comme des demoiselles! Croyez-vous donc que si leur mère ne les eût pas préservées avec le plus grand soin du froid et de l'humidité dans leur enfance, et qu'elle leur eût donné une nourriture grossière, vous les eussiez conservées?

L'INSTITUTEUR. — Les bons soins donnés aux enfants avec une intelligence affectueuse, prouvent beaucoup pour le progrès de la civilisation dont l'amour de la famille est le fruit le plus précieux. Mon cher monsieur Boiffard, toutes ces frêles créatures qui vous semblent de si peu d'utilité en ce monde, montrent en général plus d'esprit que les gens de forte santé : comme si l'énergie corporelle qui leur manque se reportait sur leur intelligence.

CYR PATRIGEON. — Ainsi tu crois, Châtelain, qu'il ne résultera rien de mal de toute cette production?

LE PARCHEMINIER. — Non, mon oncle, non; il n'y aura

pas encombrement, parce que la consommation dévore les produits à mesure qu'ils entrent dans le commerce, et c'est là ce qui donne la vie au corps social. Plus on travaillera et plus cette vie se développera.

LE VIGNERON. — Dites tout ce que vous voudrez, vous ne pouvez pas faire que la journée d'un homme ait plus de douze heures ni qu'il travaille plus longtemps.

L'HUISSIER. — Nous entendons bien même qu'elle soit diminuée, et elle le sera ; mais comme l'homme emploie son intelligence en même temps que ses bras, il résulte des miracles de cet accord entre son esprit et ses mains. Aussi, depuis l'invention des machines, apprécie-t-on plutôt la qualité que la quantité du travail.

LE CORDIER. — Je m'étonne que le bon Dieu qui a si bien fait tout dans le monde, n'ait pas dispensé l'homme de travailler.

CYR PATRIGEON. — Moi je trouve qu'il lui a donné une grande preuve de son amour en lui imposant le besoin du travail pour exercer et améliorer son intelligence.

L'INSTITUTEUR. — Dieu, en livrant la nature à l'homme pour qu'il l'asservît à ses besoins, ne l'appelle-t-il pas au partage des jouissances du Créateur ? L'homme n'a-t-il pas retouché à tout dans le monde, en poursuivant une perfection idéale ? Voyez plutôt ces pierres brutes dont il fait des statues qui semblent prêtes à marcher ? N'est-il pas parvenu, en étendant des couleurs sur la toile, à re-présenter les saints martyrs si fidèlement qu'on croit voir leur chair palpiter et souffrir ?

VÉRONIQUE. — Un grand saint a dit : Nous devons aimer Dieu à la sueur de notre front. Voilà pourquoi celui qui travaille vaudra toujours mieux que l'homme qui reste oisif.

L'HUISSIER. — L'homme n'est-il pas créateur aussi ?

PIVERT. — Dites donc plutôt destructeur.

L'HUISSIER. — Non pas ! transformer n'est pas détruire. L'homme ne peut pas créer la matière ; mais son travail lutte avec celui de la nature, et sait parfaitement se l'approprier.

LE MEUNIER. — Comprend-on qu'il y ait des gens assez insensés pour provoquer le dégoût du travail chez les ouvriers, en les poussant à se mettre en grève sous le moindre prétexte ? Comme si c'est en cessant de travailler qu'ils remédient à la gêne dont ils se plaignent ! Comment ne comprennent-ils pas que cette grève leur est bien plus nuisible encore qu'aux patrons ? Car les journées passées à ne rien faire sont bel et bien perdues pour eux ; l'augmentation de salaire qu'ils obtiennent quelquefois ne compense jamais la perte que leur fait éprouver le chômage volontaire ; et ils accroissent encore cette détresse momentanée en allant au café, et faisant bombance par gloriole pendant que leurs familles jeûnent : ne comprenant pas que, non-seulement le travail actuel est bien perdu, mais qu'ils nuisent aussi au travail futur en ruinant leurs patrons ou en les réduisant à la gêne. Je me sens tout en colère quand je pense à tout cela.

ÉTIENNE. — Mon ami, la colère est un mauvais moyen de faire triompher les bonnes idées. Il vaut mieux éclairer sur leurs véritables intérêts ces meneurs dangereux, et affaiblir leur influence sur leurs camarades, en répandant les saines doctrines.

LE PARCHEMINIER. — En effet, ces grèves si fréquentes

prouvent combien peu l'ouvrier comprend le mécanisme de la production dont il augmente ainsi les frais, sans songer que ce triste moyen ajoute à la misère qu'il cherche à secouer.

CYR PATRIGEON. — Comme ce ne sont pas certainement les bons travailleurs qui montent la tête aux autres, je m'étonne de l'empire que les mauvais exercent sur eux.

LE PARCHEMINIER. — C'est bien là ce qui rend le grand nombre inexcusable ! Aucun d'eux n'ignore combien l'oisiveté est malsaine à l'âme pour en avoir fait plus d'une fois l'expérience.

L'INSTITUTEUR. — L'ouvrier n'apprendra-t-il donc jamais que ceux qui flattent ses passions en plaignant sa misère sont ses plus cruels ennemis ? Ne sentira-t-il donc jamais que l'oisiveté est un joug bien plus lourd que le travail ?

LE VIGNERON. — Vous ne parlez que des ouvriers oisifs, sans rien dire de tous ces beaux messieurs en habit noir qui passent leur vie à ne rien faire.

L'INSTITUTEUR. — D'abord, qu'en savez-vous ? Croyez-vous donc que parce qu'ils ne vont pas piocher leurs vignes ou labourer leurs terres, ils n'aient rien à faire ? Ne vous imaginez donc pas que pour exercer un emploi, obtenir une place ou s'adonner aux professions qu'ils exercent, il suffise d'avoir plus ou moins de fortune et de porter un habit noir ? Vous savez bien ce que vous en a dit le médecin : leur travail vaut bien le vôtre, vous pouvez m'en croire.

LE VIGNERON. — Dites-moi un peu ce que produisent tous ces gens-là ?

ÉTIENNE. — Je vais te le dire, moi, tout paysan que je

suis. Ces gens produisent ce que produit le mur de ton jardin qui, s'il n'était pas garanti par lui, ne te rapporterait rien du tout.

L'HUISSIER. — Vous, Pivert, qui êtes si jaloux des *habits noirs*, savez-vous ce qu'ils reçoivent pour le temps qu'ils donnent aux emplois qu'ils occupent ? A peine 5 francs par jour, qu'ils soient militaires, ingénieurs, comptables, ou bien dans l'administration et dans la magistrature; et, avec ces médiocres appointements, il faut qu'ils gardent un certain rang, qu'ils aient une tenue, une représentation, ce qui leur impose de grandes privations; tous travaillent de la tête; et si l'ouvrier était aussi éclairé qu'eux, il serait cent fois plus heureux.

LE SERRURIER. — C'est pourtant le travail manuel qui maintient notre infériorité.

L'INSTITUTEUR. — Dites plutôt l'ignorance; car tout travail a son importance et sa nécessité. Tout le monde ne peut pas travailler de la tête. L'ouvrier qui saisit bien l'idée du savant et parvient à la rendre pratique, a son mérite aussi ; car le savant ne pouvant mettre cette idée en œuvre, elle serait comme non avenue s'il ne se trouvait un habile ouvrier pour donner un corps à la création de son esprit. C'est, sous une autre forme, la grande loi de la fraternité qui agit et que tous les hommes devraient proclamer hautement. Les grands ne seraient rien sans les petits qui, de leur côté, ne sauraient vivre sans les grands.

LE PARCHEMINIER. — La besogne en ce monde se divise naturellement suivant les aptitudes. Les uns travaillent à faire avancer la science que d'autres rendent utile à la multitude en l'appliquant à l'industrie, dont les produits se répandent dans le monde entier, portés par les chemins de fer et les vaisseaux. Vous voyez bien que tous les hommes s'entr'aident tout naturellement, sans y penser, en suivant la pente de leur intérêt particulier qui ne peut être réellement satisfait qu'autant qu'il concourt à l'intérêt général.

L'INSTITUTEUR. — Ceux qu'on croit inoccupés parce qu'on les rencontre à la promenade ou bien qu'ils font des visites, travaillent dans leur cabinet, souvent fort avant dans la nuit, parce que leurs travaux exigent le calme et le silence ; et je puis vous certifier que leur vie se passe plus tristement que celle de l'ouvrier.

LE VIGNERON. — Pourtant, ils ne souffrent ni du chaud ni du froid.

LE FERMIER LIMONDIN. — C'est égal : j'aime mieux labourer mes champs par tous les temps que de rester toute la journée assis devant une table une plume entre les doigts, ou bien tout songeur la tête dans mes deux mains; et je n'envie pas les douceurs que peuvent se donner les gens qui mènent cette vie sédentaire.

L'INSTITUTEUR. — Sachez donc, Pivert, que rien en ce monde ne s'obtient sans travail, pas même le plaisir, pas même la pensée : tout demande peine et labeur ; et si les travailleurs de la pensée ont le pas sur les autres, c'est que leur peine est plus grande et leurs produits plus universels, et qu'ils bénéficient à un plus grand nombre. Ainsi, le vin produit par votre culture ne peut servir qu'aux quelques personnes à qui vous le vendrez ; mais un bon livre rend un service bien plus grand, car il peut avoir un nombre infini de lecteurs.

C'est seulement par le mouvement imprimé à l'esprit, que chacun de nous acquiert une valeur personnelle; c'est par lui seul qu'on se sent bien vivre et qu'on prend intérêt à ce qui se passe dans le monde.

LA MEUNIÈRE. — Quand je songe à tout ce que la main de l'homme exécute dans les grandes comme dans les petites choses, j'en reste ébahie. Voyez, par exemple, les dentelles dont nous sommes si curieuses, nous autres femmes, et que nous payons si cher ! Qu'est-ce qu'il faut de fil pour en faire un mètre ? A peine ce que produisent deux ou trois pieds de chanvre bien venant. Mais que de façons le chanvre a demandées pour le réduire à pouvoir être filé fin comme des cheveux !

BLIN. — Vantez le travail tant que vous le voudrez. Pour moi, je serais heureux si je pouvais ne rien faire du tout.

ÉTIENNE. — Tu ne sais ce que tu dis. Si tu ne faisais rien, l'ennui te tuerait vite; et comme quand on ne fait pas *bien* on fait *mal*, parce qu'il faut que l'homme exerce son activité de façon ou d'autre, d'un honnète homme que tu es tu deviendrais un mauvais sujet.

BLIN. — Ah ! si comme maitre Pigelet je possédais un bon moulin et une cinquantaine de mille francs, je ne me donnerais pas toute la peine qu'il prend.

LE MEUNIER. — Et tu aurais grand tort. Je me trouve fort heureux de travailler tout en vivant dans l'aisance et à la mode du temps présent. Quand le dimanche j'ai ma table bien fournie et que mes enfants et petits-enfants sont assis autour, je me trouve le plus heureux des hommes, préférant vivre en meunier aisé qu'en bourgeois gêné. S'il survient quelque embarras dans un de mes jeunes ménages, je suis toujours en mesure d'y parer; et de temps à autre ma femme fait un petit cadeau à ses brus et à ses filles.

LE VIGNERON. — Vous êtes bien heureux, monsieur Pigelet, d'être riche ! Cela vous donne un grand avantage sur ceux qui ne le sont pas.

LE MEUNIER. — Il me semble, Pivert, que tu n'as pas à te plaindre de la fortune. Mais où veux-tu en venir?

PIVERT. — Je veux en venir à dire que les riches ont dans les conseils, dans toutes les réunions, une autorité qu'on n'accorde pas aux pauvres, et qu'on les écoute avec déférence.

LE MEUNIER. — En honorant ainsi la richesse, c'est le travail qu'on honore, car il en est de près ou de loin la source unique; et celui qui, en travaillant honnêtement, amasse quelque bien, n'est certainement pas sans avoir un mérite quelconque; il ne faut donc pas s'étonner qu'on lui témoigne quelque déférence, sachant bien que l'aisance n'est pas facile à conquérir.

BLIN. — Et ceux qui sont nés avec de la fortune?

LE MEUNIER. — Ceux-là jouissent du travail de leurs pères, et ils doivent cette autorité qui te chiffonne à l'éducation qu'ils ont reçue. Si tu étais marié, tu économiserais pour laisser quelque chose à tes enfants, ce qui serait le noyau de la petite fortune des leurs. Trouverais-tu juste qu'on leur refusât une certaine considération, parce qu'ils te devraient cette aisance qui les mettrait au-dessus de ceux qui n'ont que leur travail?

CYR PATRIGEON. — Blin, quand on se mêle de critiquer, ce qui du reste n'est pas un mal, il faut bien tout peser, tout considérer pour être équitable, et ne pas s'en tenir seulement au mauvais côté des choses.

L'INSTITUTEUR. — Mes amis, le travail est saint et respectable par-dessus toute autre chose. Il affranchit l'homme de l'esclavage des sens, donne plus d'essor à l'âme et maintient sa dignité. L'homme laissé à ses tendances cherche sans cesse le mieux. Le travail exigeant une dépense continuelle d'esprit et de vie, on peut dire en toute vérité que celui qui livre le produit de son industrie, livre une portion de lui-même. Il n'y a que le travailleur qui ait une juste mesure de sa force et de sa propre valeur.

GYR PATRIGEON. — Et voilà aussi pourquoi, tout en secourant les mendiants, on a peu d'estime pour eux qui vivent du travail d'autrui parce qu'ils n'ont pas le cœur de travailler eux-mêmes.

L'HUISSIER. — Aussi ne saurait-on trop préconiser les efforts que fait l'administration pour l'extinction de la mendicité, ce moyen d'ôter aux paresseux un si bon prétexte de l'être. La mendicité est une plaie morale, un mal épidémique comme le choléra. Malheureusement le bienfait de l'extinction de ce mal social n'est pas compris, et l'on ne se prête pas comme il le faudrait à sa destruction.

LE MÉDECIN, *entrant*. — Bonjour, mes amis, comment vont les affaires et la santé?

LE VIGNERON. — La santé n'est pas trop mauvaise, mais les affaires, c'est autre chose. Les temps sont durs, et nous gagnons moins à travailler toute la journée que vous, monsieur, à dire quelques paroles.

LE CORDIER. — Et qui ne vous coûtent pas trop à prononcer.

LE DOCTEUR. — Ha! Vous en êtes encore là! Ne vous ai-je pas expliqué que s'il m'en coûte peu maintenant pour dicter mes ordonnances, il m'en a coûté beaucoup pour me mettre en état de le faire? Ceux de mon âge parmi vous, mes camarades d'enfance, savent bien qu'on me mit fort jeune au collége où je travaillais du matin au soir, sauf pendant les vacances. Ensuite j'ai passé dix ans à Paris, aux frais de ma famille, pour étudier la médecine, travailler dans les hôpitaux sans salaire aucun. Ainsi, avant d'être en état d'exercer dignement ma profession, j'ai dépensé plus de vingt mille francs de ma fortune et vingt années de ma vie qui ne me rapportaient rien. Quand je suis revenu ici pour y pratiquer la médecine il a fallu vivre en attendant la clientèle. N'est-il donc pas juste que mes honoraires compensent tant de sacrifices, et dois-je être payé comme un simple ouvrier?

ÉTIENNE. — Ils s'imaginent tout bonnement que vous n'avez plus qu'à vous croiser les bras.

LE DOCTEUR. — J'ai grand'peine à croire qu'ils soient de bonne foi; car tout le monde sait quelle est la vie d'un médecin, sans paix ni trève; et j'ajouterai que, même pendant mes repas, je lis tout ce qu'on écrit sur l'art de guérir pour me tenir au courant du progrès de la science. Pivert et Blin ont sur moi l'avantage de manger en repos.

CYR PATRIGEON. — Sans compter que vous êtes toujours par voies et par chemins, qu'il pleuve, qu'il vente ou qu'il tonne; et quand vous vous mettez au lit vous n'êtes pas bien sûr d'y finir votre somme.

Quand le médecin eut donné ses conseils au vieux Patrigeon et à sa sœur, il sortit et le fileur dit :

Le docteur ne me persuadera pas qu'il soit juste que certaines professions soient mieux rétribuées que les autres, et je suis pour l'égalité des salaires.

ÉTIENNE. — Je voudrais bien t'y voir soumis à cette égalité-là! Tu nous ferais une belle mine si tu ne recevais que le salaire d'un simple manœuvre, toi qui, comme premier ouvrier, gagnes 3 fr. 50.

CYR PATRIGEON. — Mais, dis donc, mon garçon! sais-tu bien que si tu donnes dans toutes ces folies-là, tu n'auras pas notre Suzanne! Tu es trop intelligent pour ne pas voir par où elles pèchent : et si tu les adoptes c'est qu'il y a chez toi un grain de paresse et d'envie, deux mauvais ingrédients que je ne me soucie pas d'introduire dans ma famille.

LE FILEUR, *rouge et confus*. — Cependant, monsieur Patrigeon, comme le dit Pivert, la journée n'a que douze heures pour tout le monde : pourquoi les uns gagnent-ils plus, les autres moins?

LE PARCHEMINIER. — Je me charge de répondre pour mon oncle. D'abord il n'est pas rigoureusement vrai de dire que la journée de travail soit égale pour tout le monde, car il est des professions qui exigent de longues veilles. D'ailleurs, chacun doit être rétribué, non en raison du temps employé au service qu'il rend, mais de l'importance de ce service, s'il demande du talent, de l'intelligence; en raison surtout du résultat produit.

LE CORDIER. — A ce compte-là, il n'y a que les gens d'esprit qui soient largement payés de leur travail.

L'INSTITUTEUR. — C'est-à-dire ceux dont le travail exige une plus grande dose d'intelligence. Je vous ai déjà dit qu'il n'existe pas une très-grande différence entre celle que chacun reçoit en naissant. Seulement, quand-elle est bien cultivée et qu'on s'en sert habituellement, il y germe toute espèce de bonnes choses qu'elle ne saurait produire si on la laisse en friche.

L'HUISSIER. — Parmi ceux dont l'intelligence est cultivée, il en est plus d'un qui, par insouciance, n'en fait guère usage.

L'INSTITUTEUR. — Oui; mais d'autres aussi s'en servent toujours et pour tout, la mettant tout entière dans chacune des choses qu'ils font, de sorte qu'ils paraissent en avoir dix fois plus.

LA MEUNIÈRE. — Mais à force de l'employer, cette intelligence, elle finit bien par s'user à la longue?

L'INSTITUTEUR. — Mon Dieu non! l'esprit est d'autant plus robuste qu'on le fait travailler davantage : d'autant plus riche qu'il dépense beaucoup.

VÉRONIQUE. — C'est tout comme le cœur.

L'INSTITUTEUR. — Les hommes qui font travailler leur esprit pendant de longues heures, ce qui cause une fatigue extrême, parviennent à faire exécuter des travaux très-difficiles et que tout le monde ne saurait faire; ne doivent-ils pas être rétribués en raison de leur peine et des grands services qu'ils rendent? Par exemple, l'auteur qui fait un bon livre ne rend-il pas plus de service que celui qui fait cent brasses de cordes?

LE CORDIER. — Écoutez donc, monsieur Lumet, il n'est pas donné à tout le monde d'exercer un métier difficile.

L'INSTITUTEUR. — Non sans doute! mais dans tous les états celui qui emploie toute sa force de volonté à bien faire devient toujours un ouvrier considéré. S'il gagne moins qu'en exerçant une profession libérale, il a moins de soucis. Une fois sa journée finie, il se repose au milieu de sa famille et s'endort tranquillement. Mais le médecin, l'avocat, l'homme en place demeurent chargés d'une responsabilité qui leur enlève toute tranquillité. Plus l'emploi est élevé, plus cette responsabilité augmente. Leur salaire doit donc être proportionné aux grands intérêts dont ils sont chargés à leurs risques et périls. Chacun ne fait-il pas plus de cas de l'homme qui lui conserve la vie, la fortune, qui lui assure la libre possession de son avoir que de celui qui lui fait une paire de sabots?

LE CORDIER. — Vous avez beau dire, vous ne me ferez jamais comprendre qu'il soit juste qu'il y ait des gens qui gagnent plus en une heure que moi dans toute ma journée.

LE PARCHEMINIER. — C'est fort juste au contraire; car outre qu'ils rendent des services autrement importants que les vôtres, toutes leurs heures ne rapportent pas un salaire. Le travail du dehors que vous trouvez trop rétribué est accompagné d'études continuelles dont vous n'êtes pas témoin. Cherchez bien et de bonne foi, vous trouverez que cette différence dans les salaires n'est point arbitraire et tient à quelque cause raisonnable. Ainsi, le temps du maréchal se paye plus que celui du charron parce que son métier n'est ni propre ni agréable, et offre quelques dangers; le serrurier gagne plus que le maréchal parce que sa besogne demande plus d'intelligence et de combinaisons; le mécanicien plus que le serrurier par la même raison. Le charpentier, le couvreur, le maçon gagnent de fortes journées à cause du chômage forcé de l'hiver. Le contre-maître dans les usines a une haute paye parce qu'il est responsable des bévues que font les ouvriers qu'il surveille, et qu'il en sait plus long qu'eux.

Ainsi donc, au lieu d'envier les salaires plus élevés que les vôtres, vous feriez mieux de comprendre que si cette différence n'avait pas de raison d'être, il s'élèverait une telle concurrence pour remplir les emplois les mieux payés qu'ils seraient bientôt donnés au rabais. Croyez-vous donc que les patrons, tous les gens qui font travailler, dépensent leur argent sans calculer? et que si un compagnon, le premier homme venu pouvait faire un maître ouvrier, un contre-maître de fabrique, ils le rétribueraient plus que ses camarades?

LE VIGNERON. — Vous ne me ferez jamais croire qu'il

soit juste que les professions les plus utiles, comme celles de laboureur et de vigneron, soient moins rétribuées que celles qui ne produisent que des choses dont on pourrait bien se passer.

CYR PATRIGEON. — Si tu avais réfléchi à ce que tu viens de dire tu l'aurais gardé pour toi, parce que tu aurais compris que le métier de laboureur et celui de vigneron ne demandent pas un grand apprentissage et peuvent être exercés par le premier venu. L'homme qui manque d'ouvrage peut toujours faire celui-là. Mais en serait-il de même pour l'état d'horloger, d'orfévre, de tailleur, qu'on ne peut pratiquer sans l'avoir appris pendant longtemps? Et pour être notaire, juge, avoué, c'est bien autre chose encore!

LE CORDIER. — Et ces pharmaciens qui vendent au poids de l'or des drogues qui ne leur coûtent rien?

L'HUISSIER. — C'est surtout leur science qu'ils vendent, car eux aussi ont étudié longtemps pour se faire recevoir. Et quand ils vendent des substances avariées ou qu'ils commettent quelque erreur, ils sont punis sévèrement et perdent leur état.

LE FILEUR. — Convenez au moins, messieurs, que l'ouvrier ne gagne pas assez : convenez que son salaire est trop faible et qu'on est en droit de demander qu'il soit augmenté.

CYR PATRIGEON. — Mais entendez-vous donc, frondeurs que vous êtes! Les uns veulent le salaire égal sans distinction de talent ni de métier; les autres demandent qu'on en élève le taux, et tous prétendent avoir les produits à bas prix! En vérité je crois que le monde devient fou! et il faut l'être pour ne pas voir que si le bon et le mauvais ouvrier, le paresseux et celui qui a du courage ne sont pas plus payés l'un que l'autre, il n'y aura bientôt plus que des paresseux et de mauvais ouvriers. Il ne faut pas être savant pour trouver cela.

LE PARCHEMINIER. — Est-ce que ce système absurde n'entraînerait pas la ruine de l'industrie? C'est bien alors que la misère s'étendrait sur notre beau pays sans qu'on pût jamais l'en déloger!

Poursuivons le raisonnement de mon oncle et répondons à Rémi : si l'on augmente les salaires, le prix des produits subira une hausse proportionnelle; car c'est une loi du commerce que l'argent du producteur doive toujours lui revenir avec bénéfice. Si donc il est obligé de surpayer ses ouvriers, tout naturellement il vendra sa marchandise plus cher, et l'ouvrier n'en sera pas plus riche; car cette haute paye ne lui permettra pas d'acheter une plus grande quantité d'objets de consommation. On ne saurait donner à l'ouvrier un salaire plus élevé que le prix de la chose qu'il produit.

LE FILEUR. — Si on la payait au pair, passe encore!

LE PARCHEMINIER. — Comment une semblable idée vous peut-elle venir? Si le parchemin que je fabrique me revenait dans mes ateliers au prix où je le vends, je laisserais là le métier. Vous voudriez que moi qui suis exposé à garder ma marchandise un an et plus sans la vendre, qui suis obligé d'aller la placer au loin et qui peux en être assez mal payé : vous voudriez que je ne fisse aucun bénéfice sur les ouvriers que j'emploie? N'ai-je donc pas plus de tourment qu'eux, et des risques à courir qui leur sont épargnés, moi qui puis être ruiné par la moindre crise commerciale? Quand j'essuie quelque banqueroute, est-ce que je rogne les salaires, et ne fais-je pas la paye tous les quinze jours malgré la perte que j'éprouve?

LE CORDIER. — Ah dame ! c'est qu'on sait bien que vous n'êtes pas mal dans vos affaires !

CYR PATRIGEON. — Est-ce que cela te tracasse, Blin ?

CHATELAIN. — Si à force de travail, d'ordre et d'économie, je suis bien dans mes affaires, je le dois au bénéfice très-légitime que je prélève sur le travail de mes ouvriers. Si j'avais agi comme vous prétendez que doit le faire tout industriel, il y aurait longtemps que le petit héritage que je tiens de mes parents serait dissipé.

LE FILEUR. — Si, pourtant, vos ouvriers refusaient de travailler ?

LE PARCHEMINIER. — J'en formerais d'autres, ou bien je fermerais boutique : mais ils seraient les premiers punis en ajoutant la misère du chômage à leur mauvaise fortune ; et leur grève ne me persuaderait pas d'avancer mes fonds, et de leur faire courir toutes les mauvaises chances du commerce sans en avoir une seule favorable pour moi.

LE FILEUR. — Encore faut-il que l'ouvrier produise autant qu'il consomme !

CHATELAIN. — Et même un peu plus, car, comme on l'a dit ici, c'est un sot métier que celui qui ne nourrit pas son homme. Mais ce n'est pas pour cette raison-là que l'ouvrier se met en grève, puisqu'il fait double dépense dans ses jours d'oisiveté, ce qui, tout bien compté, fait triple perte ; et de plus, il diminue la richesse et l'aisance générales de tout ce que son travail aurait produit s'il ne l'eût interrompu ; enfin il anéantit *le temps*, cette première de toutes les valeurs sans laquelle on n'en saurait créer aucune autre.

LE FILEUR. — Je vous accorde le bénéfice de l'industriel

qui risque son capital et souvent celui d'un prêteur : mais le médecin qui ne produit rien?

LE PARCHEMINIER. — N'avez-vous donc pas encore compris que le médecin, en rendant la santé à l'ouvrier et en le mettant à même de continuer son travail, rend un immense service? L'ouvrier ayant produit quelque chose en plus de sa consommation prélève sur ce superflu le peu qu'il donnera au médecin pour ses honoraires.

ÉTIENNE. — Je ne crois pas qu'il soit à jamais possible de réglementer le travail et le salaire.

L'HUISSIER. — Surtout si l'on tient à conserver l'industrie dans un état florissant, car la liberté du commerce, c'est sa vie.

L'INSTITUTEUR. — N'avez-vous pas observé, comme moi, que le salaire échappe à toutes les combinaisons, et ne saurait avoir de règles fixes. Par exemple, ne devrait-il pas s'élever en même temps que le prix des denrées, puisqu'il faut avant tout que l'ouvrier vive? Vous savez tous aussi bien que moi que c'est précisément le contraire qui arrive.

CHATELAIN. — Voici pourquoi : en temps de cherté tout le monde se trouvant dans la gêne, l'offre du travail surpasse de beaucoup la demande, et il se met de lui-même au rabais; mais dans les années d'abondance, c'est l'ouvrier qui se fait prier pour travailler et détermine la surenchère : ce qui fait considérer la hausse des salaires comme une preuve de prospérité pour le pays, non-seulement parce qu'elle témoigne de l'abondance des biens de la terre, mais parce que plus le salaire est élevé, plus l'ouvrier déploie d'intelligence et de capacité.

CYR PATRIGEON. — Tu vois, Rémi, combien il est important de bien réfléchir avant de porter un jugement sur toutes ces choses, et de ne pas croire légèrement ce qu'en disent les brouillons pour entraîner à mal des gens simples comme nous qui n'en savons pas bien long. Allons, bonne nuit, voisins : honneur au travail, et honte à l'oisiveté !

SEPTIÈME VEILLÉE

RICHESSE, MONNAIE

LE CHARRON. — Savez-vous que notre maire marie sa fille et lui donne deux cent bons mille francs, écus, en dot?

LE CORDIER. — Est-il heureux, celui-là, d'avoir autant d'argent ! Et pourquoi est-il plus riche que moi?

CYR PATRIGEON. — Dis-moi donc un peu en quoi sa richesse fait ton malheur? Quand l'ouvrier travaille pour les pauvres, il reste pauvre lui-même, car il a peu d'ouvrage et il est petitement payé. L'intérêt général est donc que la population soit riche, parce qu'alors tous ceux qui ne le sont pas encore ont beaucoup de chance de le devenir.

L'INSTITUTEUR. — Ce que vous dites là, monsieur Patrigeon, s'applique aussi aux nations. En politique, on a le plus grand intérêt à la prospérité de ses voisins : plus ils sont riches, plus nombreux, plus fréquents sont les échanges qu'on fait avec eux. Il existe des pays qui, comme la Hollande et le Danemark, n'ont pas de pauvres.

BLIN. — Si tout le monde avait la bourse aussi bien garnie que M. le maire, c'est pour le coup que la France serait riche !

L'INSTITUTEUR. — Mais pas pour bien longtemps.

LE MARÉCHAL. — Et pourquoi donc çà, monsieur Lumet?

L'INSTITUTEUR. — Parce que tout le monde ayant la même fortune que le maire qui, soit dit en passant, la doit au travail de son père, un des plus braves marchands de laines de la ville, personne ne voudrait plus travailler.

LE VIGNERON. — Il n'y aurait pas grand mal à ce que chacun pût vivre sans rien faire.

CYR PATRIGEON. — Et qui donc cultiverait cette fameuse vigne des Monts qui a donné cinquante pièces à l'arpent à ton grand-père? Tu vois bien qu'il n'y aurait plus ni rente ni revenu, et que la terre resterait en friche. Sans compter qu'on ne trouverait plus de maçons, plus de couvreurs, pour réparer nos maisons, plus de tailleurs pour nous habiller, plus de domestiques pour panser nos chevaux.

LE PARCHEMINIER. — Et comme il faut vivre et être vêtu, on demanderait aux pays voisins tous les objets de consommation. Alors, ne pouvant solder ces échanges en marchandises d'aucune sorte, puisque la terre ni les hommes ne produiraient rien, on les payerait en argent : et l'argent ne se reproduisant que par le travail de l'homme, un jour viendrait où l'on n'en aurait plus du tout. Qu'arriverait-il alors? La population ayant perdu l'habitude du travail souffrirait longtemps de la misère, avant de créer de nouveau une industrie et une agriculture.

L'INSTITUTEUR. — C'est précisément ce qui advint en Espagne lors de la découverte du Nouveau-Monde. A cette époque, le peuple espagnol était le plus éclairé et le plus industrieux de l'Europe. Mais la facilité de se procurer l'or de l'Amérique jointe à cette fausse opinion qu'il constitue à lui seul la richesse, entraîna vers le Nouveau-Monde tous les hommes doués de quelque activité. Le travail resta aux mains faibles et inhabiles.

Il y eut cependant, alors, pour cette nation, il faut bien en convenir, une période d'incroyable prospérité. Mais bientôt cet or, si abondant, passa chez les peuples qui fournissaient les objets de consommation, et qui venaient acheter à bon marché les laines et les soies des Espagnols, pour les leur rapporter manufacturées en les mettant à haut prix. Ces étrangers avaient donc pour eux tout le bénéfice de la main-d'œuvre. C'est de cette époque que date la prospérité de la France et de l'Angleterre.

Aujourd'hui que l'Espagne n'a pas plus d'or que les autres pays, moins peut-être, elle se trouve vis-à-vis d'eux dans un état d'infériorité évident ; car les bonnes habitudes ne se reprennent pas aussi facilement qu'elles se perdent, et la population a diminué en même temps que le travail et la circulation des capitaux.

LE VIGNERON. — Pourquoi tout le monde n'aurait-il pas des places ? Ça serait commode et ferait grand bien aux pauvres gens.

ÉTIENNE. — Qui donc payerait les appointements de toutes ces places ?

PIVERT. — Mais l'État, donc !

ÉTIENNE. — Si les contribuables comme toi veulent payer un impôt assez fort pour que l'État leur fasse des rentes, qu'ils ne viennent donc pas se plaindre. Puisque tu es si envieux d'honneurs et d'argent, fais donc au moins élever ton garçon de manière à le lancer dans le monde. Un des premiers notaires de Paris n'est-il pas fils

d'un vigneron d'Issoudun ? Si son père ne l'eût pas laissé
à l'école le temps nécessaire, il n'aurait ni sa grande
fortune honnêtement acquise, ni sa grande renommée.

LE CHARRON. — Si réellement l'or n'est pas la vraie richesse, où la placez-vous donc?

LE PARCHEMINIER. — Dans le travail, uniquement dans
le travail ou plutôt dans ses produits, ne l'avons-nous
pas déjà dit plus d'une fois? Nous sommes convenus que
l'argent est plus ou moins précieux suivant qu'il est plus
ou moins abondant. Ainsi, en France où il est plus rare
qu'en Angleterre, on vit à bien meilleur prix; mais dans
l'un comme dans l'autre de ces pays le travail est toujours
le même, et sa véritable valeur n'est pas dans la somme
dont on le paye, mais dans la quantité de services ou de
produits qu'on peut avoir en retour. Peu importe alors
que la journée de l'ouvrier soit payée 4 francs si pour
cette somme il ne peut se procurer plus de denrée que
dans la France où on ne la paye que 2 francs. Cette élé-
vation dans les prix prouve seulement l'abondance du
numéraire.

LE CHARRON. — Hé! c'est bien quelque chose, ça!

L'INSTITUTEUR. — Certainement oui, c'est quelque chose!
car cette abondance de l'argent facilite singulièrement les
transactions et leur donne un grand essor, ce qui est un
immense avantage.

PIVERT. — Ainsi, selon vous, monsieur Lumet, ce
n'est pas l'argent qui enrichit.

L'INSTITUTEUR. — Non, Pivert : c'est le travail que l'argent sert seulement à payer, et l'épargne qui met de côté
une partie de cet argent et s'en sert plus tard comme
instrument de travail. L'argent est, sans contredit, la

partie la moins profitable de la richesse publique tout en étant la plus commode. Vous avez bien retenu tous, je l'espère, que la loi du perfectionnement amène immanquablement une baisse dans les produits parce qu'on en fait sans cesse de meilleurs? La vraie richesse consiste donc dans tous les produits et dans le travail accumulé par l'épargne et que représentent les capitaux; et puis encore dans l'emploi que nous savons faire des agents naturels qui nous aident à augmenter la production à frais réduits, tout en nous laissant du temps et des efforts libres pour créer des produits nouveaux.

LE MARÉCHAL. — A ce compte-là, notre richesse générale augmente à mesure que la valeur des produits baisse?

L'INSTITUTEUR. — Eh oui! mon brave, c'est là le grand miracle de l'harmonie sociale. Le produit vaut moins, mais il est tellement multiplié que sa totalité constitue des richesses immenses. Ce qui autrefois coûtait dix jours de travail ne coûtant plus qu'une heure, voilà dix fois dix heures moins une qui restent à l'ouvrier, et qu'il peut employer à autre chose. Ces heures ainsi gagnées, grâce au travail des agents naturels, sont une richesse incomparable; car mettez-vous bien dans l'esprit que la première et la source de toutes les autres, c'est le *temps*. Aussi l'homme qui le perd est coupable, non-seulement envers lui et sa famille, mais envers la société qu'il appauvrit de tout ce qu'il aurait pu produire.

LA MEUNIÈRE. — Eh bien, alors! pourquoi tant de gens prêchent-ils le mépris de la richesse et en disent-ils du mal? Je n'ai jamais compris cela, moi, qui ne me crois pas plus mauvais parce que je possède quelque chose?

L'INSTITUTEUR. — Ni moi non plus, maîtresse Pigelet, je ne le comprends pas; car la richesse est fort respectable quand elle est le fruit d'un travail honnête; et la considération qu'on accorde aux gens riches en est une preuve. C'est la fraude et le manque de probité qu'il faut blâmer et non la richesse. Vous voyez bien que le mépris qu'on en fait est opposé à la grande loi de la Providence qui, ayant placé l'homme sur la terre dans un complet dénûment et une misère absolue, lui a mis au cœur le besoin de travailler et d'acquérir, pour améliorer son sort et lui rendre la vie possible. Amasser pour le besoin présent et pour le besoin à venir est donc la condition d'existence de l'homme. Sans ce désir si persévérant, l'humanité n'eût pas duré deux générations; loin donc d'être un mal, ce désir est un bien, puisqu'il aide l'homme à vaincre sa paresse native.

LE CHARRON. — Mais aussitôt qu'il eut de quoi se vêtir et remplir son estomac, n'aurait-il donc pas pu s'en tenir là?

L'INSTITUTEUR. — Non : le mouvement est la grande loi de la vie, et l'homme ne peut pas rester stationnaire. Une fois ses besoins les plus impérieux satisfaits, il aspire à des jouissances relevées, et il travaille pour arriver à se les procurer. Son esprit se développe ainsi que le germe des vertus qu'il porte en lui : il étudie et admire la nature qui l'entoure, et son âme s'élève à Dieu. Il se crée une richesse qui l'affranchit des besoins actuels et lui laisse le loisir de travailler à la science qui doit profiter à tout le monde. Les arts, l'industrie, et surtout la morale apparaissent avec ce commencement de richesse que chacun cherche à se donner.

La conclusion de tout ceci est que la richesse acquise par

le travail, transmise à la famille, est une grande source de moralité. L'homme s'ennoblit en forçant la nature à l'aider dans ses efforts pour augmenter la richesse générale, et la sienne particulière.

LE CORDIER. — Tout ce que vous dites là peut être bien beau ; mais qu'on me donne autant d'argent que j'en désire, moi qui le mets au-dessus de tout, et je me contenterai bien de cette richesse-là.

ÉTIENNE. — Qu'en feras-tu ?

BLIN. — Je le prêterai avec de bonnes sûretés aux gens qui en auront besoin pour faire marcher leurs affaires.

L'INSTITUTEUR. — C'est reconnaître que pour fructifier, les capitaux doivent être aux mains des travailleurs : c'est reconnaître que la véritable richesse est dans le produit du travail : car supposons que cet argent reste enfoui au fond de votre coffre et ne rende aucun service ? Il n'aura aucune valeur. S'il est un signe commode et portatif du travail, il ne lui est pas moins subordonné, et sans lui il ne rapporterait aucun intérêt. Son principal mérite est d'être la substance la moins périssable par sa nature même.

L'HUISSIER. — Il est aussi la seule valeur véridique, rendue telle par le contrôle de l'État et l'assentiment de tout le monde ; il sert à établir la comparaison entre la valeur de toutes les autres marchandises, ce qui lui donne, il faut l'avouer, une grande supériorité sur toute autre espèce de richesses, et qui l'a rendu l'agent universel de toute production et de tout échange. Mais ces avantages n'empêchent pas l'argent de n'avoir de valeur réelle qu'autant qu'il représente une quantité quelconque de travail.

LE FILEUR. — Tout ce que vous venez de me dire là, monsieur l'instituteur, me confirme dans mon idée, que si tous les salaires étaient égaux la richesse serait mieux répartie.

L'INSTITUTEUR. — Ainsi, vous trouveriez équitable qu le travail qui exige un grand talent, et celui auquel est attachée une grande responsabilité ne fussent pas mieux rémunérés que les travaux ordinaires?

LE PARCHEMINIER. — Décidément il n'y veut pas mordre, lui qui pourtant n'est pas un sot. Que dira-t-il du travail qui détruit la santé ou abrége la vie comme celui des hauts fourneaux, des verreries, de la peinture en bâtiment, et tant d'autres industries qui demandent l'emploi de substances nuisibles au corps humain? Si ces travaux-là n'étaient pas largement rétribués, qui donc voudrait s'en charger?

L'INSTITUTEUR. — Remarquez bien, mes amis, que le prix des marchandises tend toujours à se rapprocher de celui qui satisfait tout à la fois au salaire, à la vente et au profit. Il s'en écarte plus ou moins suivant les circonstances, mais il y revient toujours.

LE PARCHEMINIER. — Puisque l'ouvrier vit de son salaire, n'est-il pas juste que le capital porte son intérêt, et que le producteur soit dédommagé de sa peine? S'il en était autrement, l'État serait en danger de périr. Pénétrons-nous bien tous de cette vérité, voisins : que la véritable richesse du pays consiste dans les biens qui se produisent et se consomment journellement, et qui alimentent ainsi le travail. Ne la placez donc plus dans l'argent qui ne se consomme pas.

LE SERRURIER. — Mais si l'argent ne constitue pas la richesse de l'État, il constitue au moins celle des particuliers.

LE PARCHEMINIER. — Je ne prétends nier aucun des avantages de l'argent; outre qu'il est fort commode pour rétribuer le travail, il permet à celui qui le possède de mettre en expérience beaucoup d'innovations, parmi lesquelles il s'en trouve toujours quelques-unes qui profiteront à tout le monde.

LE FILEUR. — Nous ne crierions pas tant après la richesse si elle ne devait pas survivre à celui qui la possède.

ÉTIENNE. — Que nous dis-tu là, Rémi? Si chacun ne travaillait que pour soi, sans espoir de transmettre à sa famille le fruit de sa peine, qui donc amasserait les richesses si utiles au travail? Chacun ne travaillant plus qu'en vue des jouissances du moment, on n'épargnerait plus, et les capitaux nécessaires aux grandes entreprises ne se formeraient pas. Les individus n'ayant plus d'intérêt à s'enrichir, l'État resterait pauvre et nous irions à *reculons* au lieu d'avancer, ce qui ferait bien les affaires des autres nations. Une foule d'industries disparaîtraient, enfin ce serait une véritable ruine.

L'HUISSIER. — Comment ne comprenez-vous pas, jeune homme, que chacun cherchant à augmenter sa fortune dans l'espoir de la léguer à ses enfants, travaille pour l'État tout en travaillant pour lui-même. Vous savez bien que l'infériorité morale de l'ouvrier de fabrique (pourtant plus civilisé que celui des champs) tient précisément à son insouciance pour les intérêts de famille. Et vous voudriez la voir sanctionner par la loi !

L'INSTITUTEUR. — Le jour où toute préoccupation de l'avenir nous serait enlevée, nous ne vaudrions pas plus comme individus que comme nation. Sans cette richesse transmise d'une génération à une autre et qui est la sanction du travail en même temps que son encouragement, on ne pourrait pas acheter les livres qui donnent aux gens studieux le moyen de devenir savants à leur tour, et d'ajouter aux connaissances générales qui font la vraie gloire des peuples, et rendent les nations grandes et puissantes. Leur exemple fait naître l'émulation et chacun travaille à mettre en lumière tout ce qu'il a de bon en lui, ce qui pousse la population tout entière à s'instruire, et par conséquent à être meilleure.

LE CORDIER. — Moi qui ne peux pas considérer l'or du même œil que vous, j'ai grande envie d'aller en Australie; et si je n'avais ma vieille mère qui ne se consolerait pas de mon départ, j'en serais déjà revenu avec de l'or plein mes poches.

ÉTIENNE. — Ou bien tu serais mort de misère comme tant d'autres.

L'INSTITUTEUR. — Ne croyez donc pas que les *placers* soient une source de richesses sans égale. Je vous étonnerai bien en vous disant que les seuls cordonniers de France font chaque année des chaussures pour une somme qui dépasse celle produite annuellement par toutes les mines en exploitation en ce moment.

LE CHARRON. — Vous voulez rire, monsieur Lumet.

L'INSTITUTEUR. — Non, en vérité. C'est un fait constaté; aussi les véritables spéculateurs, ceux qui entendent leurs affaires, ne vont pas aux placers; ils se bornent à trafiquer dans les pays de mines d'or, ou à y exercer une industrie quelconque. Avec beaucoup d'ordre ils sont certains de faire une prompte fortune dans ces contrées qui ne produisent rien que de l'or, lequel ne peut par lui-même servir ni à se vêtir ni à se nourrir; et comme il est commun et la marchandise rare, l'échange est tout en faveur de cette dernière qui est fort demandée. Le négociant, de retour en France, se trouve bien récompensé de sa peine et des risques qu'il a courus, parce que l'or représente une plus grande quantité de services, de travail, et par conséquent de satisfactions.

L'HUISSIER. — Il paraît qu'en Californie l'agriculture a pris un développement prodigieux, et est devenue pour ce pays, qui s'est peuplé en si peu de temps, sa plus grande richesse.

CHATELAIN. — Quoique nous n'ayons pas de mines d'or dans notre bonne France, la circulation du numéraire y est si activée qu'il suffit à toutes les transactions. Comme nous produisons beaucoup, la valeur de l'argent ne s'aurait s'avilir parce que chacun a beaucoup de produits à donner en échange.

LE MARÉCHAL. — Le revenu général doit être fort considérable avec une production aussi développée.

LE FILEUR. — Mais non : un savant assure que pour chaque individu le revenu de la terre ne monte pas à cinquante-cinq centimes par jour; et encore en faut-il rabattre deux pour l'impôt.

CYR PATRIGEON. — Mais il a dit là une fameuse sottise, ton savant.

L'INSTITUTEUR. — Il a été trop absolu dans son calcul; car s'il était exact, la vie serait impossible, et voici d'où provient son erreur. Il n'a tenu aucun compte ni du salaire rémunérateur du travail, ni du phénomène de la circulation qui multiplie indéfiniment la richesse publique. Rappelez-vous ce que nous disions de la pièce de cinq francs passant en cent mains un jour de foire, et payant cent services divers. Elle a donc réellement valu cinq cents francs ce jour-là. Jugez ce qu'elle représente à la fin de l'année ! Donnée pour salaire par exemple le premier janvier, elle représentera pour le revenu public autant de fois sa valeur qu'elle aura payé de services pendant toute l'année. Si c'est trois cents par exemple, c'est comme si elle valait quinze cents francs. Voilà où le calcul du savant a péché.

VÉRONIQUE. — Cela nous fait comprendre mieux encore combien est coupable l'avare qui enfouit son or; car il prive la société des richesses que cet or eût procurées s'il avait été mis en circulation.

LE PARCHEMINIER. — Ma bonne tante, l'avarice a changé d'allures; elle ne cache plus son trésor, elle le place et cumule chaque année l'intérêt avec le capital, ce qui fait l'affaire de tout le monde.

LE VIGNERON. — Si les savants se trompent, à quoi donc sert d'étudier?

ÉTIENNE. — Si les savants se trompent quelquefois, eux qui passent leur vie à chercher la vérité, juge si nous devons être souvent dans l'erreur, pauvres ignorants que nous sommes, et combien nous serions inexcusables de persévérer dans nos opinions sans nous éclairer de leurs lumières!

L'INSTITUTEUR. — Je disais donc qu'il est impossible d'évaluer au juste le revenu national sous le rapport de l'aisance qui en résulte pour la population, et sous celui de la véritable richesse du pays, puisque cela tient à la plus ou moins grande activité de la circulation. Ainsi les salaires et le rendement de la terre peuvent être les mêmes pendant plusieurs années, et le revenu offrir une grande diversité, selon que la consommation sera plus ou moins grande, et que le numéraire changera plus ou moins souvent de mains.

LIMONDIN. — Dites-moi un peu pourquoi l'on s'inquiète autant des progrès de l'industrie dans un pays comme le nôtre qui peut vivre de ses seuls produits?

CHATELAIN. — C'est qu'il vaut mieux filer et tisser nous-mêmes nos chanvres, nos laines et nos soies, que d'en charger nos voisins qui nous les rapporteraient tout fabriqués, comme on a fait pour l'Espagne; ce qui nous priverait d'un travail considérable. Et puis il ne faut pas croire que nous serions suffisamment riches si nous nous en tenions aux simples productions de notre sol, quoique nous soyons un pays agricole avant tout. Aussi, le jour où nous serons assez éclairés pour appliquer une partie de nos capitaux à l'agriculture, nous n'aurons rien à envier aux autres nations.

LIMONDIN. — Je ne serais pas fâché de connaître celui qui a inventé la monnaie.

L'INSTITUTEUR. — Cette invention-là, comme celle de tous les arts de première nécessité, se perd dans la nuit des temps. Quand la monnaie était encore fort rare et seulement aux mains des puissants d'alors, les choses s'estimaient par tête de bétail. Une arme, un vêtement, un bijou, valait tant de bœufs ou tant de moutons.

LA MEUNIÈRE. — Il n'était pas facile alors de faire l'appoint.

L'INSTITUTEUR. — Dans certaines contrées d'Afrique, le sel sert de moyen d'échange et joue le rôle de monnaie, parce qu'il est la chose la plus précieuse. Ailleurs c'est la morue salée, quelquefois un coquillage qui est très-rare. Il n'y a pas bien longtemps encore que dans le sud des États-Unis, la valeur du tabac servait à déterminer celle de toutes les autres marchandises. A la fin du siècle dernier, dans certaines parties reculées de l'Écosse, on payait en clous le boulanger et le cabaretier. Enfin, de nos jours, sur les côtes d'Afrique où se faisait cet odieux trafic des nègres, tout s'évaluait en barres de fer. Un nègre valait tant de barres, et les marchandises qui en acquittaient le prix étaient évaluées de même. En se civilisant, les hommes ont choisi les métaux précieux comme moyen d'échange parce qu'ils sont la substance qui s'altère le moins et qui n'encombre pas trop. Les divers gouvernements y ont imposé leur marque avec indication de la valeur, afin qu'on ne perdît pas le temps à essayer le métal et à le peser, comme cela se pratique encore en Chine où chacun est muni de sa balance pour peser l'argent qu'il donne et celui qu'il reçoit; ce qui est une source perpétuelle de fraudes et de contestations.

LE VIGNERON. — Tout cela ne revient-il pas à prouver ce que vous niez si bien, que la monnaie soit une véritable richesse ?

L'INSTITUTEUR. — Mais non, cent fois non ! je maintiendrai toujours que le travail seul crée la richesse, et que la monnaie n'en sera jamais que le signe représentatif le plus assuré, parce que l'État qui en garantit la valeur, punit sévèrement quiconque cherche à l'altérer; et qu'enfin cette valeur n'est pas aussi sujette à variation que celle des autres marchandises, quoique cependant elle ne paye pas toujours une quantité égale de services. Aujourd'hui que le numéraire ou la monnaie, ce qui est la même chose, est beaucoup plus abondant qu'au siècle dernier, il en faut bien davantage pour constituer ce qu'on appelle improprement richesse.

LE MEUNIER. — Au fait, quand l'argent est rare il faut donner beaucoup de marchandises en échange, au lieu que, s'il est abondant, c'est la marchandise qui fait la loi. Sa valeur n'est donc pas toujours la même.

L'INSTITUTEUR. — Ce n'est pas la valeur qui varie, mais seulement la quantité. Il y a du blé, des étoffes de tous prix; mais un franc est égal à un franc et ne vaut toujours qu'un franc. S'il y a abondance de blé dans un canton, il s'y donnera pour un petit nombre de francs : là où il sera plus rare, on en demandera un plus grand nombre de francs, ce qui n'empêchera pas cette monnaie d'avoir la même valeur dans les deux endroits. Voilà bien pourquoi les denrées ne sauraient servir de moyen d'échange ni remplacer la monnaie ; car bien certainement on n'acceptera jamais le blé en payement de l'impôt, et l'on n'acquittera pas une lettre de change avec une pièce de vin ou un bœuf.

LE MARÉCHAL. — Je comprends bien pourquoi l'argent est si recherché; c'est qu'il sert à payer les dettes, et que par là il rend plus indépendant que toute autre espèce de richesse, puisqu'il permet au débiteur de s'acquitter envers son créancier et lui rend la liberté ; car celui qui a des dettes peut être comparé à un esclave.

CYR PATRIGEON. — Tu dis là une grande vérité, Blanchard : il n'est pire esclavage que celui-là.

L'HUISSIER. — Quand l'agriculture est bien entendue dans un pays, l'argent y double de valeur, pour me servir du terme consacré par l'usage ; il crée des capitaux que le commerce emploie de mille façons et qui multiplient indéfiniment le travail.

LE CHARRON. —Mais le jour où il y aura trop de monnaie, qu'arrivera-t-il?

L'HUISSIER. — Le niveau s'établira de lui-même : le trop

plein s'écoulera tout naturellement chez les nations voisines qui fourniront leurs produits en échange, et rien ne peut empêcher ce genre de nivellement. Un des rois les plus puissants de l'Espagne l'a tenté en vain; et quoiqu'il eût prononcé les peines les plus sévères, même celle de mort, contre tout individu qui ferait sortir l'or de son royaume, cette défense n'eut d'autre effet que de faire payer fort cher aux Espagnols ce qu'on leur apportait de l'étranger, à cause du danger qu'il y avait à trafiquer avec eux. Ainsi cette rigueur accéléra la sortie de l'or qu'elle se proposait d'empêcher.

LE CORDIER. — Dites tout ce que vous voudrez, j'aimerai toujours l'argent par-dessus tout, parce qu'il vaut mieux que toute autre chose.

LE PARCHEMINIER. — Il est bien reconnu pourtant que son importance est subordonnée à celle des objets nécessaires à la vie.

LE CORDIER. — C'est que je ne trouve pas cela du tout, moi !

CHATELAIN. — Ecoutez-moi avec attention et vous changerez d'avis. Si, par un événement quelconque, la monnaie disparaissait entièrement, le blé, le vin, l'huile, les étoffes, tout produit enfin n'en aurait pas moins sa valeur déterminée par celle des services qu'ils peuvent rendre ; seulement l'échange serait moins prompt, moins avantageux pour les deux parties. Mais si c'était l'argent seul qui restât, il n'y aurait pas d'échange possible, et chacun eût-il des boisseaux de cet or qui vous tient si fort au cœur, n'en mourrait pas moins de faim.

L'INSTITUTEUR. — Faut-il donc encore vous répéter, Blin, que l'argent est improductif par lui-même ! Je tiens singulièrement à détruire votre aveugle préjugé en faveur de cette sorte de richesse. N'oubliez donc jamais que l'argent ne se renouvelle pas comme le travail; l'homme, dont il constitue la fortune, le dissiperait bien vite, rien qu'en l'employant à se procurer les objets de sa consommation de chaque jour, tandis que celui qui travaille voit ses ressources se renouveler sans cesse.

VÉRONIQUE. — J'ai entendu dire aux anciens, qui le tenaient de leurs grands-pères, qu'autrefois tout était à si bon marché qu'une paire de sabots ne coûtait que trois sous, quinze centimes d'aujourd'hui !

L'INSTITUTEUR — C'est que la monnaie était fort rare alors.

LE VIGNERON. — J'aurais bien voulu vivre dans ce temps-là, moi qui ai six enfants à chausser, sans compter leur mère.

ÉTIENNE. — Tu n'en aurais pas été plus riche, va, mon pauvre Pivert; car tu aurais aussi vendu ton vin à vil prix. Si le sabotier qui ne peut faire que trois paires de sabots dans sa journée, peut-être quatre dans ce temps-là où l'en n'en cherchait pas long, gagnait sa vie et payait son bois avec les soixante centimes qu'il retirait de son travail, il fallait bien que le blé et toutes les autres denrées fussent à bon compte.

LIMONDIN. — Ne trouvez-vous donc pas étonnant que le prix du blé et des denrées de première nécessité ne variant guère depuis longtemps, sauf les années calamiteuses, nous puissions, chaque jour, nous donner plus d'aisance dans le ménage ?

ÉTIENNE. — Moi, je ne m'en étonne pas du tout. Toutes les fabrications sont si perfectionnées et livrent leurs produits à si bas prix, que le cultivateur échange le plus sur de sa denrée contre une plus grande quantité d'objets manufacturés qu'il ne le faisait autrefois; n'est-ce donc pas tout comme s'il était plus riche? Et puis, il est bon de dire qu'on cultive mieux et plus, car on ne laisse guère la terre reposer maintenant.

LE SERRURIER. — Puisque le numéraire est plus abondant depuis qu'on a découvert toutes ces mines d'or, comment se fait-il que le prix des marchandises n'augmente pas, puisque la valeur de l'argent diminue en raison de sa grande quantité?

L'INSTITUTEUR. — Mon ami, voici la raison de cette contradiction apparente : c'est que l'industrie simplifie sa fabrication en même temps que la quantité de numéraire s'accroît. Le blé, le vin, la viande ne se gouvernent pas tout à fait par les mêmes lois, parce que ce genre de productions est soumis à des vicissitudes auxquelles l'homme ne peut pas parer, n'ayant pu les prévoir.

CYR PATRIGEON. — Voisins, au lieu de rêver à des richesses chimériques, sachons donc plutôt nous contenter de celles qui sont à notre portée; travaillons avec cœur pour les augmenter en nous servant de notre intelligence, et le bonheur ne nous manquera pas; c'est moi, Cyr Patrigeon, qui vous le promets.

HUITIÈME VEILLÉE

CAPITAL, INTÉRÊT, CRÉDIT

ÉTIENNE. — Comme tu as l'air satisfait, cousin ! il t'est donc arrivé quelque bonne aubaine.

LE PARCHEMINIER. — Tu as dit le mot, Étienne : je viens de recevoir une somme que je croyais bien perdue, intérêt et capital.

VÉRONIQUE. — Tant mieux pour toi, mon neveu. Mais je trouve bon de te dire que de mon temps on ne retirait aucun intérêt de son argent ; c'était même considéré comme un péché.

LE FILEUR. — Et c'était un bon temps, celui-là ! Les gens qui n'avaient pas assez d'argent pour alimenter leur industrie en trouvaient qui ne leur coûtait rien.

LE PARCHEMINIER. — S'ils en trouvaient, ce n'était pas beaucoup, et ce temps n'était pas *le bon* comme vous le dites, jeune homme. Vous devez facilement vous imaginer que cet argent qui ne devait rien rapporter sortait rarement des coffres où il était enfermé : il n'y avait guère alors que les usuriers qui prêtassent, et Dieu sait à quel taux ! Maintenant que l'argent donne un revenu comme les autres richesses qu'il représente, il circule et se multiplie au plus grand avantage de tous, prêteurs et emprunteurs; ne l'avons-nous pas dit hier !

LE FILEUR. — Où donc serait le mal de confier des fonds sans intérêts à l'industrie?

L'HUISSIER. — Mon pauvre garçon, comment pouvez-vous admettre comme possible que celui qui, comme moi, comme nous tous ici présents, n'avons amassé quelques milliers de francs qu'à force de travail, d'épargne et de privations, nous les risquions entre les mains d'un industriel qui peut les perdre, sans lui en demander un légitime intérêt pour le service que nous lui rendons, quand lui prélèvera un légitime profit sur les produits que notre argent l'aura aidé à créer? Cet intérêt n'est, à tout prendre, que la prime d'assurance du capital. Le jour où l'on ne pourrait retirer un intérêt de ses fonds, on les placerait en terre, en maisons, ou bien encore on les enfouirait comme faisait le grand-père de l'ami Pigelet; et l'on verrait bientôt décroître l'industrie, puis la misère envahirait le pays. Avez-vous quelquefois, Rémi, trouvé à redire au bénéfice que fait votre patron sur les laines filées qu'il vend aux drapiers?

LE FILEUR. — Oh! ça, c'est bien différent, monsieur Pinoteau : la laine filée est la marchandise du patron, et il est bien libre d'en faire ce que bon lui semble.

ÉTIENNE. — Mais, garçon, l'argent que je mets de côté tous les ans est ma marchandise, à moi, puisqu'elle représente les denrées, fruits de mon travail, que j'ai livrées en échange; pourquoi veux-tu que je ne puisse pas retirer un profit honnête de ma marchandise *argent* tout comme de ma marchandise *denrée?*

VÉRONIQUE. — Il faut bien que ce ne soit pas la même

chose, puisqu'autrefois c'était un péché, comme je viens de vous le dire.

LE PARCHEMINIER. — Ma tante, c'était là une erreur dont on est bien revenu. Aujourd'hui, les maisons et les ordres religieux qui possèdent les plus belles fortunes de la France, ont une grande quantité de capitaux dont elles tirent un très-légitime revenu. Vous pouvez donc vous rassurer, il n'y a plus là le moindre péché. D'ailleurs, si l'argent, qui n'est réellement que la mesure et le gage de la valeur des services rendus, est le capital le plus commode, il n'est pas le seul. La terre, les bâtiments, les meubles, les livres, les voitures, les routes, les canaux les outils, enfin tout ce qui compose l'avoir de l'État aussi bien que celui des particuliers, est un capital aussi.

LE CHARRON. — Et un fameux capital encore!

LE FILEUR. — Mais un capital improductif.

L'INSTITUTEUR. — Comment l'entendez-vous? Comptez-vous donc pour rien les satisfactions de toute nature qu'il donne? Ne porte-t-il pas un intérêt aussi, quoiqu'il soit de consommation immédiate?

LE PARCHEMINIER. — Quand j'entrevois une bonne affaire dans ma modeste industrie, je suis fort content de trouver un prêteur qui veuille me confier à cinq ou six pour cent la somme à laquelle je ferai rapporter quinze ou vingt par mon travail. Ne m'oblige-t-il pas beaucoup en me fournissant les moyens de gagner dix sur le capital dont je lui donnerai cinq?

LE FILEUR. — Service bien payé!

LE PARCHEMINIER. — Oui : mais le prix dont je le paye ne l'anéantit pas. Votre patron ne paye-t-il pas le service que vous lui rendez chaque jour en dirigeant les broches qui vous sont confiées? C'est précisément cet échange de services payés qui constitue la grande solidarité, entre gens d'une même nation. Elle est telle, cette solidarité, que si quelque calamité frappe l'une des industries, toutes les autres en reçoivent le contre-coup.

VÉRONIQUE. — Je me suis laissé dire qu'il y a des prêteurs qui demandent un intérêt si élevé qu'il absorbe tout bénéfice possible.

LE PARCHEMINIER. — Ma tante, ceux-là sont des usuriers auxquels on n'a guère recours que dans deux circonstances : l'une, c'est quand le commerce offre des chances si brillantes que tout le monde demande des capitaux, ce qui fait monter leur prix comme il arrive pour toute marchandise très-demandée. Mais le plus ordinairement l'homme qui emprunte à un taux usuraire est mal dans ses affaires, et offre peu de solvabilité; ou bien sa moralité ne donne pas de garantie suffisante au prêteur qui, consentant à risquer son capital, en exige une forte prime d'assurance; absolument comme on demande davantage pour assurer la maison d'un boulanger que pour assurer celle d'un vigneron.

LIMONDIN. — Est-ce que nous autres cultivateurs, nous ne faisons pas de ces emprunts-là pour acheter un lopin de terre qui nous arrondit, que nous désirons depuis longtemps et qu'on ne veut pas voir passer en d'autres mains? Cela m'est arrivé, à moi qui vous parle; et je suis resté longtemps dans la gêne pour acquitter une dette de cette nature. Pour être justes, il faut convenir que dans les affaires d'usure il y a souvent beaucoup de la faute de l'emprunteur et qu'il a tort de crier si haut.

VÉRONIQUE. — Cela n'innocente pas l'usurier qui exploite le malheur ou la faiblesse de celui qui s'adresse à lui.

ÉTIENNE. — Châtelain a raison de le dire, le capital n'est pas toujours de l'argent : il se transforme de mille manières. Ainsi moi, Patrigeon, j'emprunte les épargnes du voisin Goguery, fruits de son travail et de ses économie, et j'en achète un pré à Pigelet qui, du prix que je lui en donne, fait monter une nouvelle paire de meules à son moulin. Le fabricant de meules se servira de cet argent pour faire achever la maison qu'il fait construire. Cet homme tirera un loyer de sa maison : Pigelet fera un bénéfice sur le grain moulu par ses meules; moi, j'aurai la récolte du pré pour nourrir mes chevaux qui me payeront en travail, et l'on voudrait que le charron à qui nous devrons tous ces avantages ne tirât rien de son capital parce qu'il était sous forme d'écus? C'est contre le sens commun et ne saurait se discuter. Il est trop juste qu'il retire le loyer de son capital *argent* comme je retirerai celui de mon capital *pré* et les autres du capital *meules* et *maison*.

L'INSTITUTEUR. — Tout propriétaire d'un instrument de travail quelconque est capitaliste; l'argent lui-même ne prend le nom de capital qu'autant qu'il devient un instrument de travail. Ceux qui le gardent dans leur coffre-fort, et il s'en trouve encore, n'ont pas de *capital*, ils n'ont que de *l'argent :* du reste le plus grand, le plus utile des capitaux, celui sans lequel tous les autres resteraient improductifs et qui ne manque à personne.....

LE CORDIER. — Dites vite, monsieur Lumet, que j'aille en chercher !

L'INSTITUTEUR. — C'est le TEMPS, ce grand capital sans lequel rien ne peut se produire, et dont malheureusement on ne connaît pas assez la valeur. Le temps est le vrai capital de l'ouvrier qui en demande un intérêt plus ou moins élevé, selon qu'il est plus ou moins demandé. Si l'ouvrage abonde, ce genre du capital étant fort recherché, le possesseur en exige un haut intérêt ; quand au contraire il est d'un difficile emploi, il se donne au rabais.

LE FILEUR. — Eh bien ! voilà une idée qui ne me serait jamais venue, et j'étais loin de me croire un capitaliste.

ÉTIENNE. — Et tes deux bras, donc ! n'est-ce pas aussi un capital qui vaut bien la peine qu'on en parle ? Tu vois, mon garçon, qu'on peut avoir de bonnes idées quoiqu'on n'entende rien à tous tes beaux systèmes.

LE FILEUR. — Je me rends à vos raisons, maître Étienne, et je reconnais que ceux qui, comme vous tous, ont amassé un petit pécule en travaillant, sont en droit d'en tirer rente et intérêt. Mais que direz-vous en faveur de ceux qui n'ont gagné ni leur capital ni la terre qu'ils possèdent ?

ÉTIENNE. — Tout paysan que je suis, mon bon sens me dit que si leur fortune n'est pas le fruit de leur travail, elle a été créée par celui de leurs pères ; je dis encore qu'il y aurait un très-grand danger à faire cette distinction entre les différents genres de capitaux. Toi, par exemple, qui as dix mille francs de droits de mère, seras-tu coupable en les faisant valoir parce que tu les dois au travail de ton grand-père ?

LE FILEUR. — C'est une si petite somme que je puis bien en toucher les intérêts sans crupule.

CYR PATRIGEON. — Ainsi ce n'est que sur les grands capitaux que portent les objections ? Prends garde, Rémi : tout cela sent fort l'envie contre les riches !

VÉRONIQUE. — Cette envie qui est la honte et l'injustice du pauvre.

ÉTIENNE. — Pourquoi ne veux-tu pas que le capital argent porte son revenu tout comme les autres espèces de capitaux ?

LE FILEUR. — Parce qu'il est improductif de sa nature.

ÉTIENNE. — Je conviens que l'argent ne produit rien par lui-même ; j'aurais beau semer des écus dans mon champ, je n'en recueillerais peut-être pas autant que j'en aurais mis, et j'en serais pour mon temps et mon travail. Mais si l'argent ne produit pas de lui-même, il est un grand instrument de production, tu le reconnais toi-même en demandant qu'on le livre à l'industriel. Il me semble qu'il y a longtemps que nous le disons, et je ne comprends pas trop que cette idée ne puisse entrer dans ta tête : l'argent est un outil tout comme ma charrue, ma herse. Il ne t'est pas encore venu à l'idée, j'imagine, que le maréchal et le charron dussent me les livrer gratis.

PIVERT. — Il serait pourtant bien commode de se procurer de l'argent sans en payer l'intérêt.

ÉTIENNE. — Oui-dà ! je comprends ; cela arrangerait fort ceux qui aiment mieux se reposer que de travailler. Donneras-tu le tien à ces conditions-là, compère ? car on sait que tu n'en manques pas. Auras-tu économisé dans ta maison sur toutes choses, te chauffant moins l'hiver, te refusant un verre de bon vin tous les jours, portant tes habits rapiécés, et tout cela pour livrer tes épargnes à celui qui voudra les risquer dans les affaires, et qui compromettra ton argent sans aucune compensation pour toi ? Autant vaudrait le donner tout à fait. Tu aimeras mieux le garder, j'en suis certain ; car si dans ton coffre il ne te rapporte rien, tu es sûr au moins de le retrouver quand tu en auras besoin ; au lieu qu'il se pourrait bien que ton emprunteur ne fût pas en mesure de le rendre à jour nommé. Si les choses allaient de ce train-là, l'ouvrier ne pouvant pas se servir avec fruit de ses épargnes, soit pour le temps où l'âge et l'infirmité lui interdiront le travail, soit pour les léguer à ses enfants, se contenterait de vivre au jour le jour comme dans l'enfance des sociétés. De là plus de progrès, plus d'aisance.

VÉRONIQUE. — Et moi j'ajoute, plus de moralité !

LE FILEUR. — Mais je n'ai pas entendu qu'il ne fallût plus faire d'économies.

LE PARCHEMINIER. — Puisque tu trouves mauvais qu'on en tire un revenu, cela ne revient-il pas au même ? c'est vouloir qu'il ne se forme plus de capitaux.

LE CORDIER. — Pourquoi donc ! Est-ce qu'il n'y aurait pas toujours la même quantité d'argent ?

CHATELAIN. — Mais cet argent ne formera plus de capital dès qu'il sera retiré de la circulation. Vous ne remarquez pas que plus ce capital est abondant, plus faible est l'intérêt qu'on en retire, et plus le prix du travail augmente. Voyez combien le travailleur est aveugle et injuste dans sa prévention contre le capital qui seul alimente le travail ! par exemple, Goguery ne trouve pas à placer ses roues à mesure qu'il les fait : cependant, sachant bien que tôt ou tard elles lui seront demandées, il ne craint pas d'en fabriquer d'avance : mais le pourrait-il s'il n'avait un petit capital qui lui permit de vivre et de payer ses ouvriers ? Vous voyez bien que le travail et le capital se rendent mutuellement service.

L'INSTITUTEUR. — C'est le bon emploi du capital qui seul amène la baisse des prix de tous les objets de consommation.

LE SERRURIER. — En êtes-vous bien sûr, monsieur Lumet ?

L'INSTITUTEUR. — Comment ! mais c'est évident ! n'est-ce pas grâce à lui seul qu'on peut fabriquer en grand, avoir des machines, diviser le travail à l'infini, et faire beaucoup de choses en peu de temps ? Qui donc alors gagne à la formation du capital, si ce n'est le petit consommateur, lequel, cependant, est assez insensé pour se révolter contre lui ! Les moindres objets qui coûtent si peu maintenant, demanderaient des années s'il les fallait confectionner nous-mêmes, sans le secours du capital. N'est-il pas fort agréable de recevoir beaucoup plus qu'on ne donne, et cela sans faire de tort à personne ? Enfin, la grande fonction du capital consiste à faciliter l'échange des services préparés sous forme de produits faits d'avance, contre des services futurs sous forme d'argent. —

LE PARCHEMINIER. — Quand il s'est agi de construire des chemins de fer, les capitalistes se sont associés pour réunir tous les millions qui leur étaient nécessaires ; et Dieu sait s'il en faut puisqu'un seul kilomètre coûte souvent plusieurs centaines de mille francs. Vous savez comme tout le monde que cet argent servit d'abord à acheter des terrains, du bois, du fer, et enfin à payer les nombreux ouvriers employés aux terrassements, aux charrois, et aux épuisements. Les millions dépensés pour exécuter par exemple le chemin de fer entre Vierzon et Issoudun, entre cette ville et celle de Chateauroux, se trouvant disséminés, n'ont plus formé un capital ; et pourtant cet argent n'était pas perdu. Il est allé chez le fermier qui vend le blé, chez le vigneron qui vend le vin, chez tous les détaillants où se trouvent les étoffes et les ustensiles de ménage ; et seulement une petite partie de ces grosses sommes qui étaient tombées comme une pluie féconde, est restée entre les mains des ouvriers économes. Maintenant, pour que le capital se forme de nouveau, il faut que les économies de tous ceux qui, de façon ou d'autre, ont eu part à la distribution de ces millions soient confiées à l'industriel ; celui-ci placera ses bénéfices chez le banquier ou dans de grandes entreprises. Tous ces placements divers s'accumulent, et le capital reparaît.

L'INSTITUTEUR. — C'est l'histoire des grandes rivières qui se composent de cours d'eau moins considérables, formés eux-mêmes de ruisseaux dont les sources s'alimentent par des pluies qui filtrent à travers le terrain. Les ouvriers bien payés se sont donné leurs aises. Ce qu'ils ont dépensé est allé au détaillant, au producteur, au propriétaire. De là résulte ce prodige que le capital se reforme par le fait même de la consommation qui tend à le détruire sans cesse ; et il représente au juste la somme de travail qu'il a fallu pour le créer ; que ce travail soit représenté par un produit ou par l'argent, n'est-ce pas absolument la même chose ? et l'on n'a pas prétendu encore que les produits dussent être livrés gratis.

LE MEUNIER. — Si l'argent que je gagne et que j'économise avec tant de soin ne devait rien rapporter, ni à moi ni à mes enfants, ma foi ! je le dépenserais et ne m'en tiendrais pas au nécessaire comme je le fais ; et puis, je prendrais un peu plus de bon temps.

LE FILEUR. — Eh ! ce ne serait pas déjà si mal, monsieur Pigelet. Mais en admettant que les gros capitaux soient nécessaires à faire marcher les grandes usines, pourquoi ces fabricants-là ne partagent-ils pas leurs bénéfices avec les ouvriers qu'ils emploient ? ils les trouveraient plus maniables.

ÉTIENNE. — Ce n'est pas bien certain, et je ne voudrais pas en répondre.

CHATELAIN. — Ce partage serait tout simplement impossible. Mes ouvriers reçoivent leur paie tous les quinze jours, sans s'inquiéter si je suis en perte ou non. — Il est des années où je réalise un bénéfice honnête : d'autres où je joins les deux bouts bien juste, et quelques-unes où je me trouve en perte; comment mes ouvriers supporteraient-ils cette perte quand pour vivre il leur est nécessaire d'être payés bien exactement.

LE FILEUR. — Il en serait pour eux comme pour vous : les bonnes années compenseront les mauvaises.

LE PARCHEMINIER. — Mais quels moyens aurai-je pour retenir dans mon usine l'ouvrier qui, ayant joui du bénéfice des années prospères, ne voudra pas courir les mauvaises chances ?

LE FILEUR. — Vous le lierez par un engagement.

LE PARCHEMINIER. — Qui me liera aussi. De sorte que si l'ouvrier devient paresseux, insubordonné, je n'aurai aucune action sur lui. Comprenez donc qu'une telle organisation est impossible parce qu'elle ne repose pas sur des bases équitables; puis il faut dire aussi que les produits de la fabrique ne se consomment pas toujours dans l'année. L'ouvrier pourrait-il attendre sa part aussi longtemps, sans compter les quatre-vingt-dix jours de crédit accordés au marchand pour ses règlements? Moi qui, comme tout fabricant, engage mon honneur et ma fortune dans mon industrie, puis-je me mettre ainsi dans la dépendance de mes ouvriers et subir leurs caprices ? Car, remarquez bien que leur participation dans les bénéfices entraînerait leur intervention dans la fabrication, laquelle je ne serais plus maître de diriger selon mes idées.

LE CORDIER. — Ainsi, vous croyez que si les fonds se prêtaient sans intérêt, l'industrie y perdrait? Cela semble drôle, tout de même!

L'INSTITUTEUR. — Qui donc voudrait prêter son argent pour rien? Pas plus vous que les autres. Et comme la *quantité* d'industrie est forcément proportionnée à la quantité de capitaux mis à sa disposition, ceux-ci manquant, elle s'éteindrait bien vite puisque le capital est le grand outil de l'industrie, sans lequel on ne peut rien faire de bon dans l'état de civilisation où nous sommes arrivés. Nous ne pouvons sortir de là. On oublie trop dans ces éternelles et injustes récriminations que le travail d'hier est le capital d'aujourd'hui, et que le travail d'aujourd'hui sera le capital de demain, comme l'a dit M. Patrigeon, qui s'est rencontré avec l'homme de grand sens qui a trouvé cela le premier; et comme en somme, ainsi que nous l'avons dit déjà, tout travail se réduit en échange de services, il s'ensuit par exemple que quand, en livrant mon parchemin, je rends service à celui qui le prend, il aurait à me rendre un autre service en échange; mais comme je n'en ai pas besoin sur l'heure, il me donne de l'argent qui me permettra de payer ce service en temps utile. Mon voisin qui a besoin d'un service qu'il ne peut payer dans le moment, ni avec un autre service, ni avec de l'argent, vient me demander cet argent représentant le service auquel j'ai droit : et il trouve tout naturel de m'indemniser du retard que j'éprouverais en me dessaisissant de mon gage, si je voulais payer ce même service.

L'HUISSIER. — Quand je paie à maître Limondin le blé que je lui achète, je paie sa peine et l'intérêt avec amortissement de ses instruments de travail; lui, paie à son propriétaire le *service* rendu par la terre au moyen duquel il profite des *services* de ceux qui l'ont fertilisée de longue date ; et enfin le propriétaire en acquittant l'impôt, paie le *service* que lui rend l'État en protégeant sa propriété. C'est au fond comme le troc primitif : service contre service, rendu plus étendu et plus facile par l'emploi du capital.

GYR PATRIGEON. — Je vous écoute avec attention et je dois vous dire que je ne suis pas entièrement satisfait de votre définition du capital, qui en somme n'est qu'une augmentation de la richesse primitive de la terre. Moi, je trouve qu'il y a des capitaux de deux sortes, les uns fixes et les autres circulants. Par exemple, les animaux que j'élève et que je nourris dans mon exploitation constituent un capital fixe, car nous n'en tirons profit qu'en les gardant. Le fourrage et le grain qu'ils consomment, c'est un capital circulant, puisque je m'en défais chaque jour en leur faveur, et qu'il me revient avec profit sous forme de services, d'accroissement des troupeaux, de beurre, d'œufs frais, etc. Les semences au contraire, rentrent dans le capital fixe quoiqu'elles aillent du grenier au champ et du champ au grenier, car elles ne changent pas de main pour rapporter leur intérêt.

L'INSTITUTEUR. — C'est très-bien trouvé, ce que vous dites là, monsieur Patrigeon. Mais il faut noter que sans le capital circulant, aucun autre ne saurait être créé. C'est avec lui seul qu'on se procure la matière première mise en œuvre par l'ouvrier, et qu'on lui paie son salaire. Détruire le capital circulant, c'est enlever la subsistance à tous les travailleurs sans exception ; puisque plus il y a de capitaux en circulation, plus il se crée d'objets de consommation, et plus le bien-être général est grand.

GYR PATRIGEON. Dans le temps où l'on craignait de

mettre l'argent à l'air, j'ai connu plus d'un bourgeois d'Issoudun qui n'était pas aussi bien *établi* dans sa maison que je le suis dans la mienne.

L'INSTITUTEUR. — Dans l'emploi des capitaux, se retrouve cette solidarité fraternelle que je ne puis trop vous signaler comme une des bases principales de la moralité. Parmi les hommes, les uns fournissent les matières premières qui alimentent les manufactures, les autres travaillent ces matières brutes de façon à les mettre en état de servir. Mais ces produits manufacturés n'auraient pas de débit si une partie des capitaux ne soldait les transports des marchandises du lieu où elles abondent à celui qui en manque; le capital du détaillant permet au négociant d'acheter les produits du fabricant qui se sert de cet argent pour payer les matières premières. Qu'un anneau de cette chaîne se rompe ou soit seulement faussé, tout sera en souffrance. Chaque homme a donc le plus grand intérêt à la prospérité de ses semblables; aussi les gens sensés ne comprennent-ils rien à ce dépit injustifiable de l'ouvrier contre le capital, la seule et vraie garantie de son salaire.

LE CORDIER. — Cela n'empêche pas le capital d'être plus heureux que le travail.

CYR PATRIGEON. — N'est-ce pas justice, puisqu'il est le résultat du travail accompli, et qu'il représente les fatigues passées qui ont mérité récompense ! Est-ce que tous les hommes, toi-même, Blin-le-Têtu, ne travaillent pas en vue du petit capital qu'ils amasseront? Est-ce que tout ouvrier n'espère pas devenir maître ?

LE FILEUR. — Mais votre capital peut devenir tyrannique et porter le trouble dans le travail.

ÉTIENNE — Que nous dis-tu là ! Le jour où il aura des

prétentions exagérées, on ne le demandera pas ; et, comme il meurt aussitôt qu'il reste en place et ne rapporte rien à son possesseur, celui-ci reviendra bientôt à des idées plus saines. Et puis, est-ce que la concurrence n'est pas là pour le mettre à la raison ? Ne nivelle-t-elle pas forcément tout, comme nous l'ont fait comprendre ces messieurs ?

L'INSTITUTEUR. — Et ce nivellement est pour le bien général. Il y a une limite au delà de laquelle on n'emprunte plus. L'intérêt monte s'il y a concurrence parmi les emprunteurs, ce qui arrive quand le commerce est en grande activité ; puis il baisse, si ce sont les prêteurs qui sont les plus nombreux.

LE FILEUR. — Vous conviendrez du moins que le capital du manufacturier et de ceux qui lui fournissent le combustible et les matières qu'il emploie, alimente une plus grande quantité de travail que celui du marchand qui détaille les richesses créées par les deux autres.

L'INSTITUTEUR. — L'utilité de ces capitaux est égale ; car si le débitant ne distribuait pas aux consommateurs, et sur tous les points du pays, les marchandises créées par le producteur, celui-ci manquant de débouchés ne fabriquerait plus autant. Tout se tient dans la société ; et, grâce à la circulation du capital et à l'intérêt qu'il rapporte à son possesseur, on trouve dans tous les coins de la France non-seulement les produits nationaux, mais encore ceux de la terre entière. Le moindre épicier du faubourg réunit dans sa boutique le sucre des Iles, le café d'Amérique, le poivre d'Afrique, le girofle et la muscade d'Asie. S'il n'y avait pas autant de capitaux de toutes sortes engagés dans le commerce d'épiceries, qui détaille les marchandises en aussi petite quantité qu'on peut le désirer, une grande partie de la population, la plus pauvre surtout, serait privée de mille choses devenues indispensables.

LE PARCHEMINIER. — Retenez tous ceci : Il y a quatre manières d'employer le capital ; d'abord à créer la matière première, à la manufacturer, à transporter les produits là où ils sont demandés, et enfin à les distribuer par la vente en détail.

LE VIGNERON. — J'en connais une cinquième, moi !

LE MEUNIER. — Dis-la-nous bien vite.

LE VIGNERON. — C'est de le prêter.

LE PARCHEMINIER. — Votre manière rentre dans les quatre autres ; car votre emprunteur ne se chargera pas de votre argent pour le mettre dans son coffre.

LE CORDIER. — Et les chemins de fer ?

LE PARCHEMINIER. — Ils rentrent dans la classe des transports. Quand on a pensé à les construire, on n'a pas pu épargner, pendant un certain nombre d'années d'avance, le blé, la viande et le vin, dont les nombreux ouvriers qu'on allait employer seraient nourris, ni la toile et la laine dont ils seraient vêtus. N'a-t-il pas été bien heureux que le signe représentatif de toutes les choses ait pu s'accumuler sous forme de capital ?

L'HUISSIER. — Il arrive souvent qu'une entreprise se fonde sur le remboursement à la génération future des capitaux avancés : quelquefois au bout de vingt, de trente, de cinquante ans. On émet des actions que le public achète et qui passent de main en main, suivant la convenance de chacun. Elles portent intérêt, car cet argent, outre qu'il rend des services actuels, rend aussi celui d'accorder de longs délais pour le remboursement.

LE FILEUR. — Ainsi, Messieurs, vous trouvez l'intérêt très-légitime?

L'INSTITUTEUR. — Parfaitement légitime; le capital est une force, et une force immense. Pourquoi n'aurait-il pas son salaire aussi bien que toutes les autres forces utilisées par le travail? Sans cette force que vous méconnaissez, nous en serions encore au drap tissé dans le ménage avec la laine filée par nos femmes.

ÉTIENNE. — Et combien s'en passeraient à cause de sa rareté et du prix de revient, qui sont vêtus de fines étoffes chaudes et moelleuses!

L'INSTITUTEUR. — Que de temps ne faudrait-il pas à la meilleure fileuse pour filer ce que Rémi fait en un jour? Tout en acquittant le salaire de l'ouvrier, celui des outils, le bénéfice du patron, le prix de la matière première et l'intérêt du capital, vous payez le drap moins cher qu'alors que vous récompensiez seulement la peine prise pour filer et tisser une étoffe grossière. Comprenez donc un peu tout ce que vous devez au capital, et ne le décriez plus comme le font les perturbateurs de la tranquillité et de la prospérité publiques. D'ailleurs, il est bien reconnu que le capital et le progrès marchent ensemble : arrêter l'un dans son mouvement, c'est arrêter l'autre. L'intérêt général veut donc que chacun concoure, dans la mesure de ses forces, à la formation du capital. S'en abstenir ou s'effrayer, c'est se rendre coupable envers la société. Si ceux qui vous entretiennent de tout ce que vous nous dites n'agissent pas méchamment, ils prouvent leur légèreté et leur ignorance. Le jour où le capital serait aboli, périrait aussi l'esprit de famille, la prévoyance, la frugalité; et l'intelligence serait entravée de la façon la plus fâcheuse.

ÉTIENNE. — Vous voyez, mes amis, combien nos notions

sur le grand rôle que joue le capital dans le mécanisme social étaient insuffisantes et confuses ! T'ai-je dit, Pigelet, que j'ai reçu en payement de mes peaux une traite sur ton cousin le banquier ?

LE CORDIER. — Ce n'est pas moi qui aurais pris du papier au lieu de bons écus ! il ne me plaît pas assez pour cela.

ÉTIENNE. — Mais il me plaît fort à moi, et me rend grand service. Je trouve très-commode de l'envoyer à Limoges où j'ai justement un payement à faire, et de m'acquitter par ce moyen sans risques et sans frais aucun.

BLIN. — Mais si on le vole en route, ce fameux papier qui vous arrange si bien ?

ÉTIENNE. — Comme ce billet est passé à mon ordre et endossé par moi, puis passé à l'ordre de mon créancier, il ne serait d'aucune utilité au voleur.

LE CORDIER. — Qu'est-ce que votre créancier de Limoges peut faire d'un billet sur une banque d'Issoudun ?

ÉTIENNE. — Il l'escomptera chez un banquier de sa ville qui le passera à un négociant en relation d'affaires avec la nôtre. Va, Blin, c'est une belle chose que ces billets à ordre qui facilitent ainsi les transactions !

LE CHARRON. — Sont-ils inventés depuis longtemps ?

L'HUISSIER. — Il est probable que la lettre de change a dû être inventée le jour où deux négociants de différents pays, et sachant écrire, ont trafiqué ensemble. Nous en trouvons un exemple dans l'Ancien Testament. L'espèce d'obligation que Gabelus souscrivit au profit de Tobie n'est autre chose qu'une lettre de change ; mais ce furent surtout les Vénitiens qui mirent les billets et les lettres de change en grand usage au temps des croisades.

LE PARCHEMINIER. — Les banques de dépôt et les banques de circulation datent-elles d'aussi loin?

L'HUISSIER. — On n'a pas de certitude à cet égard, et l'histoire n'en parle pas avant le xvi⁰ siècle.

LE MEUNIER. — C'est là aussi une invention bien utile. Depuis que mon cousin a monté sa banque, je ne garde plus d'argent à la maison. Si j'ai un payement à faire, je donne un bon sur lui, et tous les trois mois nous réglons ensemble notre compte courant.

LE PARCHEMINIER. — C'est surtout dans les grands centres de commerce tels que Paris, Lyon, Bordeaux, Marseille, que les banquiers rendent d'immenses services. Les étrangers y apportent des valeurs et des monnaies de différents pays. Les payements seraient trop longs et sujets à discussion s'il fallait apprécier le taux du change : les banquiers reçoivent ces monnaies pour leur valeur intrinsèque, et donnent en échange, et moyennant une légère prime, des bons remboursables en numéraire de France; et ce papier n'a d'autre valeur que celle qui lui est accordée par la confiance publique; il circule sans être sujet à aucune altération et devient des écus au besoin.

L'HUISSIER. — Le commerce n'a réellement prospéré qu'alors que le crédit prit une certaine extension. Au moyen âge où la force seule faisait loi, les marchands n'osaient s'aventurer au loin, et les particuliers ne prêtaient pas leur argent de peur d'être signalés à la rapacité des seigneurs; ce qui rendait la circulation à peu près nulle et le crédit impossible. Aujourd'hui que force reste à la loi, l'homme qui a réalisé sa fortune en argent peut

en tirer parti, et prête à celui qui a besoin de fonds pour
exploiter sa terre ou pour faire marcher son usine. Et
maintenant que toute sécurité est donnée au capital, il
voyage au besoin d'un bout du monde à l'autre.

LE MEUNIER. — Si j'ai bien compris, le crédit c'est l'a-
vance qu'on fait de sa denrée ou bien du produit de son
industrie actuellement existants, en échange d'un produit
qui sera créé plus tard et dont on n'a pas besoin pour le
moment : et c'est l'argent ou les billets qui servent de
moyen pour opérer cette transaction.

LIMONDIN. — Ce n'est pas encore bien clair pour moi.

ÉTIENNE. — Voyons si moi aussi je comprends : voici
Pigelet qui achète ton blé pour le moudre : il prend terme
parce qu'il compte pour le payer sur l'argent qu'il retirera
de sa farine : il la vend au boulanger qui s'acquittera avec
la somme qu'il va recevoir en échange du pain fait de
cette farine.

Ou bien encore : je vends mes laines aux fabricants de
Châteauroux, et je prends en paiement leurs billets à trois
mois, qu'ils comptent solder avec ce qu'ils retireront des
draps fabriqués de ma laine.

LE FILEUR. — Mais si ceux qui achètent le drap et la
farine veulent aussi qu'on leur fasse crédit?

L'HUISSIER. — On le leur fait également; c'est bien ce
qui confirme tout ce que nous avons dit de l'utilité du
capital, sans l'intervention duquel tout crédit serait impossible; car on ne saurait entreprendre aucun commerce sans avoir des fonds en avance. Une fois les affaires
en bon roulement, les rentrées qui se font régulièrement
servent à solder les billets qu'on a faits à terme, et l'on
paie d'un crédit sur l'autre.

LIMONDIN. — Comment cela ?

L'HUISSIER. — Par exemple, la laine que maître Étienne a livrée à la Saint-Jean dernière, lui sera payée en septembre avec le prix que le fabricant aura retiré du drap fait avec la laine qu'Étienne lui a vendue l'année précédente.

CYR PATRIGEON. — Le crédit ne reposant que sur la confiance, s'accroît en raison de la bonne réputation commerciale; et quand il arrive à être double ou triple de l'avoir du commerçant, celui-ci fait des bénéfices doubles ou triples. C'est une belle et bonne chose que le crédit ! Je me rappelle bien le temps où, quand le cultivateur avait besoin d'une paire de souliers ou de tout autre vêtement, outil, etc., à l'époque de la moisson où les greniers sont vides, force lui était de s'en passer. On ne lui eût pas fait crédit; tant on était ignorant et méfiant alors !

ÉTIENNE. — Heureusement aujourd'hui on ne craint plus de trouver un fripon en tout homme à qui l'on a affaire. Si je demande des roues à Goguery et un essieu à Blanchard, ils me les fournissent sans hésiter, comptant sur la parole que je leur donne de les payer; et il ne leur vient pas à l'idée d'exiger un engagement écrit pour garantie.

LE CHARRON. — On y est bien pris quelquefois !

LE PARCHEMINIER. — Ce sont là les chances du commerce. Mais tout homme qui entend les affaires calcule les *non-valeurs* qui en sont inséparables, et les fait entrer dans ses frais généraux. Je n'en veux pour preuve que les bonnes affaires que vous faites, ami Goguery, quoique vous perdiez chaque année de cette façon certaine somme d'argent.

ÉTIENNE. — Je m'imagine que l'invention de la monnaie a dû être le point de départ du crédit.

L'HUISSIER. — C'est très-probable. Chez les peuples plus éclairés que nous, et plus confiants parce qu'ils sont plus éclairés, on se sert de papier en guise de monnaie, ce qui est d'un usage infiniment plus commode ; et cet usage, il faut l'avouer, existe même chez des nations moins avancées que nous.

LE SERRURIER. — Est-ce que les billets de banque ne sont pas un papier-monnaie ?

L'HUISSIER. — Non, car la banque de France est une institution particulière surveillée seulement par le gouvernement ; mais elle crée ses billets ou les retire suivant l'intérêt qu'elle y trouve ; personne, hors les intéressés, n'a rien à dire, et on ne peut forcer qui que ce soit à le recevoir.

LE SERRURIER. — Excepté en temps de révolution.

L'HUISSIER. — On était alors sous le coup d'une nécessité inexorable ; tandis qu'en aucun temps on ne peut refuser la monnaie qui a cours et dont la valeur est garantie par la loi. Ce qui fait surtout qu'on recherche les billets de banque, c'est leur petit volume qui permet de porter sur soi des sommes considérables sans que personne puisse s'en douter.

LE PARCHEMINIER. — Le crédit est infiniment précieux, en ce qu'il procure à l'homme qui n'a pour toute fortune que son talent, son courage et sa bonne renommée, le moyen de rendre son travail productif.

LE FILEUR. — Aurait-on donc un si grand besoin de crédit, si l'Etat comprenait qu'il doit venir en aide aux industriels et les affranchir du joug des prêteurs de fonds !

L'INSTITUTEUR. — Le jour où l'État se mêlera de l'industrie, elle sera perdue. L'intérêt particulier, stimulé par la concurrence, est seul assez actif pour soutenir le travail et le faire progresser : les malheureux essais faits dans ces derniers temps l'ont assez prouvé, et auraient dû convaincre les plus incrédules.

LE FILEUR. — Mais qui donc, si ce n'est l'État, peut venir en aide à l'industrie, lui qui est riche de toute la richesse des particuliers ?

L'INSTITUTEUR. — C'est précisément à cause de cela qu'il ne peut pêcher sans iniquité dans la bourse de tous pour soutenir le crédit de quelques-uns; d'autant plus que ces *quelques-uns*, se fiant à cette ressource toujours prête, ne feraient plus aucun effort; d'ailleurs ce serait une véritable spoliation. Sachez donc que les capitaux particuliers resteraient sans emploi aussitôt que l'État se ferait banquier. Alors, ne donnant plus d'intérêt, ils ne se reformeraient pas comme nous venons de le voir, parce que personne n'épargne quand il n'y a aucun avantage à le faire. L'État serait donc appauvri d'autant.

LE PARCHEMINIER. — Pour bien comprendre le crédit, il faut en voir le gage *parfait* dans la monnaie qui a une valeur réelle et reconnue de tous, mais qui n'en est que le signe *imparfait* parce que son poids et son volume s'opposent à ce qu'elle soit transportée facilement et avec sécurité, et en ce qu'elle ne porte aucune marque particulière qui puisse en faire reconnaître le propriétaire; mais pour les billets, c'est tout autre chose; ils ne sont que des gages imparfaits n'ayant aucune valeur par eux-mêmes; mais comme sans eux le crédit n'existerait pas, ils en sont les signes les plus parfaits, portant la marque de celui qui les fait, et n'étant payables qu'à la personne en faveur de qui on les souscrit, ou bien à son ordre.

LE SERRURIER. — L'industriel qui travaille avec ses propres fonds gagne plus qu'un autre, puisqu'il cumule les trois sortes de bénéfices, savoir : celui que donne son entreprise, le salaire de son travail, et l'intérêt de son capital.

LE PARCHEMINIER. — Son bénéfice serait le même s'il travaillait avec des capitaux d'emprunt ; car il placerait ses fonds s'il ne les faisait pas valoir lui-même. Le véritable avantage qu'on trouve à se servir de son propre argent est dans la certitude qu'il ne sera pas compromis légèrement, et qu'on n'en exigera pas le remboursement en temps inopportun. Mais on peut faire d'excellentes affaires avec l'argent emprunté ; voyez plutôt le cousin de ma femme ! il s'établit tanneur il y a quinze ans, avec 10,000 francs que lui prêta son parrain, car il n'avait pas le sou ; et le voilà avec une belle usine qui ne doit rien à personne ; il est à son aise, et a déjà un petit capital à lui.

LE FILEUR. — Payait-il de gros intérêts ?

LE PARCHEMINIER. — Mais oui ! sept du cent ; les capitaux disponibles était rares alors, parce que le commerce prospérait.

LE VIGNERON. — Je ne vois pas là une raison d'en demander si cher.

LE PARCHEMINIER. — Vous êtes donc bien décidé à ne pas considérer l'argent comme une marchandise qui a ses *hauts* et ses *bas* suivant qu'elle est plus ou moins demandée ? Cette année où toutes les caves sont vides parce qu'on est venu du dehors acheter tout notre vin, n'augmentezvous pas le prix de celui que vous avez conservé? Pourtant il ne vous a pas plus coûté de peine à produire que celui que vous avez vendu il y a six mois : pourquoi le vendez-vous plus cher? C'est qu'il y a concurrence parmi les acheteurs. Quand il paraît peu de blé sur le marché, ne monte-t-il pas tout de suite? et si les vignes promettent une belle récolte l'an prochain, le tonnelier ne vendra-t-il pas ses poinçons le plus cher qu'il le pourra?

LE VIGNERON. — Tout cela ne me convainc pas.

L'INSTITUTEUR. — Vraiment, mes pauvres amis, si l'on vous en croyait, l'on reviendrait au temps où les préjugés contre l'intérêt du capital étaient si fortement enracinés que certains rois ont fait des édits pour défendre de retirer aucun intérêt de tout argent prêté. Vous nous feriez reculer de plusieurs siècles.

CYR PATRIGEON. — Ne les écoutez donc pas, monsieur Lumet : les gaillards ne prêtent pas leur argent gratis, je vous en réponds.

LE CORDIER. — Il faut bien faire comme les autres.

L'INSTITUTEUR. — Oui, vous cédez au progrès quoique de mauvaise grâce. Heureusement il dissipe peu à peu toutes ces fausses idées; chacun comprend que tout objet d'échange donne droit à un profit; et l'argent doit d'autant moins être exclu de cet avantage que, ainsi que nous l'avons dit, c'est la marchandise reine, la marchandise par excellence, et qui prime toutes les autres à cause de sa valeur fixe et de la facilité qu'on a de l'échanger en tout temps, en tout lieu, contre toute autre chose.

NEUVIÈME VEILLÉE

PROPRIÉTÉ, POPULATION

LE PARCHEMINIER. — Eh bien, cousin ! tu as donc acheté la prairie des Rouaches ?

ÉTIENNE. — Aujourd'hui même. Quoique la terre rapporte moins que l'argent, je la lui préfère. Non-seulement je l'aime à cause de la sécurité qu'elle donne, mais aussi pour elle-même, je suis heureux quand je la vois, quand je la travaille. Si le matin je sors avec quelque mécontentement sur le cœur, il se dissipe aussitôt que je mets la main à la bêche ou à la charrue, et le plus souvent quand je rentre à la maison il ne m'en reste pas même le souvenir.

L'INSTITUTEUR. — C'est précisément cette action bienfaisante de la terre qui a déterminé le gouvernement à envoyer les forçats à Cayenne où ils la cultivent au lieu de rester enfermés dans les bagnes en France ; et celui que le travail des champs ramène à de bons sentiments, est propriétaire à l'expiration de sa peine.

CYR PATRIGEON. — Le moyen me semble fort bon ; car il faut être bien endurci dans le mal pour ne pas s'attacher à cette bonne nourricière qui répond toujours aux soins qu'on lui rend, en proportion de la peine qu'il a fallu prendre.

LE FILEUR. — Il y en a déjà bien trop de propriétaires; ce n'est pas la peine d'en créer de nouveaux.

ÉTIENNE. — En quoi cela te choque-t-il donc?

LE FILEUR. — En ce que la terre devrait, selon l'équité, n'appartenir qu'à celui qui la cultive.

CYR PATRIGEON. — En voilà bien d'une autre, maintenant ! Hier tu ne voulais ni capital ni intérêt : aujourd'hui c'est la propriété foncière que tu attaques ! Mais que veux-tu donc alors ?

LE FILEUR. — Je viens de le dire, monsieur Patrigeon : Je voudrais que la terre appartînt seulement à celui qui la cultive.

ÉTIENNE. — Mais n'est-ce donc pas ce qui arrive ! Reporte-toi à l'origine de la propriété foncière, où chacun pouvait prendre autant de terre qu'il le voulait, tu verras l'homme, aidé de sa famille, défricher, assainir, épierrer et clore un terrain où il cultive quelques denrées pour se nourrir lui et les siens. Tu admets bien le droit qu'il aura de cultiver l'année suivante le même terrain qui demande tant de travaux encore pour être mis ce que nous appelons *en bonne façon* ?

LE FILEUR. — Oh ! certainement.

ÉTIENNE. — Quand cet homme sera vieux et ne pourra plus travailler sa terre, tu admets bien encore qu'il pourra transmettre le fruit de son travail, cette terre qu'il a fécondée, aux enfants qui lui survivront; car elle n'a de valeur que par le travail de cet homme, et selon toute justice son travail et le produit de son travail lui appartiennent bien.

LE FILEUR. — J'en conviens.

ÉTIENNE. — Si son fils veut quitter le pays ou faire

autre chose, n'est-il pas en droit de céder cette terre que son père et lui ont créée en quelque sorte, pour un prix librement débattu ?

LE FILEUR. — C'est évident.

L'INSTITUTEUR. — Dans le cas dont il était question tout à l'heure, le forçat qui recevra une terre à peine dégrossie et qui appliquera son intelligence, son temps et sa force à la fertiliser, n'aura-t-il pas le droit légitimement acquis de la léguer ou de la vendre? Maintenant, que la propriété ait été transmise loyalement à ceux qui en sont détenteurs aujourd'hui, elle n'en est que plus sacrée; car elle leur vient ou d'héritage ou par acquisition ; et dans ce dernier cas elle a été échangée contre une valeur égale; et remarquez bien, Rémi, que ce n'est pas la terre en elle-même qui se vend, mais le travail accumulé depuis des siècles pour la rendre productive. De quel droit le premier venu qui voudrait la labourer jouirait-il de la valeur de ce travail accumulé depuis si longtemps ? C'est bien dans cette communauté des terres que serait l'iniquité, puis-qu'il y aurait spoliation.

CYR PATRIGEON. — Pour entrer dans les idées de Rémi, il faudrait que chacun cultivât *tout seul* le lopin de terre dont il se serait emparé; car s'il prend des serviteurs ou des ouvriers pour l'aider, ceux-ci auront part aussi à la terre. Comment se fera le partage ? Et comme un homme sans aucun aide a bien de la peine à produire le blé suffi-sant pour le nourrir lui et sa famille, que sa femme soi-gnera bien juste assez de brebis pour en retirer la laine nécessaire à faire des vêtements, nous voilà retombés en pleine barbarie, à l'enfance des sociétés ; et vingt, trente siècles d'efforts et de travail seront perdus.

LE PARCHEMINIER. — Le jeune homme ne s'est pas demandé si le manouvrier dont le travail est le moins rétribué parce qu'il demande le moins de talent et d'intelligence, ne serait pas fort misérable dans ce nouveau système. Comment se procurerait-il les mille choses utiles à la vie, lui qui, ne sachant faire que le travail le moins rétribué, ne pourra payer les objets manufacturés le haut prix auquel les maintiendra l'industrie restreinte par ce nouvel ordre de choses.

LE CHARRON. — Mais l'on n'hériterait donc pas, si l'on suivait les idées que le fileur nous débite là ?

LE FILEUR. — Non vraiment ; car si le monde était bien réglé, l'État doterait les enfants et serait propriétaire de toutes choses.

CYR PATRIGEON. — Prends garde ! tu te contredis : car s'il y a injustice à ce que le particulier soit propriétaire de la terre qu'il a mise en valeur, qu'il a quasi créée, il y aura iniquité bien plus grande à ce que l'État qui n'a rien fait se mette à sa place.

L'INSTITUTEUR. — Mais pensez donc, jeune homme, que l'État est un être de raison qui est toujours représenté par des hommes. Si vous leur accordez un pouvoir illimité, sans contrôle possible par les intéressés, ils auront bientôt mis leurs passions à la place de la justice. Toutes les existences étant livrées à l'arbitraire, plus de sécurité pour personne ; la famille ne pourra se constituer, et le monde retombera dans la barbarie d'où il est si lentement, si laborieusement sorti.

LE FILEUR. — Mais qu'il y a-t-il donc de si extraordinaire à ce que tout le produit de la terre soit pour celui qui la cultive ?

LE CHARRON. — C'est aussi extraordinaire que si tout

le prix des voitures que je fais devait me revenir sans
en rien donner à celui qui me fournit le bois que j'emploie.

LIMONDIN. — Dites-nous donc un peu qui aurait du
cœur à soigner une terre dont on ne jouirait qu'une seule
année?

LE FILEUR. — Ainsi, maître Limondin, vous trouvez
équitable de payer un fermage pour la terre que vous
cultivez?

LIMONDIN. — Aussi équitable que de payer le loyer
d'une maison, d'une usine, d'un instrument de travail
quel qu'il soit. Vous voudriez que mon propriétaire me
donnât sa terre fertilisée par des siècles de culture, arro-
sée de la sueur de dix générations de braves gens, sur
laquelle on a établi de bons bâtiments d'exploitation, qui
est bien plantée de toutes sortes d'arbres, pour n'en retirer ni sou ni maille? Mais il le voudrait, que je refuserais
cette aumône; car, Dieu merci, j'ai de bons bras pour travailler et une bonne tête pour diriger mon exploitation.
Et puis, pensez donc que si vous supprimez le fermier, et
tous ceux qui l'aident dans sa culture, vous n'aurez plus
ni artisans, ni ouvriers de fabrique comme vous, chacun
étant obligé de demander sa nourriture directement à la
terre.

LE FILEUR. — Oh! mais, on s'associera pour cultiver.

ÉTIENNE. — N'as-tu donc pas encore compris que le
fermage n'est autre chose qu'une association entre la
terre, représentée par son possesseur, et la culture per-
sonnifiée en la personne du fermier et de ses aides?

L'INSTITUTEUR. — Et aussi, mais trop rarement, entre
le capital que prête le rentier qui devient ainsi co-socié-

taire. Chacun ayant sa part d'utilité dans l'œuvre, ne doit-il pas avoir une part proportionnelle du bénéfice ?

LE FILEUR. — Mais je parle d'une association où l'on vivrait en commun.

LE PARCHEMINIER. — Et vous rêvez cela pour la France! Ah! qu'on voit bien que vous êtes jeune et que vous connaissez peu son histoire! Notre beau pays est celui où l'on se montre le plus jaloux de l'indépendance personnelle, à ce point qu'on ne sait même pas y vivre en famille, si ce n'est dans les fermes comme celle-ci, où se conserve encore quelque chose des mœurs anciennes.

LE FILEUR. — Pourtant, à l'origine des sociétés, chacun était libre de cueillir les fruits pendants à l'arbre, de mener son bétail paître où il lui plaisait, de couper le bois dont il avait besoin, et de fondre le minerai dont il forgeait les outils. Chacun jouissait alors d'une égalité parfaite.

VÉRONIQUE. — Dont étaient exceptés les faibles et les infirmes qui pâtissaient sous ce beau régime.

CYR PATRIGEON. — Je voudrais bien t'y voir, mon garçon, cherchant des cormes et des mûres dans les bois pour ton souper, bâtissant ton logis en pierres sèches, vêtu simplement d'une peau de bête et cherchant du minerai pour forger tes broches à filer.

L'INSTITUTEUR. — Comment pouvez-vous ignorer, Rémi, vous qui lisez quelquefois, qu'à cette époque dont vous semblez regretter les *douceurs*, la famine décimait perpétuellement les rares populations disséminées dans le monde, comme il arrive encore chez les sauvages. Car, si chacun peut cueillir le fruit, chacun a droit aussi d'abattre l'arbre, de mettre le feu à la forêt. La vigne abandonnée à elle-même donne un pauvre vin; et qui donc prendra la peine de la cultiver, si chacun peut venir la vendanger? S'il se trouve un brave père de famille qui veuille assurer la subsistance de ses enfants, et pour cela cultive un coin de terre, les bestiaux la saccageront. Comme dans une société où personne ne possède en propre, on ne peut asseoir d'impôt, il ne saurait y avoir ni police ni force publique pour faire respecter les droits du plus faible.

LE FILEUR. — Alors, dites tout de suite que tout est parfait dans notre société.

L'INSTITUTEUR. — Si tout n'y est pas parfait, chaque homme, chaque chose tend à se perfectionner sans cesse. J'ai grande foi au progrès, cette éternelle loi de l'humanité. L'homme commença par être chasseur, devint pasteur en se civilisant un peu, et conduisit d'immenses troupeaux de pacages en pacages, comme l'ont fait Abraham et Jacob, et comme font encore aujourd'hui la plupart des tribus arabes de l'Algérie. Mais il faut un territoire immense pour nourrir une seule tribu, lequel est possédé en commun par tous ceux qui la composent. Le troisième degré bien caractérisé de la civilisation, est marqué par la culture des terres; et ce jour-là naquit la propriété qui parut équitable aux yeux de tous, parce qu'il leur sembla fort simple que l'homme qui débarrassait la terre des épines et des chardons qui la couvraient, et qui la cultivait de ses propres mains, en restât possesseur. Quand l'âge lui interdit le travail, tout le monde trouva juste qu'il transmît sa propriété à son fils, lequel dut le nourrir jusqu'à sa mort.

LE PARCHEMINIER. — On peut voir le commencement de la propriété dans les pays dont le gouvernement concède des terres à très-bas prix, seulement par mesure d'ordre. Il se trouve des hommes actifs et aventureux, durs à eux-mêmes, qui défrichent ces terres lointaines et les revendent aussitôt qu'ils les ont mises en valeur ; et ce n'est bien que leur travail qu'ils vendent ainsi.

LE FILEUR. — Cela rentre dans ce que je viens de vous dire.

CHATELAIN. — Pas tout à fait, mon garçon, puisque vous n'admettez pas qu'on puisse transmettre la propriété à aucun titre. Celui qui achète la terre de ces hardis pionniers ne la cultive pas toujours lui-même ; mais, comme il l'a acquise au prix d'un capital, produit de son travail, il exige une redevance du cultivateur qui va exploiter ces champs, et profiter des efforts faits par le défricheur pour rendre cette terre féconde, payée par le propriétaire actuel. Il en est de la propriété terrienne comme de celle de l'industrie : le premier qui imagina de broyer l'écorce du chêne et d'appliquer cette poudre au tannage des cuirs, garda le secret de sa découverte ; et quand il voulut se retirer du commerce, il eut, certes, bien le droit de vendre son secret.

BLANCHARD. — Si tous ceux qui inventent les mauvaises raisons qui semblent si bien plaire à Rémi tapaient dur et ferme sur le fer chaud pendant toute la journée, ils ne feraient pas tant de rêves creux.

L'INSTITUTEUR. — Vous ne remarquez donc pas le côté saugrenu de tout cela ? L'État remplaçant le père de famille, on nous ôterait ainsi le bonheur suprême d'ajouter au bien-être de nos enfants, et par notre travail et par les privations volontaires que nous nous imposons. Est-ce que le père de famille, en laissant ses biens à ses enfants, ne resserre pas le lien qui l'unit à eux, et ne continue-t-il

pas sa vie en eux quand il n'est plus ? Cette succession
non interrompue conserve dans la famille la tradition des
bonnes mœurs, de la probité, et chacun est fier de rappe-
ler tout ce qui peut honorer son père.

ÉTIENNE. — Au lieu de voir la propriété passer entre les
mains de l'administration, ne vaut-il pas cent fois mieux
que tout le monde puisse arriver à être propriétaire à son
tour, ce qui serait un grand signe de prospérité, puisque
cela prouverait l'ordre et le travail de chacun.

LE PARCHEMINIER. — Quelques manufacturiers dont le
cœur est à la hauteur de l'intelligence, ont arrangé les
choses de façon à ce que leurs ouvriers, au moyen d'une
légère retenue sur leur paye, pussent devenir propriétaires de la maison qu'ils occupent et du jardin qui l'entoure.
Depuis que chaque jour, aux heures de repos, l'ouvrier
peut aller épier les premiers bourgeons, les premières
feuilles, le premier fruit dans son jardin ou dans sa vigne ;
depuis qu'il mange les légumes qu'il a semés, plantés, ar-
rosés, l'économie, la tempérance, les bonnes mœurs font
assez voir l'influence bienfaisante de la propriété. Ceux-là
n'errent plus d'usine en usine, promenant leur humeur
inquiète ; ils sentent qu'ils auront une vieillesse heureuse
et honorée ; et, vienne le chômage, ces hommes ne seront plus
aussi malheureux ; il leur restera une occupation qui dimi-
nuera leurs privations et les soustraira aux tentations de
l'oisiveté. Les épargnes des enfants viennent se joindre à
celles du père pour arrondir la petite propriété. Le lien de
la famille que le travail individuel tend sans cesse à relâ-
cher, se resserrera infailliblement quand ce système sera
mis en usage dans toutes les manufactures. L'ouvrier intelligent, le véritable ouvrier français, se pénétrera facilement
des avantages inhérents à la petite propriété, comme

en sont pénétrés et l'homme des champs, et l'artisan des villes.

LE FILEUR. — Vous venez de me faire comprendre les avantages de la petite propriété ; mais la grande, à quoi sert-elle ?

L'INSTITUTEUR. — D'abord, elle constate le degré de prospérité que peut atteindre une fortune alimentée par le travail et les épargnes de plusieurs générations. Ensuite, la mission de la grande propriété est de *refaire* les capitaux dissipés dans les grandes entreprises, et d'entretenir ainsi la vie dans le corps social.

L'HUISSIER. — Mais qu'elle est loin de donner les jouissances attachées à la petite propriété ! Loin de là, elle devient la source de mille soucis, et il faut apporter un grand esprit d'ordre et de sagesse dans la gestion d'une grande fortune en terres pour qu'elle ne devienne pas une cause de ruine.

LE VIGNERON. — Monsieur Pinoteau, vous voulez vous moquer de nous ?

L'HUISSIER. — Non, en vérité, je parle très-sérieusement. D'abord, convenons qu'il est plus facile d'acquérir la fortune que de la conserver, parce qu'aussitôt qu'on est riche, l'opinion publique vous assigne un rang qu'il est difficile de soutenir. Je vous citerai pour exemple M. Lambert qui a gagné loyalement cinq cent mille francs dans le commerce des laines.

LE VIGNERON. — Un joli denier, ma foi !

L'INSTITUTEUR. — Il a placé sa fortune en terres qu'il gouverne très-bien et qui lui rapportent 3 p. 100, ce qui lui fait 15,000 fr. par an dont il donne le sixième au moins à l'impôt ; plus mille francs pour réparations et autres dommages; il lui reste donc 11,500 francs qui serviront à payer l'éducation de ses enfants et à soutenir son rang; car s'il vivait comme nous tous ici présents, chacun lui jetterait la pierre ; comprenez quel ordre il doit apporter dans ses dépenses, s'il veut mettre quelque chose de côté chaque année! il ne peut se passer la moindre fantaisie.

LE MARÉCHAL. — Je ne m'étonne plus qu'il y ait tant de propriétaires obérés !

LE CORDIER. — Ç'aurait pourtant été bien commode de tout mettre en commun !

CYR PATRIGEON. — Oui, commode pour les paresseux qui, au moyen de cette communauté, se seraient dispensés de travailler.

L'INSTITUTEUR. — Il faut ne pas savoir un mot de notre histoire, pour s'imaginer que le pauvre peuple, à peine affranchi de la servitude féodale dont il portera l'empreinte longtemps encore, renoncerait à cette indépendance si longtemps disputée, si chèrement acquise; car il faut bien se dire que rien ne serait plus opposé à la liberté individuelle que cette communauté qui ne la respecte en rien, pas même dans ce qu'il y a de plus respectable au monde, les sentiments de la famille! un tel ordre de choses est particulièrement antipathique aux Français, chez qui le souvenir d'un régime abhorré est encore vivant, quoiqu'il existe maintenant bien peu de gens qui l'aient supporté; mais la tradition se conserve longtemps dans le peuple.

L'HUISSIER. — Il n'y a réellement de communauté possible que celle qui résulte du mariage, parce qu'elle découle tout naturellement de l'association de deux êtres dissemblables, mais qui se complètent l'un par l'autre; l'harmonie s'y maintient au moyen de l'affection que chacun des époux reporte sur les enfants appelés à leur succéder. Là seulement la communauté peut être parfaite, puisqu'un des deux associés renonce à son nom pour prendre celui de l'autre. Cette communauté conjugale (portant le même joug) est si absolue et en même temps si restreinte, qu'elle n'admet même pas en tiers les parents les plus chers et les plus proches. Les joies du foyer domestique dédommagent seules des fatigues, des ennuis, des mécomptes que chacun rencontre dans sa profession. L'homme, après avoir travaillé tout le jour, vient se délasser au sein de sa famille, et y puise un nouveau courage pour accomplir la tâche du lendemain. D'ailleurs, je ne saurais trop vous le dire, et en descendant en vous-même vous le verrez comme moi : toute communauté répugne à l'homme qui tient à son libre arbitre, le plus bel attribut de l'humanité. Voyez avec quelle peine on plie les enfants et les serviteurs à l'obéissance et à la discipline de l'éducation ! Toute la prospérité des pays repose sur l'unité nationale ; or, elle ne peut accomplir de grandes choses qu'au moyen d'unités du second ordre, bien organisées : l'unité départementale, l'unité cantonale, l'unité municipale. Celles-ci tirent leur importance des unités industrielles et agricoles qui les composent, lesquelles groupent autour d'elles les unités ouvrières qui, toutes, concourent au bien général ; et plus chacune de ces unités sera respectée dans ses attributions et sa stabilité, plus la grande unité nationale qui les contient toutes, aura de force et de puissance. Aussi, bien fou qui s'aviserait de toucher à cette admirable organisation que toute l'Europe nous envie.

CYR PATRIGEON. — Tous ces gens qui ne veulent plus ni mariage, ni famille, ni ce bon foyer domestique qui nous abrite si bien à tous les âges de notre vie, n'ont donc ni mère, ni sœur ? ils sont donc tous des bâtards ?

L'INSTITUTEUR. — On serait vraiment tenté de le croire, car ils ne semblent pas avoir la moindre idée de la satisfaction qu'éprouve le vieillard retiré des affaires et du monde, en voyant ses enfants y tenir dignement sa place. Ils ne savent pas sans doute que le mariage est d'institution naturelle pour l'homme, puisqu'il s'écoule un long temps avant que les enfants puissent se suffire à eux mêmes ; et pendant tout ce temps-là, le père leur doit la nourriture, et la mère est indispensable à la maison ; [car le travail qui doit assurer la subsistance de la famille en tient généralement le père éloigné pendant toute la journée. Chez les animaux eux-mêmes il y a mariage dans les espèces dont les petits ne sont pas élevés quand vient une portée nouvelle, comme les pigeons, les chevreuils et autres.

L'HUISSIER. — Prétendre détruire la famille, a été un des rêves les plus étranges de ces temps de troubles que nous avons traversés ; l'eût-on entrepris, on n'aurait pu réussir, heureusement ! car, pour former un homme, qu'il faut donc d'années, de courage et de persévérance ! combien de sacrifices et de privations de toute nature les parents ne s'imposent-ils pas pour assurer l'avenir de cette petite créature qui, dans sa première enfance, ne vit que d'amour et de caresses ! La nécessité de mettre l'enfant en état de pourvoir un jour aux besoins de son existence, de prendre rang dans le monde dont il doit être un membre utile sinon distingué, donne une grande force au lien de famille, et le rend respectable et indestructible. Je défie toute autre combinaison de produire rien qui approche de la sainte et puissante affection que développe chez les époux le partage des biens et des maux de cette vie. La sollicitude, les caresses, l'amour des parents fécondent le cœur de l'enfant, et y font germer et fleurir la moralité. Je n'en veux pour preuve que ce qui se produit dans les familles où l'on ne s'occupe pas des enfants.

L'INSTITUTEUR. — Cette communauté dont l'idée a pu séduire quelques âmes généreuses par un faux semblant de fraternité, avait pour premier inconvénient d'anéantir le libre arbitre, qui seul donne une valeur à nos actions et à nos sentiments, en nous forçant à *vouloir* pour être bons et moraux; en second lieu elle anéantissait toutes les relations sociales, toutes les idées de hiérarchie et de services réciproques : le support, l'abnégation, le dévouement, la protection devenaient inutiles; la forme du langage elle-même en eût été profondément altérée, puisque tout ce qui sert à exprimer ces idées n'avait plus de raison d'être. La langue se fût appauvrie au point de ne plus guère conserver que les termes scientifiques (si tant est qu'il se fût encore trouvé quelqu'un pour s'occuper de science), et les mots indispensables à exprimer les nécessités de la vie animale.

LE PARCHEMINIER. — Et encore ces mots se fussent-ils trouvés fort réduits, puisqu'en détruisant le ménage et la famille, on détruisait du même coup une bonne partie du travail et de la richesse générale. Vivant dans de vastes établissements munis d'une seule horloge, chauffés par d'immenses calorifères, éclairés au gaz, où les provisions se fussent faites en gros, il ne restait rien à prévoir, et le peu d'intérêt qu'on eût attaché à toutes ces choses d'intérieur qui ont une si grande importance dans la vie privée, eût fait qu'on n'en eût jamais parlé.

LE FILEUR. — Je vous prie de croire, messieurs, que je n'ai jamais donné dans toutes ces étrangetés-là; et si j'avais pu tomber dans une telle erreur, j'en aurais été promptement tiré par la vue de ce qui se passe ici, où

un digne vieillard vit entouré de l'amour et du respect
de trois générations qu'il voit jouir du fruit de son travail
et de ses épargnes, honorées de tous pour leur fidélité à
suivre les bons exemples qu'il leur a donnés. Comme vous,
je pense que rien au monde ne saurait tenir lieu du bonheur que donne la famille.

CYR PATRIGEON. — Mes amis, les affections de la famille
sont la seule compensation aux maux inséparables d'une
longue vie, vous pouvez m'en croire; et le cœur de l'homme
n'est pas assez riche pour donner à tous ses semblables le
profond amour qu'il ressent pour ceux qui sont du même
sang que lui.

LE CHARRON. — Qui donc pourrait jamais aimer tout ce
monde qui couvre la terre ! Car si cela continue, elle ne
pourra bientôt plus porter ni nourrir tous ses habitants !
Le nombre des travailleurs augmentant sans cesse, il faudra
bien chômer et la misère finira par envahir la terre entière.

L'INSTITUTEUR. — Vous êtes dans l'erreur, Goguery,
en vous imaginant que la misère tient à la trop grande
population; car toutes les denrées produites dans une
année ne se consomment pas, quoique tout le monde ait
été nourri. La grande population, au lieu d'appauvrir
l'État, ainsi que vous le pensez, l'enrichit au contraire :
il y a d'autant moins de pauvres chez une nation qu'elle
est plus populeuse.

LE CHARRON. — Ayez donc l'obligeance de m'expliquer
cela bien clairement, monsieur Lumet, je vous en serai
fort obligé.

L'INSTITUTEUR. — Volontiers. Sachez d'abord que si,
dans un pays, la population croît dans la proportion
d'un, la production s'accroît dans la proportion de *quatre*.

Cette loi de toute société doit vous tranquilliser pour l'avenir. On a calculé qu'il faut cent ans pour que la population soit doublée en France dans les conditions actuelles. La production tend également à croître par la division de la propriété, parce que le petit cultivateur fait rendre à la terre tout ce qu'il est possible d'en obtenir; et s'il était assez éclairé pour perfectionner ses méthodes de culture, la prospérité du pays serait en raison directe du nombre des petits propriétaires. Il m'est bien facile de vous prouver que la grande population n'amène pas l'épuisement des ressources alimentaires, en vous faisant remarquer que, dans l'état sauvage, il faut un espace immense pour nourrir quelques familles parce qu'elles dévastent tout là où elles passent. Malgré le peu de besoins du sauvage, une lieue carrée suffit à peine à le nourrir; tandis que l'homme civilisé, dont l'entretien exige une quantité infinie d'objets de toutes sortes, peut vivre toute une année sur quatre hectares. Ainsi donc, le sauvage dans sa nudité a besoin pour subsister d'un terrain trois ou quatre mille fois plus grand que n'en exige l'homme civilisé.

TOUS ENSEMBLE. — Ah! mon Dieu, qui aurait jamais cru cela?

L'INSTITUTEUR. — Jugez donc maintenant si l'accroissement de la population peut jamais être une cause de misère! A l'origine du monde, l'homme ne demandait à la terre que ce qu'elle produisait d'elle-même et sans culture; plus tard, il améliora quelques-unes de ces productions en les soignant, en s'appliquant à connaître les forces de la nature et les ressources qu'elles pouvaient lui offrir. Quand la population s'accrut, on cultiva d'abord les meilleures terres, puis celles qui étaient moins bonnes, et l'on finit par défricher les mauvaises; et ce progrès fut toujours proportionné à l'augmentation de la population. Les Européens ont créé plus de richesses en un siècle aux États-Unis d'Amérique, que les sauvages, maîtres du pays depuis la création, n'avaient su le faire.

LE VIGNERON. — Expliquez-nous donc, alors, comment il se fait qu'il y ait tant de misère?

L'INSTITUTEUR. — D'abord, il faut s'en prendre à certains vices de l'organisation sociale qui datent de bien loin ; mais c'est surtout le manque d'ordre et de prévoyance qui crée la misère, et il y aurait grande injustice à en accuser la nature ou plutôt la Providence ; la nature, toujours libérale, ne refuse jamais rien au travail persévérant qui, lui-même, est aussi fécond que la terre. La cause de la misère tient donc à l'individu même ou à ses pères, comme celle de la richesse. L'accroissement de la population n'y est pour rien. Que chacun fasse bien strictement son devoir, et l'ordre se rétablira infailliblement dans cette partie de l'économie sociale.

LE PARCHEMINIER. — Il n'est pas douteux qu'au moyen de la concurrence la production devancera toujours la consommation. Chaque année, il se trouve une certaine quantité de produits qui ne sont pas consommés, puisqu'on se plaint de l'encombrement. Si, en général, le producteur se plaint de la modicité des prix de la denrée, que serait-ce donc si le nombre des consommateurs venait à diminuer! Il ne faut pas nous laisser préoccuper par l'accroissement de la population, puisque la concurrence ayant pour effet de surexciter la production, les besoins de la consommation sont assurés chaque jour pour le lendemain, et plus. Il est certain que depuis cinquante ans la richesse nationale a quintuplé, la population s'étant à peine accrue de moitié. Vous comprendrez maintenant que s'il y a des pauvres, ce n'est pas que les aliments aient manqué.

LE MEUNIER. — Mais, monsieur Châtelain, la richesse nationale ne s'entend pas seulement des subsistances?

LE PARCHEMINIER. — C'est juste; mais la proportion y est toujours, parce que dans un pays où les subsistances n'abondent pas, toute autre espèce de richesse ne saurait se produire, le besoin de vivre étant le plus impérieux. Celui du plaisir, par tout pays, ne passant qu'après tous les autres, ne faut-il pas que les ouvriers qui fabriquent les objets de luxe soient approvisionnés de subsistance? Et comme le prix des denrées n'a pas sensiblement haussé depuis que la population augmente si nous tenons compte de l'abondance du numéraire, les moyens d'existence n'ont donc pas manqué.

LE CORDIER. — Pour moi, je ne me tourmente point de voir tant de monde sur terre, parce que la disette, la guerre et le choléra y mettent bon ordre.

VÉRONIQUE. — Blin, voilà qui est une grande offense envers Dieu! Il est impie de croire qu'il envoie ses fléaux pour mettre l'ordre dans le monde.

BLIN. — D'ailleurs, n'y a-t-il pas moyen d'arrêter la population en se mariant tard, ou en ne se mariant pas du tout, ce qui vaut encore mieux?

LIMONDIN. — Que voilà bien le propos d'un vieux garçon! Quant à moi, j'aimerais autant la disette de pain que la disette d'amitié. Si le bon accueil de la ménagère et des petits qui gambadent autour d'elle ne me réjouissait pas quand je rentre du travail, je ne me soucierais guère de toutes les richesses du monde.

L'INSTITUTEUR. — Il n'y a que la vanité et la paresse qui peuvent faire considérer une nombreuse famille comme une calamité, et beaucoup portent la peine de cette erreur en morale comme en bonheur. D'abord les enfants uniques sont assujettis à la loi commune et sont malades comme tous les autres; ensuite l'opulence et l'oisiveté sont peu favorables au parfait développement de l'homme; le riche perpétue difficilement sa famille, ce qui produit un grand mouvement dans la population, les classes inférieures montant de proche en proche pour combler le déficit. C'est ce mouvement lent mais perpétuel qui entretient la vie dans le corps social, en laissant au pauvre laborieux l'espoir légitime d'arriver à son tour.

LE VIGNERON. — Eh bien! moi qui ne suis pas un savant comme vous autres, je vais vous démontrer par un petit calcul tout simple, que la population peut augmenter de façon à ne plus pouvoir tenir sur la terre si les maladies ne s'en mêlent. Supposons que chacun n'ait que deux enfants; ce n'est pas trop dire, n'est-ce pas? Ces deux-là en ayant chacun deux autres, cela fait quatre pour la deuxième génération, huit pour la troisième, et, en doublant toujours, vous voyez où l'on arrive après quelques centaines d'années!

L'INSTITUTEUR. — Votre calcul est juste, en effet; quoique vous n'y ayez pas fait entrer les mauvaises chances de la maladie. Maintenant je vais vous faire le mien, qui n'est pas moins exact que le vôtre. Chacun, en se mariant, prend une personne qui a père et mère, ce qui fait pour les deux enfants qui naîtront de ce mariage quatre aïeux, sans compter le père et la mère. Ces aïeux ont eu également père et mère, ce qui fait huit, en tout quatorze pour cette troisième génération; et en remontant toujours nous arrivons à un chiffre incalculable. Ainsi, pour avoir produit un homme comme maître Pivert, riche vigneron du faubourg de Saint-Paterne, il a fallu un père et une mère, deux grands-pères et deux grand'mères : quatre bisaïeuls de chaque sexe et seize trisaïeux; et cela sans remonter plus loin qu'il n'est nécessaire de le faire pour M. Cyr Patrigeon, dont l'arrière-petite-fille allaite son premier-né; que dites-vous de cela?

PIVERT. — Je dis que c'est là un calcul dont je ne me serais jamais avisé.

LE FILEUR. — Oh! nos organisateurs avaient imaginé de faire de grandes maisons, une seule par commune, où l'on aurait eu toutes ses aises sans se donner beaucoup de peine; et les hommes bien nourris et travaillant peu s'y seraient à peine reproduits.

LIMONDIN. — Comme le bétail à l'engrais.

ÉTIENNE. — Les organisateurs ou plutôt désorganisateurs, puisqu'ils portaient la main sur la belle ordonnance fondée par la Providence, n'étaient pas bien savants, puisque, pour faire manger deux fois plus, ils réduisaient le nombre des bras de moitié; c'est comme s'ils disaient : Vous mourez de faim faute de pain? eh bien, mangez trois fois davantage, et vous vous porterez bien.

LE MEUNIER. — Est-il donc possible, jeune homme, que de pareilles idées aient pu sortir de la tête d'un homme en pleine jouissance de sa raison?

LE FILEUR. — Si bien possible que ce système a fait école, et que celui qui l'a trouvé a eu des disciples, même parmi les gens de cœur et les gens intelligents.

L'INSTITUTEUR. — On est stupéfait de voir des gens oser traiter une question aussi grave que celle de la famille avant de l'avoir étudiée sous toutes ses faces. Que deviendrait l'humanité le jour où elle aurait perdu le grand stimulant du travail et de toutes les facultés humaines?

CYR PATRIGEON. — Plus de ménage! plus de famille! Quand j'entends cela, j'en reste confondu. Mais alors, plus de bien-être, plus de richesse! Car la femme c'est l'ordre, l'économie, la providence de la maison. Que deviendraient toutes les vertus du chef et de la mère de famille, d'où découlent toutes les autres?

L'INSTITUTEUR. — Il a fallu, pour rêver une telle organisation, n'avoir pas la moindre notion de cette affection qui naît de la communauté de toutes choses entre les époux, affection qui s'accroît à mesure que la jeunesse s'en va, qui se perfectionne avec l'âge, avec la connaissance qu'on acquiert ensemble de ce qui est bien, de ce qui est beau. C'est précisément quand les ardeurs de la jeunesse sont éteintes que l'on s'aime avec tout le désintéressement nécessaire au bonheur; et la véritable tendresse leur survit si bien qu'elle n'est jamais plus forte que dans le vieil âge, temps où les époux sont plus intimement unis, plus indispensables l'un à l'autre qu'à toute autre époque de la vie.

LA MAITRESSE PATRIGEON. — Ils ne savent pas ce que c'est que d'assister ensemble à l'agonie de l'enfant qu'on va perdre; il n'y a pas de lien plus fort que celui-là.

CYR PATRIGEON. — Ils ne se doutent guère qu'en faussant le mariage, ils enlèvent toute dignité à la vieillesse. Qui donc supportera les infirmités du pauvre vieillard, si ce n'est la compagne qui a partagé ses bons et ses mauvais jours?

LE FILEUR. — Mais les vieillards réunis dans de grandes salles n'y auraient manqué de rien.

CYR PATRIGEON. — Oui, comme dans les hôpitaux : du vin, du pain, de la viande, mais pas d'enfants autour d'eux, point d'affection pour préparer leur pauvre âme à quitter leur corps.

ÉTIENNE. — Il n'est pourtant pas nécessaire d'en savoir bien long pour comprendre que dans la famille réside l'amour du bien. Les parents se conduisent le mieux qu'ils peuvent, afin de donner l'exemple à leurs enfants.

L'INSTITUTEUR. — La paternité est la sanction de l'amour des époux, qui se métamorphose en amour paternel sur la tête des enfants, et devient ainsi le plus pur, le plus saint, le plus profond des amours.

LE CORDIER. — Pourtant, le proverbe dit que le mariage est le tombeau de l'amour.

LE PARCHEMINIER. — Oui, il est le tombeau de cette espèce d'amour qui est une injure à l'honnêteté de la femme, mais non pas de l'amour conjugal qui fait une seule et même personne des deux époux.

DIXIÈME VEILLÉE

PROGRÈS, AGRICULTURE

CYR PATRIGEON. — Mes amis, ne pouvant dormir cette nuit, j'ai repassé dans ma tête tout ce qui s'est dit hier à la veillée, et je me suis dit que ceux qui ont eu l'idée de parquer les hommes comme on parque les moutons, ne se rendaient pas compte de ce qu'il en adviendrait

LE PARCHEMINIER. — La meilleure preuve, mon oncle, c'est qu'ils décoraient leurs singulières doctrines du beau nom de progrès.

L'INSTITUTEUR. — Cela prouve qu'ils ne connaissent pas la valeur des mots qu'ils emploient; car *progresser* veut dire *aller en avant*, et eux rétrogradaient vers les origines de l'apparition de l'homme sur la terre, et même ils les dépassaient, puisque la famille est d'institution divine; sans elle l'homme n'aurait pas subsisté longtemps, ne pouvant tout seul suffire à vaincre les obstacles que la nature lui présente à chaque pas. L'humanité a ses temps d'arrêt, sans doute, mais elle ne rétrograde pas; elle suit constamment la voie qui lui est tracée. Si parfois elle hésite à faire un pas de plus, cette hésitation ne dure pas longtemps, et elle reprend courageusement sa marche; le repos serait sa mort.

CYR PATRIGEON. — M. Lumet a raison. Les choses de ce monde changent comme les nuages qui courent au-dessus de nos têtes. Ainsi, quand je me reporte au temps de ma jeunesse, et j'ai quatre-vingt-dix ans, je me rappelle que les marchands d'étoffes, les gros épiciers, avaient beaucoup plus d'importance qu'ils n'en ont aujourd'hui. Je crois en avoir trouvé la raison : à cette époque-là, ils étaient obligés de voyager dans leur propre voiture deux fois l'an pour aller s'approvisionner en fabrique; car on ne connaissait pas alors les commis voyageurs, comme nous l'avons déjà dit. En fréquentant les gens de diverses contrées, les marchands se formaient l'esprit et perdaient une bonne partie de leurs préjugés, ce qui leur donnait une véritable supériorité sur la bourgeoisie, et même sur la petite noblesse qui ne sortait pas de ses manoirs et qui n'en savait pas bien long. Maintenant les bourgeois et les nobles font élever leurs enfants au loin, et le marchand qui ne va plus en fabrique et trouve à sa portée tous les assortiments, ne leur est plus supérieur, au contraire.

L'INSTITUTEUR. — Oui, tout a marché, et dans cette marche il y a continuellement des changements de rang; de sorte que, malgré le progrès général, les gens qui se sont arrêtés ou même qui ont marché trop lentement, ont rétrogradé et se trouvent en queue.

LE VIGNERON. — Moi, d'abord, je ne crois pas beaucoup au progrès.

LE CHARRON. — Oh! toi, tu es de ceux qui refusent de marcher; mais tu as beau faire, tu es entraîné, et pas fâché du tout, je gage, de profiter des avantages du progrès, quoique tu ne sois jamais de l'avis de personne.

ÉTIENNE. — Eh! tant mieux! En nous contrariant sur tout, il nous force à discuter et à nous bien rendre compte ainsi des choses, en en faisant paraître plus clairement la vérité qu'on n'est malheureusement jamais bien certain d'avoir trouvée.

L'INSTITUTEUR. — Est-ce parce que le progrès est une suite de victoires remportées sur l'ignorance que vous ne l'aimez pas, Pivert?

LE VIGNERON. — J'ai dit que je n'y croyais pas, et voici pourquoi : quand une invention nouvelle se produit et dont je comprends bien l'utilité, il me semble que j'en ai eu l'idée, moi aussi, et même depuis longtemps.

L'INSTITUTEUR. — Cela prouve que toutes les idées sont dans l'esprit de l'homme; mais la mauvaise santé, la nécessité d'un dur travail, les préoccupations des intérêts privés, le manque de réflexion et par-dessus tout la paresse, cette éternelle ennemie du progrès, empêchent ces idées d'éclore et de porter leurs fruits; aussi, bien peu d'hommes savent s'en rendre compte. Quand il s'en trouve un qui porte la lumière sur une idée et la féconde, c'est comme s'il portait cette lumière dans l'esprit de ses contemporains : aussitôt chacun reconnaît à sa clarté la même idée qu'il logeait dans un coin obscur de son cerveau, d'où elle ne serait probablement jamais sortie sans cela. Alors tout le monde s'en empare, la travaille pour en tirer le meilleur parti, et la civilisation a fait un pas.

LE CORDIER. — Comment se fait-il que nous soyons plus avancés que nos grands-pères, puisqu'en naissant, tous les hommes ne sont pas plus savants les uns que les autres?

L'INSTITUTEUR. — C'est parce que le niveau des connaissances montant chaque année, nous porte à la hauteur où nous devons arriver. S'il fallait que chacun recommençât le trajet parcouru par l'humanité pour arriver au point où elle est déjà parvenue, cent existences mises au bout l'une de l'autre n'y suffiraient pas. Mais chacun en naissant part du niveau actuel, et reçoit toutes faites mille notions dont la certitude est acquise par les travaux de ses devanciers ; il travaille à son tour pour augmenter cette somme générale des connaissances qui sera l'héritage de ceux qui viendront après nous.

LE SERRURIER. — Je ne sais pas trop s'il faut envier cet héritage ; voyez plutôt les chemins de fer qui ont ôté l'ouvrage à tant de gens !

L'HUISSIER. — Pour en donner à un bien plus grand nombre.

ÉTIENNE. — Où vois-tu donc que les bras soient inoccupés quand, au contraire, on se plaint de leur rareté ?

LE PARCHEMINIER. — Si les chemins de fer ont détruit certaines petites industries dans les localités qu'ils traversent, ils en ont créé une quantité plus grande ; seulement il y a eu perturbation ; mais l'équilibre s'est bientôt rétabli. Quelques villes y ont perdu, d'autres en plus grand nombre y ont gagné ; et dans les choses d'une importance générale, les intérêts de localité ne sont point à considérer, mais seulement l'intérêt public ; d'ailleurs, les chemins de fer ont fait le plus grand bien à la France en doublant, triplant, décuplant même, la circulation des gens et de l'argent.

L'INSTITUTEUR. — Mes amis, il n'y avait pas lieu à discuter les avantages ni les inconvénients des chemins de fer quand on les a établis, puisqu'ils étaient devenus d'une indispensable nécessité. Sachez donc que lorsqu'une idée est mûre, rien au monde ne peut l'empêcher de se produire ; le premier qui l'émet étant le plus avisé en retire d'abord les plus grands avantages, mais elle ne tarde pas à devenir d'un emploi général. Quand tous les autres pays se couvraient de voies ferrées, la France pouvait-elle rester en arrière? Nous aurions alors perdu notre commerce et la plus grande partie de nos relations à l'étranger. Quand le progrès met le monde entier en branle, malheur à qui ne suit pas le mouvement qu'il imprime, car il est bientôt distancé et reste tout seul en arrière. Il en est des pays comme des gens.

VÉRONIQUE. — Vous verrez que les chemins de fer porteront de mauvais fruits ! Avec une si grande facilité de disparaître, les malfaiteurs vont tellement se multiplier qu'on ne sera plus en sûreté dans sa propre maison.

CHATELAIN. — Ma tante, tout est providentiel dans le progrès. Si une invention offre des inconvénients réels au milieu d'avantages incontestables, il s'en produit immédiatement un autre qui neutralise les premiers. Ainsi le télégraphe électrique, qui fait voyager les renseignements plus vite que le malfaiteur : la photographie, qui donne son signalement exact, ont suivi de près les chemins de fer : en sorte que, quelque diligence que puisse faire le coupable pour se soustraire au châtiment, l'ordre de l'arrêter le précède toujours.

LE CORDIER. — Vous parlez toujours de progrès, mais où voyez-vous donc de si grands changements ?

L'HUISSIER. — Blin, si vous y regardiez de plus près et avec plus d'attention, vous ne feriez pas une question semblable. Vous auriez au contraire constaté les grandes modifications qui se produisent dans les mœurs et dans les habitudes ; mais comme elles s'opèrent lentement et sans

secousse, ce n'est qu'en se reportant aux temps passé
qu'elles deviennent sensibles, et comme qui dit *progrès* di
amélioration, quand on a le mieux, on ne se souvient plu
qu'on ait été moins bien.

CYR PATRIGEON. — N'ai-je pas vu dans mon enfance le
plus honnêtes gens du faubourg se griser tous les diman
ches au cabaret, et le plus souvent n'en pouvoir reveni
sans aide? et personne ne les en blâmait.

ÉTIENNE. — Lequel d'entre vous, voisins, voudrait au
jourd'hui aller boire son litre au cabaret? Il n'y a guèr
que les ouvriers des manufactures qui descendent jus
que-là.

LE FILEUR. — Que voulez-vous? quand on a passé dix o
douze heures à faire tourner une roue ou bien à lance
une navette, on a besoin d'excitation pour se dégourdir
N'êtes-vous pas convenus vous-mêmes que le corps auss
bien que l'esprit a besoin de dissipation?

LE PARCHEMINIER. — N'y en a-t-il donc pas d'autre qu
celle qu'on trouve au café et au cabaret? Ces ouvriers n
peuvent-ils lire, se promener, s'entretenir de ce qu'ils on
lu?

LE MARÉCHAL. — Dites-moi un peu pourquoi une bonn
idée n'est pas adoptée par tout le monde aussitôt qu'ell
est mise au jour?

L'INSTITUTEUR. — C'est que chacun la décompose pou
en prendre ce qui s'accorde le mieux avec les autres idée
qu'il a déjà emmaganisées dans sa tête. Bien certainement
aucun de nous n'a adopté complétement une seule de celles
que nous avons discutées à la veillée, ne les envisageant
pas de la même façon. Toutes les têtes ne vont pas auss
vite les unes que les autres; et cependant une vérité n'est

solidement établie que quand elle est reconnue par le plus grand nombre.

LE SERRURIER. — Vous dites que le progrès est providentiel et que le monde ne saurait retourner en arrière : pourtant, j'entends dire tous les jours que la société est sur le point de se dissoudre.

L'INSTITUTEUR. — Ceux qui tiennent ces propos insensés ont les yeux fixés sur le temps présent sans jamais les tourner vers le passé ; mais l'expérience des siècles est là pour nous apprendre que chacune de ces crises politiques qui semblent devoir anéantir les sociétés, les consolide au contraire, et ajoute à leur prospérité. Cette vérité est plus évidente chez nous autres Français, race forte et vivace, survivant à tant d'ordres de choses différents qui auraient bien certainement détruit la nationalité de tout autre peuple.

CYR PATRIGEON. — J'en conviens ; mais que nous les avons payées cher, toutes ces améliorations !

L'INSTITUTEUR. — C'est que, voyez-vous, monsieur Patrigeon, le bien s'achète toujours par la souffrance ; supportons les maux présents avec courage en pensant que ceux qui nous suivront en retireront de bons fruits. Ainsi l'ont vaillamment fait nos pères en traversant des siècles de servitude et d'affreuse misère pour conquérir le bien-être dont nous jouissons ; car les siècles ainsi que les hommes sont solidaires.

CYR PATRIGEON. — Il y a bien encore à dire quelque chose sur le progrès, qui, s'il enrichit la nation, ruine le plus souvent les particuliers.

LE PARCHEMINIER. — Mon oncle, si l'on était retenu par de semblables considérations, il n'y aurait pas d'améliorations possibles. Remontez jusqu'au point de départ de toutes choses, de l'agriculture par exemple; vous trouverez que celui qui inventa la charrue fit grand tort à l'homme qui bêchait la terre. La première brouette, la première voiture, ôta l'ouvrage de ceux qui gagnaient leur vie en portant les gens et les fardeaux, comme cela se voit encore en Chine et au Japon. Qui donc aujourd'hui voudrait supprimer des inventions aussi utiles?

LE CORDIER. — Mais, alors, les hommes firent autre chose.

LE PARCHEMINIER. — N'en est-il pas de même aujourd'hui? Aussitôt qu'une force naturelle est employée au moyen de la mécanique à faire une besogne, l'homme s'attaque à un nouvel obstacle, et quand il l'aura vaincu, l'humanité sera enrichie d'un nouveau moyen de bien-être. Le progrès ne tue pas le travail, il le déplace simplement, comme nous l'avons déjà dit. Au reste, tenez-vous bien pour dit que nous ne sommes point libres de résister à l'impulsion qui nous pousse fatalement en avant, même malgré nous.

L'INSTITUTEUR. — Oui et non; car malgré cette force providentielle qui nous pousse sans cesse à chercher le *mieux* en tout, chacun ne le fait pourtant que selon sa force et sa volonté. Tout le monde profite du progrès, mais n'y concourt pas, et j'en connais plus d'un qui voudrait bien reculer dans le passé.

LE MEUNIER. — Comme s'il était possible de faire revivre ce qui est mort?

L'INSTITUTEUR. — Il faut moins les blâmer que les plaindre, puisqu'ils ne comprennent pas que le travail fait sur la nature et sur nous-mêmes agrandit l'esprit et le rend plus digne de celui qui nous l'a donné.

LA MEUNIÈRE. — Mais pourquoi le bien n'a-t-il pas existé de tout temps chez tout le monde? Ne serait-on pas plus heureux si l'on était bon malgré soi?

CYR PATRIGEON. — Non, maîtresse Pigelet, on ne serait pas plus heureux; car la satisfaction de la conscience, seule et vraie source du bonheur, n'existerait pas. Il fallait que l'homme fût libre de faire le bien ou le mal pour qu'il eût le mérite de ses actions. Ceux qui ont la ferme volonté de lutter contre l'entraînement du mal n'y succombent pas et obtiennent l'estime générale.

L'INSTITUTEUR. — Quand l'homme que Dieu a fait perfectible au plus haut point sera plus éclairé, c'est dans sa propre responsabilité qu'il trouvera la récompense ou le châtiment dû à ses actes; et à mesure que la lumière se fait dans les esprits, la récompense tend à s'accroître et le châtiment à se restreindre. Si l'homme n'était pas perfectible, à quoi donc servirait son intelligence qui lui fait discerner le bien du mal et désirer devenir meilleur?

L'HUISSIER. — Combien il arrive souvent de faire légèrement une action dont on ne calcule pas la portée, et qui a les plus tristes conséquences!

LE MEUNIER. — Je vais vous citer un exemple de l'impossibilité de se refuser aux progrès! je mouds le grain d'un vieux monsieur qui, las des tracas du monde où il tenait un grand rang, est venu se réfugier dans un village parce qu'il n'y avait ni curé, ni école, et surtout pas de chemin praticable pour y arriver. Il était bien sûr qu'on ne viendrait pas le trouver au milieu de cette population à peine dégrossie. Mais voilà-t-il pas qu'on le nomme maire de la commune où ils n'étaient pas quatre sachant signer leur nom? Aussitôt mon homme, se sentant chargé des intérêts du petit pays, se met en quatre pour faire faire des

routes. Il fait réparer l'église et demande un curé; il enseigne à lire aux enfants en attendant que la commune ait
de quoi payer un instituteur. Il lutte courageusement
contre la routine et parvient à affermer les communaux
pour créer les ressources nécessaires; il y a quinze ans
qu'il est là, et son village est aujourd'hui le plus civilisé
du canton, son église la plus jolie, ses routes les mieux
entretenues, son école la plus avancée. Le besoin du mieux
pour la population au milieu de laquelle il est venu vivre,
l'a poussé, malgré lui, à suivre le progrès qu'il voulait
fuir.

LE CORDIER. — Il est parbleu bien bon de se donner
tant de peine pour les autres!

LE MEUNIER. — C'est qu'il est parfait honnête homme,
et que le progrès étant le bien, il a voulu en procurer tous
les avantages à ses pauvres voisins qui n'eussent pas créé
en cinquante ans ce qu'il a réalisé en cinq ou six.

LE PARCHEMINIER. — Mon oncle, je vous trouve bien
bonne mine ce soir; votre teint est animé comme celui
d'un homme qui se sent vivre.

CYR PATRIGEON. — Mon neveu, je vais te dire pourquoi:
profitant du beau soleil qu'il faisait sur le midi, j'ai eu
l'envie de faire une bonne promenade; moi qui depuis
quatre ans ne sors plus guère que dans le jardin où l'on
roule mon grand fauteuil, je me suis laissé tenter par la
douceur extraordinaire du temps; et, me sentant en force,
j'ai voulu aller voir les Rouaches qu'Étienne vient d'acheter. On m'a bien établi dans la carriole à âne; mon filleul,
celui qui le premier m'a salué du nom de grand-père, a
placé sa petite dernière à côté de moi, afin qu'elle me ré-
jouît de son babil, et nous voilà partis. Nous sommes bien
restés une bonne heure dehors!

LE PARCHEMINIER. — Eh bien! mon oncle, comment trouvez-vous le pays?

CYR PATRIGEON. — Mon garçon, c'est à ne pas le reconnaître. Là où, il y a quatre ans, on ne voyait que les mauvais prés dits *sécherons*, j'ai vu des jardins bien cultivés remplis de beaux légumes. Les buttes sont abattues, les trous comblés, les fossés bien entretenus et plantés sur leurs bords; cela fait vraiment plaisir à voir.

LIMONDIN. — Voyez donc les avantages de la petite culture! Quand on a vendu tous ces mauvais prés, les acquéreurs qui ne craignent pas leur peine, ont amélioré ce sol si stérile par un travail continuel, y ajoutant le terreau nécessaire, et n'en laissant pas grand comme la main sans culture. Enfin, ils soignent cette terre comme leur propre enfant.

ÉTIENNE. — Eh! ne l'est-elle pas, en effet, puisqu'ils l'ont en quelque sorte créée; cette grande division de la terre en a triplé la production en peu de temps. A propos de culture, j'ai eu bien de la peine ce matin à persuader au substitut que l'extrême abondance et le bas prix des grains ne ruinent pas le cultivateur comme il le croyait.

LE VIGNERON. — Ce qui peut être vrai pour l'abondance du blé, qui permet à chacun de manger à son appétit, ne saurait se dire de celle du vin. Sous le Consulat, mon grand-père vendait le sien 100 francs la pièce, année commune, ce qui en représente bien deux cents aujourd'hui. Mais on a planté tant de vignes que le vin n'a plus monté à ce prix.

CYR PATRIGEON. — Tu ne me sembles cependant pas trop à plaindre, voisin.

LE MEUNIER. — Ton grand'père recevait la lumière du

jour dans sa maison par une ouverture de trente centimètres en tous sens; et pour y voir suffisamment clair, on laissait la porte ouverte, ce qui n'était pas chaud en hiver. Il allait aux vignes monté sur son âne. Ta mère portait ses habits pendant dix ans, et l'étoffe n'en était pas belle. Vous avez été quatre à partager leur héritage, et je vois à chacun de vous un cheval et une charrette, une maison bien propre, bien meublée, éclairée par de grandes fenêtres dont les volets forment persienne par en haut; ta femme porte des foulards et de beaux mérinos, tes filles des talmas de soie et des dentelles. Nous feras-tu croire, toi, que tu ne fais pas autant d'argent de ton vin qu'en pouvait faire ton grand'père? Puisque les vignes se multiplient tous les jours et que toi-même en plantes de nouvelles, leur culture n'est donc pas aussi ingrate que tu veux bien le dire? Qui donc achète toutes les terres qui se vendent en détail autour de la ville, si ce n'est le vigneron qui les fait monter à des prix tels que personne ne peut en approcher?

ÉTIENNE. — Il y a toujours avantage pour l'agriculteur à pouvoir vendre à des prix modérés, et de même pour l'industriel.

LIMONDIN. — L'industrie tend à baisser ses prix sans cesse, et bientôt le drap tombera à si bas marché que nous en viendrons à donner nos laines pour rien. Ne vaudrait-il pas mieux payer nos vêtements plus cher?

LE PARCHEMINIER. — Maître Limondin, vous ne savez pas ce que vous demandez là. Le haut prix de tout produit dont la matière première est fournie par l'agriculture finit toujours par décourager le cultivateur.

LIMONDIN. — Pourquoi donc?

CHATELAIN. — Parce que le cultivateur emploie une grande partie de l'argent qu'il reçoit en échange de sa matière brute, à acheter les produits de l'industrie. Par exemple, si vous vendez vos laines 5 francs le kilo au lieu de 2 francs 50 centimes, et que vous achetiez le drap 20 francs le mètre, pensez-vous y trouver quelque avantage?

LE FERMIER. — Pourquoi la proportion ne se maintiendrait-elle pas?

LE PARCHEMINIER. — Parce que plus la matière première est chère, plus grand est le bénéfice de celui qui l'emploie.

LE FERMIER. — Cela demande explication.

CHATELAIN. — Le fabricant achetant avec le môme capital une moindre quantité de laine et employant moins d'ouvriers, voit les frais généraux de sa fabrication se répartir sur une moindre quantité de produits, ce qui en augmente forcément les prix. Son bénéfice ne pouvant se prélever que sur une petite quantité de drap, sera proportionnellement plus fort, et il fera payer plus cher sa marchandise. Le cultivateur ne sera donc pas plus heureux en vendant cher ses produits (ce qui ne peut arriver que s'ils ne sont pas abondants), puisque la rareté de la chose manufacturée la maintient à un prix élevé. Ce haut prix des produits de l'industrie décourage le propriétaire qui ne risque plus son argent en améliorations, et le fermier qui ne donnera pas son temps pour les mettre en pratique.

LE MARÉCHAL. — A propos d'améliorations, avez-vous vu toutes celles que fait le nouveau propriétaire de Villement?

LIMONDIN. — Oui, je les ai vues, et je dis que celui-là va faire comme tant d'autres : il perdra sa peine et son argent. Il faut convenir qu'il n'est pas encourageant de voir ceux qui ont à leur disposition le savoir et le capital se tirer aussi mal d'affaire.

ÉTIENNE. — D'abord, tous ne perdent pas peine et argent comme tu le crois; et quand il en est ainsi, ce n'est pas aux méthodes nouvelles qu'il faut s'en prendre, mais au peu de cas que le riche propriétaire fait des petites économies si nécessaires à la réussite de l'agriculteur, et qui, réunies, constituent le plus clair de son bénéfice.

CYR PATRIGEON. — C'est pour la même raison qu'une grande ferme de deux cents hectares rapporte moins que quatre de cinquante chacune, quoiqu'elle n'ait pas une aussi grande quantité de bouches à nourrir. Le gros fermier, de même que le riche propriétaire qui fait valoir, néglige les petites épargnes dont parle Étienne; il n'a pas le temps de s'en occuper.

L'INSTITUTEUR. — Les cultivateurs ont mauvaise grâce à critiquer le propriétaire qui risque son argent dans des expériences agricoles. N'est-ce donc pas uniquement aux essais qu'ils ont tentés qu'on est redevable de toutes les améliorations qui ont enrichi l'agriculture, et que le petit cultivateur n'adopte qu'après s'être assuré de leur efficacité, en voyant ces messieurs les expérimenter longtemps à leurs dépens? Qui donc a introduit parmi nous les peupliers, les pommes de terre, les herbages artificiels, sinon les propriétaires?

CYR PATRIGEON. — Je me rappelle bien que dans ma jeunesse on n'aurait pas fait manger une pomme de terre à un vigneron pour tout l'or du monde; ils prétendaient que ce n'était bon que pour les pourceaux. Un propriétaire généreux en ensemença un grand champ tout aux abords de la ville. Quand elles commencèrent à fleurir, chaque vigneron, en rentrant le soir de son ouvrage, en arrachait un pied et l'emportait pour vérifier s'il était vrai que ce fût mangeable. On commença par en mettre cuire sous la cendre, et les petits enfants s'en régalèrent; les mères essayèrent de les fricasser, et les hommes les trouvèrent excellentes. Alors, l'année suivante, les vignerons se portèrent en foule chez le propriétaire qui leur avait laissé généreusement dévaster son champ, et le supplièrent de leur donner la précieuse denrée pour la cultiver eux-mêmes.

LE MEUNIER. — Ce même homme qui a tant fait pour le pays et qui en est oublié aujourd'hui, planta les premiers peupliers autour d'un pré voisin de l'un des nôtres, sur la route de Châteauroux. Les vignerons ne se gênaient pas de donner un coup de serpe aux jeunes arbres que le digne homme replantait sans se plaindre. Il donnait à mon grand'père la cime de ses arbres mutilés en l'engageant à les planter, ce qu'il fit. Quand les vignerons virent que ces boutures venaient comme des champignons, ils respectèrent les peupliers, et la première fois que le propriétaire les émonda, tous vinrent lui demander des branches pour les planter.

LA MAITRESSE PATRIGEON. — Mais comment faisait-on donc pour vivre quand il n'y avait pas de pommes de terre ?

LE CORDIER. — Où trouvait-on donc du bois blanc dont on a si grand besoin pour toutes sortes d'usages, quand il n'y avait pas de peupliers ?

CYR PATRIGEON. — Vous ne vous étiez jamais fait cette question, voisins; c'est ainsi que le *bien* semble si naturel qu'on n'y est pas sensible, pour ainsi dire, tandis que ce qui est mal, ce qui gêne, fait jeter les hauts cris. Cela fait dire aux faux sages que tout va de mal en pis sur cette terre, parce que plus le sort de l'homme s'améliore, plus ce qui lui nuit semble insupportable.

LA MEUNIÈRE. — Oui; c'est comme la tache qui choque tant sur un vêtement bien propre, et ne se voit guère s'il est déjà souillé.

ÉTIENNE. — Il est bien certain que si les riches propriétaires ne faisaient pas à leurs dépens l'expérience de toutes les nouveautés en agriculture pour nous convaincre de leur utilité, nous n'aurions pas aujourd'hui les éléments de prospérité qui sont à notre portée. Aussi, loin de critiquer leurs essais, trop souvent infructueux, on doit leur savoir bon gré de les tenter et de hasarder leur argent pour le bien général dont nous, paysans, nous profitons plus que personne, puisqu'ils nous offrent le moyen de sortir de la routine qui convient si bien à notre esprit paresseux.

LE CORDIER. — Bah! le routinier n'est pas plus paresseux qu'un autre quand il travaille ses douze heures par jour.

L'INSTITUTEUR. — Il travaillerait plus longtemps encore que son travail n'en serait pas plus productif, parce qu'il n'y joint pas celui de l'intelligence; si le *routinier*, comme vous dites, voulait raisonner, examiner ce qui se passe autour de lui et comparer, il se convaincrait qu'une culture variée et bien entendue double le rendement de la terre.

LE FILEUR. — Maître Étienne, êtes-vous de l'avis d'un journal que j'ai lu dimanche, et qui prétend qu'il ne faut plus que de grandes propriétés, parce que les gros fermiers, plus instruits que le simple paysan, ayant de forts capitaux à leur disposition, feraient rendre bien davantage à la terre? Il ajoute que l'ouvrier, certain de sa journée, serait plus heureux qu'alors qu'il court toutes les chances de la culture.

LIMONDIN. — Et que deviendraient les petits propriétaires?

LE FILEUR. — On achèterait leurs terres, et on mettrait le tout en actions dont chacun prendrait selon ses moyens.

ÉTIENNE. — Non vraiment, je ne suis point de l'avis de ton journal! Celui qui l'écrit est un *monsieur* qui, les pieds sur ses chenets, arrange les choses à sa guise, sans se soucier des impossibilités et des conséquences de ses arrangements. On voit bien qu'il ne connaît le pauvre paysan que de vue, et qu'il n'est jamais venu s'asseoir à son foyer. L'ouvrier ne travaillant qu'à la journée secoue bien moins encore sa paresse d'esprit, que celui qu'aiguillonne sans cesse le désir d'ajouter aux ressources de sa famille en redoublant d'efforts; et ce sont précisément ces chances diverses qu'on voudrait lui éviter qui stimulent son intelligence et ravivent sans cesse ses bons sentiments.

LE PARCHEMINIER. — Aussitôt qu'on enlèvera au paysan ces salutaires inquiétudes qui donnent tant d'intérêt à sa vie, il tombera dans cette insouciance du lendemain si fatale à l'ouvrier des fabriques, et que tant de braves manufacturiers tâchent de combattre par le sentiment de la propriété. Cette façon de donner à chacun sa tâche, chaque matin, déterminerait promptement un *abêtissement* complet chez la population rurale.

LE FILEUR. — Est-ce qu'il n'en est pas ainsi des journaliers que vous employez, maître Étienne?

CYR PATRIGEON. — Ah! non vraiment. Ces gens-là vivent de notre vie et sur un pied d'égalité parfaite avec le petit cultivateur qui les emploie. Ils prennent intérêt à la denrée qu'ils cultivent, et j'ai toujours vu mes moissonneurs joyeux quand ils abattaient une belle récolte.

ÉTIENNE. — Songe donc, Rémi, que dans cette organisation dont parle ton journal, la population des campagnes ne serait plus qu'un grand troupeau auquel on distribuerait le travail et la pâture. Mieux vaut cent fois lutter contre la misère et conserver l'indépendance de son esprit.

L'INSTITUTEUR. — Mes amis, l'homme est en guerre contre tout en ce monde, contre la faim, contre le froid, les maladies, les animaux nuisibles. Dieu l'a voulu ainsi pour entretenir l'activité de l'esprit humain et en favoriser l'essor.

LE CORDIER. — Pourtant, monsieur Lumet, les gens riches ne connaissent point ces luttes-là.

L'INSTITUTEUR. — Ils ont leurs luttes aussi, mais d'une autre nature. Ce n'est pas pour satisfaire sa faim que lutte l'homme riche, mais pour vivre suivant le rang qu'il occupe dans le monde; il ne lutte pas pour avoir une chaumière bien close qui le garantisse du froid, mais pour posséder une belle demeure qu'il ne peut pas toujours se donner. Il y a lutte à tous les degrés de l'échelle sociale. Sans luttes, d'ailleurs, il n'y aurait pas de vertus. Ainsi la tempérance est une victoire remportée sur la gourmandise; le travail lutte sans cesse avec la paresse, l'égoïsme est vaincu par le dévouement; et n'oubliez pas que plus on est éclairé, plus facilement on est victorieux dans ces sortes de combats.

LA MAITRESSE PATRIGEON. — Ne trouvez-vous pas, vous

autres, qu'on ne tient pas assez de compte du paysan? C'est pourtant lui qui nourrit tout le monde, pauvres et riches.

CYR PATRIGEON. — Ma bru, est-ce que par hasard il vous pousserait un brin de vanité? Si nous travaillons à nourrir tout le monde, tout le monde ne travaille-t-il pas à nous loger, à nous vêtir, à nous meubler, à nous instruire? Si l'on ne considère pas le paysan en raison de sa grande utilité, c'est que son métier est celui des gens qui n'en savent aucun.

LA MEUNIÈRE. — J'ai vendu mes canards à un pourvoyeur qui se récriait fort sur la cherté de la volaille.

ÉTIENNE. — Bon signe, quand la volaille est chère proportionnellement au prix du blé! C'est qu'il n'y a pas de terres incultes et qu'il faut la nourrir à la maison; et comme la terre sera toujours la première des richesses, plus elle est mise en culture, plus grande est la prospérité générale.

LE JARDINIER. — Il n'en est pas des légumes comme de la volaille, on ne se plaindra pas de leur cherté. Si cela continue, il faudra renoncer au métier.

ÉTIENNE. — Laisse donc, Gimonet! te voilà criant misère comme le voisin Pivert, et tu viens encore de défricher un *sécheron* pour y planter des choux et des salades. Si tu ne faisais aucun bénéfice sur les légumes, à quelque prix que tu les donnes, tu n'aurais pas un cheval et une voiture pour les porter au marché de Bourges et à celui de La Châtre.

UNE VOISINE. — La viande est si chère qu'il faut bien manger des légumes.

LE MEUNIER. — N'est-il pas remarquable que plus la

consommation d'une denrée est grande, plus son prix est modéré ?

LE PARCHEMINIER. — Quand on sera plus avancé en agriculture, et que les fourrages seront assez abondants pour nourrir le bétail à l'étable, le prix de la viande baissera, ce qui permettra à l'ouvrier d'en manger un peu plus qu'il ne le peut faire en ce moment; cette consommation une fois bien assurée au producteur, il doublera sa production, et la santé publique en sera grandement améliorée.

LE VIGNERON. — Si seulement mes vignes se trouvaient dans un de ces pays où le vin se vend jusqu'à 300 francs la pièce !

L'HUISSIER. — Ne t'imagine donc pas, Pivert, que dans ces pays-là les vignes donnent un plus gros revenu que les tiennes, relativement au prix qu'elles coûtent. S'il en était ainsi, tout le monde en voudrait posséder, de ces vignes qui enrichiraient si promptement, et la concurrence les ferait monter jusqu'à ce que leur revenu fût de niveau avec celui de toute autre terre. Il en est de même pour les bonnes terres de Flandre qui valent jusqu'à 8,000 francs l'hectare.

LIMONDIN. — On assure que dans les pays gras on cultive le lin, le pavot, la betterave et autres denrées qui rapportent bien davantage que la culture du blé.

L'HUISSIER. — L'une n'empêche pas l'autre; et si les terres rendent beaucoup plus que les nôtres, cela tient en partie à l'extrême variété des cultures qui se succèdent dans un même champ; on ne comprend pas cela ici où l'on ne connaît que les céréales.

CYR PATRIGEON. — Quand rien ne vient entraver l'effort

du travailleur, et qu'il peut jouir tranquillement du fruit de son travail, le pays ne tarde guère à devenir opulent.

LIMONDIN. — Pour cela il faudrait que l'État vînt en aide à l'agriculture et la protégeât.

L'INSTITUTEUR. — Laissez donc l'État tranquille et faites un peu par vous-mêmes ! Pourquoi l'État protégerait-il votre industrie de préférence à tout autre? Demandez-lui des écoles pour vous instruire, et surtout envoyez-y vos enfants le temps nécessaire à acquérir les connaissances dont ils ont besoin.

L'HUISSIER. — Quand le pays jouit d'une tranquillité parfaite, quand les routes sont nombreuses et en bon état, le gouvernement a fait tout ce qu'il peut, tout ce qu'il doit; tout autre genre d'intervention ne serait avantageux ni à lui ni aux particuliers.

L'INSTITUTEUR. — N'est-il pas bien étrange qu'en France, où chacun réclame à grands cris sa part de liberté, on cherche sans cesse à se remettre en tutelle? Le gouvernement a réellement un certain mérite à se refuser aux demandes de protectorat qu'on lui adresse continuellement, et il faut le louer d'y mettre autant de modération.

ONZIÉME VEILLÉE

FAMILLE, MORALITÉ

LE CORDIER. — Mon Dieu ! que je suis donc fatigué. J'ai
tant de commandes que je ne sais où j'en suis, et je prends
à peine le temps de manger. Ce matin, pendant que je faisais des sangles, je regardais un chien qui dormait tranquillement étendu au soleil, et j'enviais son sort qui, bien
certainement, est plus heureux que le mien.

CYR PATRIGEON. — Oses-tu bien proférer un pareil blas-
phème ! Se peut-il qu'une créature raisonnable qui peut
élever son âme à Dieu, descende jusqu'à envier le sort d'un
pauvre animal soumis seulement aux lois de l'instinct !

ÉTIENNE. — N'est-il pas bien étonnant que l'être le mieux
partagé de la création ne soit pas content de son sort?

L'INSTITUTEUR. — C'est qu'il aspire à mieux encore !

VÉRONIQUE. — Quand on songe à ce qu'est notre corps et
à ce qu'il deviendra un jour, on est honteux du soin que
chacun en prend.

L'INSTITUTEUR. — Mademoiselle Véronique, le corps est
le serviteur fidèle et indispensable de l'âme qui, sans lui,
n'aurait aucun moyen de se manifester ; et il est bon de le
tenir dispos pour qu'il la puisse bien servir.

LE CHARRON. — C'est souvent un bien mauvais serviteur, convenons-en ; car, pour dire la vérité, l'homme ne vaut pas grand'chose.

L'INSTITUTEUR. — Voilà une erreur bien dangereuse, mon ami, et qui nous conduirait tout droit à nier Dieu qui a fait l'homme éminemment perfectible. Avec un pareil raisonnement on prépare une excuse à toutes les fautes. Croyez donc bien que l'homme est naturellement bon; entre mille preuves, je ne vous citerai que le soin que met le malfaiteur de se poser en homme de bien quand il se trouve en compagnie de gens auxquels il est inconnu. Nous sommes irrésistiblement portés au bien, à l'amour du prochain, et l'on ne parvient à vaincre cette tendance naturelle que par une lutte soutenue. Quiconque écoute la voix mystérieuse qui murmure sans relâche dans son âme, dompte facilement les mauvais penchants et les appétits brutaux qui l'induisent à mal : il reste maître de lui-même. L'on commettrait bien moins de fautes si l'on prenait plus souvent la peine de sonder son cœur.

LE FILEUR. — Monsieur Lumet, vous qui savez tant de choses, expliquez-nous donc la valeur du mot passion qu'on applique à tort et à travers?

L'INSTITUTEUR. — *Passion* vient de *pâtir :* et qui ne sait ce que c'est de pâtir ! Examinez toutes les passions les unes après les autres, même celles du bien et du beau, vous verrez qu'elles déterminent toutes une souffrance, soit de corps, soit d'esprit, et souvent des deux à la fois.

LE FILEUR. — Merci, monsieur, je comprends parfaitement.

CYR PATRIGEON. — Voyons, voisin Goguery, toi qui prétends que l'homme est foncièrement mauvais, dis-nous si tu n'as pas éprouvé un sentiment pénible, une honte vis-à-vis de toi-même quand, par hasard, tu es sorti un tant soit peu du droit sentier pour satisfaire à l'intérêt du moment, même dans les plus petites choses? et quand, au contraire, tu as su résister à la tentation (et cela t'arrive le plus souvent, brave homme que tu es), n'éprouves-tu pas une satisfaction sans égale? Allons, sois sincère, dis-nous la vérité.

LE CHARRON. — Je ne vous démentirai pas, monsieur Patrigeon.

LE VIGNERON. — Mais pourtant, le mal l'emporte sur le bien, et personne ne peut le nier.

CYR PATRIGEON. — Je le nie, moi! et je suis prêt à soutenir mon dire envers et contre tous, tant que je croirai à l'infinie bonté du Créateur. Nous avons dit qu'on fait beaucoup plus d'attention au mal qu'au bien, parce que le mal offense tout le monde, au lieu que le bien est si naturel que chacun en jouit sans seulement s'en rendre compte. As-tu jamais vu prospérer un ménage où règne la discorde, dis, Pivert?

PIVERT. — Non, car cela ne se peut pas.

CYR PATRIGEON. — Il en est du monde entier comme d'un ménage, d'une ferme, d'une usine : si le désordre et le mal qu'il engendre y dominaient comme tu le crois, il y a longtemps qu'il n'y aurait plus un seul homme sur la terre.

LE MARÉCHAL. — A propos de désordre, savez-vous que dans une discussion d'intérêt, ce brutal de Darnaud a donné un coup de poing en plein visage à Laurent, son beau-frère, en présence du notaire? Laurent s'est mis dans une telle fureur contre l'autre, qu'il l'a terrassé, foulé aux pieds, et que si on ne les eût séparés il est à croire qu'il l'aurait tué.

LE CORDIER. — C'eût été bien fait, car je ne connais rien de pire que ce garçon-là !

CYR PATRIGEON. — N'as-tu pas de honte, Blin, d'approuver une semblable violence et de désirer mort d'homme ! Un excès peut-il jamais servir d'excuse à un autre excès ! Où irions-nous si chacun pouvait se faire justice ! De ce que Darnaud est un butor, s'ensuit-il que Laurent doive l'être encore plus que lui ? Il suffirait donc alors d'être insulté par un mauvais sujet pour devenir vicieux à son tour ?

LE MARÉCHAL. — M. Patrigeon dit juste : un honnête homme ne doit jamais laisser à un vaurien le droit de troubler son âme, et le mépris est la seule réponse qu'il convient de faire à l'insulte.

LE VIGNERON. — Ce n'est pourtant pas ainsi que les choses se passent.

CYR PATRIGEON. — Malheureusement non. Le faux point d'honneur qui cache toujours un secret désir de vengeance, pousse les gens à ne pas céder et à rendre coup pour coup, injure pour injure, sans respect pour leur dignité d'homme, qu'ils outragent eux-mêmes bien plus que ne pourraient le faire toutes les insultes du monde. Tout homme qui invective, qui frappe, même quand il est provoqué, manque au respect qu'il se doit et cesse bientôt d'être respecté. Quoique nous soyons d'honnêtes gens tous tant que nous sommes ici, il n'est pas que nous n'ayons commis quelque faute ? Convenons entre nous que l'instant qui la suit est rude à passer ? Elle revient à l'esprit aussitôt qu'on est tranquille, et quelque plaisir que nous y ayons cherché sur le moment, il ne vaut pas le remords qu'elle nous laisse.

LA MAITRESSE PATRIGEON. — Mon père, sauf le respect que je vous dois, laissez-moi vous dire que vous parlez de faute et de remords comme un aveugle des couleurs. Est-ce que vous avez jamais commis le plus petit péché ?

CYR PATRIGEON. — Tu vas être bien étonnée, ma bru, quand tu sauras que je connais toutes les émotions, tous les remords qui accompagnent le vol.

ÉTIENNE. — Vous, mon père ! vous qui avez toujours été le modèle des honnêtes gens !

CYR PATRIGEON. — Ah ! c'est que le diable est bien fin ! il m'a tendu un piége dans lequel je me suis laissé prendre comme un sot.

LE FILEUR. — Je voudrais bien savoir comment il s'y prit pour tenter un homme de votre trempe ?

CYR PATRIGEON. — Je vais vous le dire, quoique je me sente rougir toutes les fois que j'y pense.

Sachez donc que, de tout temps, j'ai été amateur de cultures nouvelles. Quand on parlait d'une graine ou d'un herbage nouveau, j'en faisais aussitôt l'expérience, ce qui n'amusait pas toujours mon père, lequel pourtant me le laissait faire. Il était si bon !

Un jour, il m'envoya conduire un fort troupeau de bêtes à laine à Lignières, pays où, comme vous le savez, on engraisse les bêtes ovines pour les vendre ensuite à la boucherie. Je les livrai à M. Tailhandier, riche propriétaire de l'endroit. Ce digne homme me reçut cordialement et me fit voir sa propriété en détail ; et ce fut chez lui que je vis de près les pommes de terre pour la première fois. Quand il me dit que cela pouvait servir à la nourriture de l'homme, je refusai d'y croire. Alors, pour me convaincre, il en fit cuire une sous la cendre et m'invita à y goûter, ce que je ne fis pas sans une certaine répugnance; mais dès la seconde bouchée, je trouvai le mets délicieux. M. Tailhandier me parla longtemps et en détail des bienfaits futurs de cette nouvelle culture, et prophétisa que vingt ans plus tard on ne comprendrait pas qu'on eût pu vivre si longtemps sans le secours de la pomme de terre. Mais il ne m'en offrait pas, quoiqu'il en eût bien une dizaine de boisseaux.

Le désir de cultiver, moi aussi, la précieuse denrée, me mordit si fort, que je dérobai trois petits tubercules et les mis furtivement dans ma poche. Quand je dus partir après un bon repas, et tout compte réglé, j'étais déjà à cheval lorsque M. Tailhandier me dit avec un fin sourire : « Ayez-en bien soin et mettez-les en lieu sain après les avoir récoltées. »

Je fus foudroyé par ces simples paroles, doucement dites, mais avec un peu d'ironie. Je sentis mon visage couvert de la rougeur que produit la honte, et des larmes grosses comme des noisettes me tombaient des yeux. Je mis la main à ma poche et j'en tirai les trois malheureuses pommes de terre que je lui tendis, la tête basse, et sans trouver une seule parole à dire.

« Quoi! vous n'avez pris que cela! s'écria l'excellent homme, mais ce n'est pas suffisant pour faire une expérience. » Et aussitôt il m'en alla chercher un boisseau, et il attacha lui-même le sac qui les contenait derrière ma selle. Vous dire mon angoisse pendant qu'il prenait ce soin est impossible; moi, Cyr Patrigeon, j'avais *volé!!!* Je voulus descendre de cheval pour me mettre à ses genoux, mais il me retint. » C'est bon ! c'est bon ! me dit-il en manière d'adieu, je sais bien le bon parti que vous saurez tirer de mon petit présent. »

Que de nuits sans sommeil m'a valu cette triste aventure, que je n'ai jamais eu le courage de raconter à mon père! Et aujourd'hui, après soixante-dix ans, je ne vois pas une pomme de terre sans que mon cœur batte plus vite.

LE FILEUR. — Je crains bien que l'homme ne soit pas naturellement aussi bon que vous le dites, monsieur Patrigeon, car de tout temps il s'est appliqué à inventer des machines de guerre et à les perfectionner, afin de détruire plus sûrement ses ennemis.

L'INSTITUTEUR. — Qu'est-ce qui vous suggère cette réflexion?

LE FILEUR. — C'est que j'ai lu quelque part que dans l'origine, les querelles se vidaient à coups de poing, à coups de pierre, à coups de bâton; et quand on connut l'usage du fer, on l'employa tout d'abord à forger des armes.

LE MARÉCHAL. — Moi, je trouve cela tout simple. Le premier besoin est de défendre sa vie et de protéger sa famille; et il y eut certainement autant d'armes défensives que d'armes offensives.

LE FILEUR. — Laissez-moi donc finir, monsieur Blanchard. On inventa la poudre et les fusils qui tirent de loin. D'abord ils étaient longs et lourds, puis on les perfectionna jusqu'à ce qu'ils devinssent ce que nous les voyons maintenant. Enfin, vint le canon qui tue encore plus sûrement. Quelles armes défensives peut-il y avoir contre celle-là qui, à chaque coup, enlève des files d'hommes? Et tous les jours on cherche des moyens plus expéditifs encore. Il faut donc que l'homme soit naturellement pervers pour que des savants paisibles et que personne n'offense, comme ce moine qui trouva le premier le moyen de faire la poudre, emploient leur intelligence et leurs veilles à perfectionner cette science de la mort.

L'INSTITUTEUR. — Tout cela est vrai, mais vous en tirez de fausses conséquences; car ce sont précisément ces moyens de tuer promptement et à distance qui ont rendu les guerres moins fréquentes et moins meurtrières. Avant l'invention des armes à feu, la guerre était l'état permanent des populations, et le pauvre paysan maltraité, pillé sans merci, lui qui n'avait pas d'armes pour se défendre contre l'oppression des gens de guerre; mais quand il eut un fusil et qu'il put tuer son ennemi à distance, l'égalité commença de s'établir; on n'alla plus saccager son champ ni sa maison, de peur de recevoir une balle vengeresse; les hommes perdirent cette soif de sang qu'entretenaient les combats corps à corps en développant en eux une férocité de bête sauvage. Vous comprenez bien que quand deux guerriers s'attaquaient l'un à l'autre, l'instinct de la conservation surexcitait leurs passions haineuses jusqu'à la rage, et chacun faisait alors la guerre pour son propre compte. Si le combattant terrassé demandait grâce, il était rare que le vainqueur l'accordât, à moins qu'il ne fût alléché par l'espoir d'une forte rançon. Tous ces hommes s'animaient tellement dans ces combats particuliers que la guerre était pleine de crimes et de cruautés.

De notre temps, le soldat n'est plus qu'un instrument comme le fusil qu'il porte; il ne voit pas l'ennemi sur lequel il tire, ni celui qui le blesse, et il a pour lui tout autant de compassion, s'il le rencontre mourant, que pour

ses propres camarades. Enfin, avec le fusil il n'y a plus
de fort ni de faible. Ce n'est donc que la science mi-
litaire et la bonne discipline qui gagnent les batailles, si
pourtant il n'y a pas une trop grande disproportion dans
l'effectif des deux armées mises en présence.

Vous voyez donc bien, Rémi, que le perfectionnement
des armes de guerre, loin de servir les instincts brutaux
de l'homme, aide au contraire à son développement moral;
il assure la stabilité de la civilisation en nous garantissant
de l'invasion des peuples moins avancés, qui ont une pro-
pension à envahir les contrées mieux douées que celles
qu'ils habitent, et où ils détruisent toute civilisation,
comme il est arrivé pour l'empire romain, la Gaule et
autres pays.

LE VIGNERON. — Allons! je ne disconviens pas que la
civilisation ait du bon, ce qui ne l'empêche pas d'être gê-
nante bien souvent. Si chez mon père l'on n'y voyait que
par cette fenêtre de trente centimètres carrés dont on a
parlé et qui était placée très-haut, l'on faisait du moins
tout ce qu'on voulait chez soi sans craindre d'être vu.
Mais avec les fenêtres basses et les grands carreaux d'aujourd'hui, l'on est dans sa maison tout comme dans la
rue : tout le monde peut voir ce qui s'y passe.

ÉTIENNE. — Et la morale s'en trouve bien! quand on sait
un œil toujours ouvert sur soi, on y regarde à deux fois
avant de mal faire. Cela donne le temps de réfléchir; et
la réflexion ramène immanquablement au bien.

LE PARCHEMINIER. — Vous ne dites rien des assurances
mutuelles qui intéressent chacun à la conservation des
biens de tous? N'est-ce pas là un grand progrès en morale!

CYR PATRIGEON. — Ce que dit là mon neveu te rend tout

confus, Blin : cela te rappelle l'incendie qui a consumé ta maison l'an dernier.

LE CORDIER. — C'est un coup dont je ne me relèverai pas de longtemps.

CYR PATRIGEON. — Tu n'as pas voulu assurer ta maison, de peur de faire le moindre sacrifice pour sauver celle des autres, et tu as porté la peine de ton égoïsme.

LE CORDIER, *fâché.* — Pourtant je suis un honnête homme, et j'ai toujours passé pour tel dans le quartier.

CYR PATRIGEON. — Je sais que tu ne trompes pas tes pratiques, et que tu ne déroberais pas une paille à ton voisin; aussi ne saurait-on te mépriser puisque tu ne nuis à personne; mais cela ne suffit pas à mériter l'estime.

LE CORDIER. — Qu'y a-t-il donc à faire de plus que de ne pas nuire à son prochain?

CYR PATRIGEON. — L'aimer et le secourir.

BLIN. — Citez-moi donc la loi qui m'y force?

CYR PATRIGEON. — Blin, aucun homme ne peut ni ne doit être forcé de faire le bien, car alors il n'y aurait pas plus de mérite que l'abeille à faire son miel. Mais s'il n'y est pas *forcé* par la loi, il y est *obligé* par sa raison et sa conscience.

LE MARÉCHAL. — Nous sommes si faibles que le plus souvent nous omettons de faire le bien, et que même nous nous rendons coupables de plus d'une faute sans nous en douter.

LE PARCHEMINIER. — Pour éviter cela, il faut imiter le négociant qui tient ses livres à jour et fait sa caisse tous les soirs; il connaît à fond sa situation. Si l'on agissait ainsi avec la conscience, on serait bien moins sujet aux entraînements qui font commettre tant de sottises.

LE CORDIER. — Il faut excuser celui qui comme moi est un ignorant, vous l'avez dit vous-mêmes.

L'INSTITUTEUR. — Mon cher, les grandes vérités morales sont senties également par tout le monde sans le secours de la science, chacun les portant au fond de son âme. Il serait trop malheureux qu'elles ne fussent qu'à la portée des savants, car tout le reste du monde aurait flotté indécis entre le bien et le mal. Je conviens que l'instruction en fait ressortir les beautés en les mettant en lumière. Il n'est pas donné à tout le monde d'être instruit; mais chacun *doit* et *peut* être moral. On discute la valeur d'une action, mais personne ne s'avise de trouver bonne celle qui est mauvaise. Vous conviendrez avec moi, Blin, qu'on est toujours maître d'agir ou de s'abstenir, et qu'il n'est pas nécessaire d'être savant pour cela. Donc, celui qui agit dans l'intérêt du prochain est digne d'estime : on méprise quiconque agit mal, et l'homme qui n'agit pas du tout n'est considéré de personne.

LE SERRURIER. — Croyez-vous donc, monsieur Lumet, qu'on soit maître de bien agir en toute circonstance ?

L'INSTITUTEUR. — Mon cher Boiffard, quand l'homme est pur de toute mauvaise intention, de tout sentiment d'égoïsme, il a toute la liberté nécessaire pour faire le bien. Mais répétons-nous sans cesse qu'aussitôt que nous avons choisi entre le mal et le bien, nous ne pouvons plus rien sur ce qu'il en adviendra, parce que toute action bonne ou mauvaise a des conséquences inévitables. Cette liberté de nous conduire suivant nos inspirations est belle entre toutes, et personne n'y saurait porter atteinte. La véritable liberté individuelle naît des progrès que nous faisons sur nous-mêmes; et l'homme chez lequel ils sont incessants et qui va s'améliorant toujours est plus libre que celui qui reste stationnaire. Cette liberté tant convoitée procède avant tout de nous-mêmes et ne nous vient point du dehors, comme on le croit trop généralement. Tant libre puisse être la constitution d'un pays, la liberté n'y porte aucun fruit si les citoyens n'y sont pas libres à la façon que je viens de vous dire. Quand nous aurons conquis sur nous-mêmes notre liberté propre, aucun gouvernement ne se refusera de la reconnaître ni de la soutenir; et comme en somme, l'homme le plus libre est celui qui se laisse guider par la raison, convenons en toute humilité qu'il y en a peu en ce temps-ci.

LE SERRURIER. — Dans le commencement des sociétés, l'homme était parfaitement libre et indépendant.

L'INSTITUTEUR. — D'abord, nous sommes convenus que l'homme n'a jamais vécu dans un complet isolement parce qu'il est trop faible pour vaincre tous les obstacles que lui oppose la nature. Afin de pouvoir soutenir ces luttes dont nous avons déjà parlé, il a commencé par vivre sous l'autorité du père de famille; lorsque la famille s'est accrue au point d'affaiblir naturellement le pouvoir de son chef, les hommes sont convenus entre eux des choses à faire et de celles qu'il fallait éviter pour le bien de tous. Voilà l'origine de la *loi*. Puis, comme dans toute agglomération se trouvent toujours des gens qui, tout en ne voulant pas se gêner, ne craignent pas de gêner les autres, chacun, pour leur résister, abandonna une petite partie de sa liberté individuelle en faveur de la liberté générale, et en fit dépositaires certains hommes qu'il en jugea dignes. Alors on put travailler en repos, à l'abri des tracasseries de ces malintentionnés. Mais pour nourrir ces hom mes qui veillaient à la tranquillité générale, il fallut leur donner un peu du travail ou de la denrée de chacun, puisque occupés du salut public ils ne pouvaient ni semer ni récolter; encore moins conduire les troupeaux au loin.

LE CORDIER. — Le bon Dieu aurait bien mieux fait de nous créer tous égaux.

L'INSTITUTEUR. — Ainsi fit-il. N'a-t-il pas donné à tous un corps, une âme où il a déposé la connaissance du bien et du mal, du juste et de l'injuste, du laid et du beau? et cette âme, au sortir de ses mains, est pure de tout mauvais levain.

LE FILEUR. — Vous admettez donc que tous les hommes sont égaux?

L'INSTITUTEUR. — Ils le sont devant Dieu et devant la loi qui traitent de même le petit et le grand selon ses œuvres. Mais le méchant ne saurait jamais être l'égal du bon, le fainéant du laborieux. L'égalité devant la loi ne peut raisonnablement s'étendre jusqu'à donner à celui qui ne fait rien une part égale à celle du travailleur; car ce serait une injustice, une spoliation. Vous ne verrez jamais le chef d'une usine traiter sur le même pied l'ouvrier de talent, ardent au travail, et l'ouvrier paresseux et négligent.

Admettez même que cette égalité en tout, que vous êtes si près de préconiser, pût exister un seul jour, elle serait détruite dès le lendemain. Les uns auraient mangé plus que leur part et se seraient endettés; d'autres auraient épargné quelque petite chose, fondement du capital à venir. Ne voit-on pas tous les jours les enfants d'un même père, élevés ensemble et partis du même point, entrant dans le monde avec des ressources et des conditions égales, se trouver au bout de quelques années dans des situations fort diverses? Les travailleurs et les économes ont ajouté à leur part de l'héritage paternel; les paresseux et les dissipateurs n'en ont rien conservé.

VÉRONIQUE. — Si l'on était assez consciencieux pour remonter à l'origine de la misère comme à celle de la fortune, on ne tomberait pas dans le péché d'envie.

L'INSTITUTEUR. — Parmi les travailleurs partis du même point se trouvent les artistes, les savants, les écrivains qui tous ne font guère fortune, mais dont la mission est de porter et de soutenir l'esprit humain à une certaine hauteur. La société traite équitablement ses membres, récompensant les uns, punissant les autres, bien que plus d'une erreur se glisse dans ses jugements.

VÉRONIQUE. — Malheureusement le succès tient trop souvent lieu de mérite.

CHATELAIN. — Ma tante, nous ne pouvons pas nier cependant que le succès soit toujours dû à un mérite quelconque, et que la mauvaise chance a bien sa raison d'être.

L'INSTITUTEUR. — J'en conviens; mais ni l'un ni l'autre ne donnent la juste mesure de l'homme qui est plus ou moins complet, sans pour cela cesser d'être recommandable.

LE PARCHEMINIER. — Le monde, qui n'est pas obligé d'aller au fond des choses, fera toujours plus de cas de l'homme qui conserve ou augmente sa fortune, que de celui qui l'a perdue ou ne sait pas la créer : par la raison toute simple que la prospérité de l'un est avantageuse à tous, et la détresse de l'autre un embarras pour la société; ceux qui possèdent rendent nécessairement service à leur entourage.

LE FILEUR. — C'est bien vraiment en quoi ils sont les heureux de la terre, disposant en quelque sorte de la liberté des gens.

L'INSTITUTEUR. — Ceci n'est pas rigoureusement vrai. Si le supérieur dispose jusqu'à un certain point de la liberté de ses subordonnés, n'aliène-t-il pas une partie de la sienne en échange ? Voyez le maître d'école, par exemple : s'il retient captifs les enfants qui lui sont confiés, n'est-il pas captif tout le temps qu'ils restent avec lui ? Voici M. Châtelain qui, comme chef d'usine, prend chaque jour dix heures de liberté aux ouvriers qu'il emploie ; mais ne faut-il pas que lui et son fils soient là pour les surveiller, et peuvent-ils les quitter pour leur bon plaisir ? Enfin, si pour maintenir la tranquillité publique on est forcé d'avoir des prisons, le geôlier n'est-il pas prisonnier comme les malfaiteurs qu'il garde ?

LA MAITRESSE PATRIGEON. — Est-ce que nous ne sommes pas aussi esclaves de notre bétail qu'il l'est de nous-mêmes ? Puisque nous empêchons ces animaux de vivre à leur fantaisie, que nous prenons leur lait, leurs petits, leurs toisons, ne faut-il pas semer, faucher, récolter pour eux, sans compter qu'on les mène promener comme de véritables enfants ?

CYR PATRIGEON. — Et tout cela n'est que justice. Toutes les créatures sont nées parfaitement libres ; et quand l'une d'elles s'approprie la liberté des autres, c'est à la condition d'y sacrifier une bonne partie de la sienne propre.

LE CORDIER. — Mon voisin Margueritat vient d'en acquérir une fameuse liberté ! Une vieille tante qu'il connaissait à peine est morte à Lévroux, lui laissant trente mille francs. Dites-moi un peu où la fortune va se nicher, chez un vrai lourdaud !

ÉTIENNE. — Courage, Blin ! hier encore tu vivais en bon voisinage avec Margueritat qui était pauvre, et aujourd'hui qu'il est riche tu en dis du mal !

CYR PATRIGEON. — Blin, prends-y garde ! c'est l'envie qui te mord, et de toutes les injustices c'est la plus détestable ; mais elle porte sa punition en soi, car elle gâte le cœur et empoisonne toutes les jouissances de la vie : on s'en aperçoit peu, chacun étant trop occupé de lui-même pour faire grande attention à son voisin. N'oublie pas, toi qui ne réfléchis guère, que tes actions et tes paroles, semblables au blé mis en terre, ne rendront que selon leur espèce, et qu'il ne faudra pas t'étonner, au jour de la moisson, si tu fais mauvaise récolte là où tu auras fait mauvaises semailles.

LA MÈRE CHOPIN, *pauvre et secourue par les Patrigeon.* — Quel mal y a-t-il donc à envier les riches ! Me ferez-vous croire que je suis aussi heureuse que ces grandes dames tout habillées de soie, et qui mangent tous les jours du poulet dans leurs belles chambres ?

VÉRONIQUE. — Mon Dieu ! mère Chopin, sans cette envie qui vous ronge le cœur, vous seriez aussi heureuse qu'une autre, car il y a du bonheur pour tout le monde. Qui donc a jamais refusé de vous rendre service ? Croyez-vous que le bonheur consiste à manger de la volaille et à porter des robes de soie ? Quand on travaille avec cœur, qu'on aime son prochain et que la conscience est sans reproches, on peut être heureux tout en restant une pauvre femme, et personne ne nous ravit ce bonheur-là. Chaque position a bien ses peines, allez ! souvent les plus élevées en ont aussi et des plus cuisantes. Les gens de cœur ne portent envie à personne, et ne songent qu'à diminuer leurs soucis ainsi que ceux d'autrui.

CYR PATRIGEON. — Le pauvre n'a pas de justice dans le cœur. Son temps se passe et ses forces s'usent à jalouser tout ce qui est au-dessus de lui.

L'INSTITUTEUR. — Si le pauvre se donnait la peine de réfléchir, il verrait qu'il y a bien d'autres maux en ce monde que le froid et la faim, qu'on peut toujours calmer avec du bois et du pain; mais les maux de l'esprit ne se guérissent pas aussi facilement. Les peines et les plaisirs sont distribués plus équitablement qu'ils ne le pensent. Quand l'activité humaine n'est pas employée au travail et que le pain quotidien est assuré, les hommes se forgent des tourments imaginaires qui empoisonnent leur vie et les laissent peu sensibles à ce bien-être matériel si envié. Les peines de l'esprit sont les plus âpres de toutes, car on ne sait à quoi se prendre pour les combattre.

LE PARCHEMINIER. — Dites donc aussi que les convenances interdisent aux gens du monde de laisser apercevoir ce qu'ils éprouvent; combien arrive-t-il que leur visage sourie quand ils ont la mort dans le cœur! Nous parlions tout à l'heure de la liberté; mais le riche en jouit moins qu'aucun autre, enchaîné qu'il est par mille usages qu'il ne peut enfreindre, quelque gêne qu'il en éprouve. Ceux qui, comme nous, travaillent sans cesse et pour lesquels le simple repos est déjà une jouissance ne connaissent pas l'ennui, cette plaie incurable des satisfaits.

LA MÈRE CHOPIN. — Ne feraient-ils pas mieux de donner la plus grande partie de ce qu'ils ont aux pauvres gens comme moi, au lieu de si bien prendre leurs aises?

CHATELAIN. — Mère Chopin, l'aumône ne manque pas

à la vraie misère, vous devriez le savoir mieux que personne; mais laissez-moi vous dire que la richesse est mieux employée à payer le travail de l'honnête ouvrier, qu'à entretenir la paresse du vaurien. Si les riches ne faisaient point travailler, il n'y aurait pas assez de malédictions pour eux, et vous crieriez plus fort que tout le monde.

CYR PATRIGEON. — Figurez-vous donc, la mère, que les riches sont comme les laboureurs qui ont dételé à onze heures; d'autres dételent à midi, d'autres encore dételeront dans la soirée; et tous jouissent du repos, plus ou moins, selon leur travail : les uns s'étant levés de bon matin ont vite achevé leur besogne : les moins diligents finissent plus tard; mais celui qui n'a pas labouré du tout afin de se reposer toute la journée, n'aura aucun droit à la récolte.

ÉTIENNE. — Pour continuer votre comparaison, mon père, je trouve que celui qui continue de labourer n'est pas le plus malheureux. Certainement nous jouissons davantage en travaillant sans cesse à augmenter la fortune destinée à nos enfants, qu'ils n'en jouiront eux-mêmes à la posséder, par la raison bien naturelle que leur plaisir sera personnel tandis que le nôtre est tout en eux.

LE MEUNIER. — A entendre les envieux, on dirait vraiment que ceux qu'ils nomment les heureux de la terre valent moins que les prétendus déshérités, et que la prospérité donne tous les défauts, tandis que la pauvreté a toutes les vertus; en vaudrai-je donc moins parce qu'à force de travail et d'épargne, j'ai augmenté le bien que mon père m'a laissé? il me semble, à moi, que c'est tout le contraire. N'ayant pas besoin de courir après le pain qui nourrit ma famille, je pourrais *fainéanter* tout comme un autre.

Mais, loin de là, je me lève le premier et me couche le dernier. D'ailleurs est-il rien de chanceux comme la fortune. Moi qui passe pour plus riche que je ne le suis, n'ai-je pas sept enfants entre qui se partagera mon petit patrimoine ? Ils ne seront pas riches, eux, et je dois ajouter à leur héritage l'amour de l'ordre et du travail qui le leur fera conserver. Puisque le partage égal entre les enfants tend à niveler les fortunes, espérons qu'il détruira l'envie. Maintenant que le travail est encouragé, honoré même, chacun peut arriver à la richesse qui n'est plus le privilége de quelques-uns. Les envieux ne se trouvent donc que parmi les paresseux et les pervers.

CYR PATRIGEON. — Il est certain que depuis que les substitutions, cette grande iniquité des temps passés, sont abolies, la prospérité des grandes maisons ne dure pas longtemps. La fortune provenant du travail va toujours de bas en haut; arrivée là, elle se dissipe comme la rosée au grand soleil.

LE CORDIER. — Il y en a qui auront beau travailler, ils n'arriveront jamais à la fortune.

CHATELAIN. — Non, sans doute, parce que pour y parvenir le travail brut ne suffit pas : il faut y joindre la droiture, l'intelligence, la persévérance, et un grand esprit de conduite; d'ailleurs, l'on est plus ou moins favorisé par les circonstances indépendantes de la volonté; mais l'espoir de réussir n'est-il pas déjà un bonheur?

CYR PATRIGEON. — Pénétrez-vous bien de cette vérité, mes amis : chacun est intéressé à la prospérité de tous : celui qui ne sait pas se réjouir du succès de son voisin et qui est heureux de ses revers, non-seulement pèche contre son prochain, mais aussi contre son propre intérêt bien entendu; car plus il y a de gens heureux et satisfaits, plus ceux qui ne le sont pas ont de chances de le devenir.

L'INSTITUTEUR. — Il en est de même de nation à nation; plus les peuples nos voisins seront prospères, plus les échanges entre eux et nous seront multipliés, plus la richesse nationale y gagnera; car vous comprenez bien que si les produits sont fort demandés, l'ouvrier y trouve son compte. La circulation en s'activant donne à chacun sa part de l'aisance générale. Un homme et une nation riches sont de meilleurs chalands que s'ils étaient pauvres : ce qui prouve combien il est absurde d'envier la prospérité d'autrui.

LA MAITRESSE PATRIGEON. — J'ai plus d'une fois remarqué que les envieux ne sont point fâchés du tout de faire les importants avec leurs inférieurs.

L'INSTITUTEUR. — Sottise et orgueil, maîtresse, et surtout amour excessif de soi-même. L'homme, fier d'avoir changé la face de la terre, oublie trop facilement que seul il ne peut rien. Dieu l'a institué ainsi pour que le sentiment de son impuissance le rappelât à celui de la fraternité. Les orgueilleux n'écoutent jamais ce qui se dit, et ne voient pas ce qui se passe, tant ils sont pleins de leur propre importance. Il est bien reconnu qu'aucun homme n'a le génie universel; mais tout le monde participe de la grande intelligence générale. Plaignons ceux qui par paresse ou par vanité refusent d'en faire usage.

LE MARÉCHAL. — Mais aussi, combien ne doit-on pas estimer ceux qui, comme M. Patrigeon et sa digne sœur, mettent leur part au service de quiconque en a besoin!

LE PARCHEMINIER. — Ce qui laisse croire aux orgueilleux qui ne doutent de rien, qu'ils ont une certaine supériorité, c'est le manque d'instruction qui enlève à beaucoup de gens la facilité de faire connaître ce qu'ils valent. Souvent on les croit nuls quand ils ne sont que timides et modestes; mais vienne le temps où l'instruction sera générale, les arrogants rentreront dans la foule, le vrai mérite se découvrira sans peine. Et ma foi, honte aux paresseux alors, car il n'y aura plus d'excuse à leur insuffisance.

LE CHARRON. — Cependant, monsieur Châtelain, si l'on ne peut réellement pas !

LE PARCHEMINIER. — On peut toujours, Goguery, on peut toujours! Chaque fois qu'un de mes ouvriers m'a dit : je *ne peux pas*, quand moi-même je l'avais mis à même de *pouvoir*, je m'en suis défait. Celui qui *veut* fermement *peut* toujours quand il applique la somme entière de son intelligence à ce qu'il fait : et j'ajoute qu'il réussit à le bien faire. On n'a le droit de se plaindre de sa propre impuissance qu'après avoir travaillé longtemps et consciencieusement en vain. Eh bien ! sauf les cas d'incapacité physique, cela ne s'est jamais vu.

CYR PATRIGEON. — La paresse est notre plus grande ennemie; la rusée qu'elle est, prend toutes les formes pour nous dompter, même celle de la vertu : comme chez cet homme dont nous a parlé Blanchard, qui, se nourrissant et travaillant comme un nègre, est bien loin de se croire possédé de paresse; et pourtant, s'il s'acharne à sa routine, c'est pour s'éviter la peine de penser, de comparer.

L'INSTITUTEUR. — Et ce sommeil de l'intelligence est un des pires maux dont nous puissions être affligés. Ne voyons-nous pas des hommes qui, se refusant à la fatigue de prévoir et de calculer les chances fâcheuses mais presque inévitables, mangent leur salaire à mesure qu'ils le gagnent? et la misère se tient à leur porte avec ses mauvais conseils. La première des paresses qui vient d'être signalée, celle du paysan, est la moins dangereuse, il faut en convenir; l'autre, plus incurable, se rencontre surtout chez l'ouvrier de fabrique.

VÉRONIQUE. — Incurable! monsieur Lumet : doit-on désespérer ainsi des créatures du bon Dieu ?

LE FILEUR. — Qu'on fasse de bons livres pour nous éclairer et nous soutenir dans nos épreuves, et l'on verra si ces braves travailleurs n'ont pas le feu sacré aussi bien que tous les autres hommes! Mais qui donc parmi tous ces gens d'esprits s'inquiète de nous!!!

ÉTIENNE. — Espère, mon garçon; un jour viendra où, suivant l'école avec plus de fruit, chacun s'accoutumera à faire usage de sa raison et de son intelligence. S'il est certain qu'en venant au monde chacun porte en soi la bonne semence que Dieu y a déposée, il l'est également qu'elle ne croît et ne se développe que par la culture.

L'INSTITUTEUR. — Voyez plutôt la différence qui existe entre l'enfant de la campagne et le gamin des villes, et entre celui-ci et le fils des gens bien élevés dont on s'occupe sans cesse? En naissant chacun n'a que sa part des mêmes germes. Le petit paysan qui est presque toujours seul au milieu des champs avec ses bestiaux paissant l'herbe, pense beaucoup, voit bien ce qui l'entoure et compare; mais n'étant point exercé à la parole, il ne saura jamais rendre sa pensée qui restera dans une demi-obscurité ; le gamin de l'ouvrier voit et entend mille choses qui font travailler son esprit, et, par conséquent, le développent davantage; l'enfant dont les parents ont de la fortune et qui est destiné à quelque carrière libérale, acquiert dès son bas âge et sans travail, une quantité très-grande de notions élémentaires, sans lesquelles il ne pourrait arriver à temps au but qu'il se propose. Je ne crains donc pas d'affirmer que l'homme qui se refuse à faire ou à comprendre une chose qui n'exige aucune des connaissances qui lui sont étrangères, se ment à lui-même quand il s'excuse sur l'insuffisance de son intelligence : il se complaît tout simplement dans sa paresse d'esprit.

Mes amis, vous ne me semblez pas convaincus de cette vérité? vous êtes pourtant tous ici en état de comprendre que l'intelligence est une force qui est à la disposition de chacun, et qu'elle est mise en mouvement par une volonté plus ou moins active, plus ou moins persévérante. C'est cette différence dans la force et la persévérance de la volonté qui fait les hommes capables et ceux qui ne le sont pas. Et comme le travail de la volonté est beaucoup plus pénible qu'aucun autre, un grand nombre d'hommes s'abstiennent de *vouloir* pour éviter cette grande fatigue.

LE CHARRON. — Je comprends si bien cela, monsieur Lumet, que je ne permettrai plus à ouvrier, ni apprenti, de me dire qu'ils *ne peuvent pas* quand je me donne tant de peine pour leur enseigner le métier, et que j'y mets tant de patience ; il faudra bien qu'ils viennent à bout de ce qu'ils auront entrepris.

ÉTIENNE. — Et tu leur rendras ainsi un service signalé en ôtant tout prétexte à leur paresse ou à leur légèreté ; force-les à faire usage de leur intelligence, et tu verras tout ce que tu parviendras à en obtenir.

L'INSTITUTEUR. — Non-seulement la paresse est une véritable rouille de l'esprit, mais c'est un vice qui ne marche jamais seul.

LE CORDIER. — Il me semble que *vouloir* ainsi à toutes

les minutes de la vie, c'est une rude fatigue pour la tête des pauvres apprentis.

LE CHARRON. — Ne fatiguent-ils pas leurs bras chaque jour ?

BLIN. — Oh! ça, c'est bien différent ! le repos de la nuit délasse les bras de leur fatigue, et ils n'en sont que plus forts le lendemain. Mais l'esprit s'use à la fin !

L'INSTITUTEUR. — Vous n'écoutez donc pas nos discussions, Blin ! Autrement vous sauriez que c'est là une des erreurs les plus préjudiciables au travail et un excellent prétexte à la paresse. Retenez donc que l'esprit est comme les bras : plus on l'exerce, plus il se fortifie : si les ouvriers ont les bras plus forts que ceux des messieurs, ceux-ci, en revanche, ont l'esprit plus développé que les premiers ; ils ont besoin les uns des autres, précisément à cause de ce différent emploi de leurs forces : les services des bras s'échangent contre ceux de l'intelligence, et tout le monde serait heureux si les cœurs étaient de la partie.

LA MÈRE CHOPIN. — Je vous ai bien écoutés jusqu'au bout, et je me demande pourquoi les gens se donnent tant de peine pour vivre. Si chacun se contentait d'aussi peu de chose qu'il m'en faut, à moi, vous n'auriez pas besoin de vous disputer sur ce commerce, sur ces échanges sans fin et sur tout le reste.

LE PARCHEMINIER. — Elle est bonne là, la mère Chopin ! elle sera bien étonnée quand je lui dirai que plus de mille personnes ont été employées à faire les vêtements qui la couvrent à cette heure !

LA MÈRE CHOPIN. — Vous pouvez bien le dire, monsieur Châtelain, mais je ne suis pas forcée de vous croire ; je ne suis pas *si bête* encore que de m'imaginer qu'il faut tant de monde pour fabriquer mes pauvres guenilles.

CHATELAIN. — Vous êtes comme Blin, vous n'écoutez guère, quoi que vous en disiez. Sans cela vous sauriez que pour faire une épingle, la plus petite des choses dont vous faites usage chaque jour, il faut douze ouvriers, et que le cuivre qui la compose se trouve à une grande profondeur; comme pour les machines à vapeur, il faut des hommes pour l'extraire du minerai, pour l'apporter en France, car il vient d'Amérique; il a fallu des vaisseaux pour le transporter, et ces vaisseaux ne se font pas tout seuls, ni la toile de leurs voiles, ni la machine à vapeur qui les fait marcher. On va chercher le bois qu'on y emploie en Norwége, pays couvert de glace et de neige pendant huit mois de l'année. Vous savez ce que c'est que semer, recueillir, battre et filer le chanvre, et je ne parle pas des voitures nécessaires à transporter toutes ces choses et du temps qu'il faut pour les faire, aussi bien que pour élever et conduire les chevaux qu'on y attèle; je ne dirai rien non plus du fer qui y est employé, parce que nous avons traité tout cela en détail : l'épingle seule, mère Chopin, a employé les mille ouvriers et plus même; que dites-vous de cela ?

LA MÈRE CHOPIN. — Je dis que la tête m'en tourne.

L'INSTITUTEUR. — Et de même pour cette coiffe blanche dont la mousseline est faite avec le coton récolté en Amérique, qui emploie beaucoup de bras et de machines pour être nettoyé, cardé, filé, tissé, blanchi, apprêté, et qui, comme le cuivre, exige un grand attirail pour être apporté chez nous.

ÉTIENNE. — Et les clous de vos sabots, et cette *alliance* d'argent que je vois à votre doigt ! Croyez-vous, mère

Chopin, que cela se trouve tout fait comme les prunes aux pruniers?

LA MÈRE CHOPIN. — Comment tant de gens peuvent-ils vivre avec le peu d'argent que coûte tout ce que j'ai sur moi?

LE PARCHEMINIER. — C'est qu'ils n'ont pas travaillé pour la mère Chopin toute seule, mais pour des milliers de femmes qui, comme elle, portent des coiffes de mousseline, des sabots ferrés et une alliance d'argent, et qui perdent chaque jour une bonne quantité d'épingles; alors leur bénéfice résulte de l'infinité d'objets fabriqués et de la grande division du travail. Si Blanchard que voici était obligé d'extraire le minerai de fer, de le laver, de le fondre, de le mettre en barres avant de s'en servir pour *embattre* ses roues, ces barres lui reviendraient aussi cher que si elles étaient en argent.

CYR PATRIGEON. — Savez-vous bien, mère Chopin, ce que cela nous enseigne? C'est que Dieu veut que tous les hommes s'entr'aident; et ceux qui, comme vous, prétendent n'avoir besoin de personne, ne savent ce qu'ils disent; s'ils étaient abandonnés à eux-mêmes, ils ne tarderaient pas à mourir de faim et de froid. Le laboureur ne travaille-t-il pas sans cesse à remplacer les denrées et les matières premières consommées par l'ouvrier qui, de son côté, lui fournit les meubles et le vêtement?

L'HUISSIER. — Cette grande assurance mutuelle augmente la civilisation dont elle est le résultat, rendant ainsi à sa mère plus qu'elle n'en reçoit; voilà où se retrouve cette vraie fraternité à laquelle il faut toujours revenir, bon gré mal gré : cette fraternité en Dieu et dans le travail, la plus sainte chose du monde, et qui fait qu'aussitôt que les intérêts d'une classe sont lésés toutes les autres en souffrent.

CYR PATRIGEON. — Malheureusement ces choses-là sont mal comprises; croyez-en un vieillard qui a vu bien des événements pendant sa longue vie, quand il vous affirme, la main sur la conscience, qu'il n'y a de bon et d'immuable sur cette terre que le travail et la probité.

LA MÈRE CHOPIN. — Pourquoi le gouvernement ne donne-t-il pas tous les matins la part à chacun? Comme cela on serait tous frères, sans grands ni petits.

L'INSTITUTEUR. — Et qui donc travaillerait pour la fournir, cette part?

CYR PATRIGEON. — La famille deviendrait alors trop considérable pour être ré ,entée ainsi. On a déjà tant de peine à maintenir la paix et la subordination dans les nôtres, qui sont si peu nombreuses! car, aussitôt que l'enfant sent ses forces et croit pouvoir se suffire, le besoin d'indépendance qu'on retrouve en tout homme le porte à s'affranchir du joug paternel. Comment le gouvernement pourrait-il faire sa volonté là où celle du père de famille peut à peine se maintenir?

LE PARCHEMINIER. — Les lois et la force publique y seraient impuissantes quand il s'agirait d'obtenir obéissance, en des choses semblables, de milliers d'hommes peu commodes à diriger.

LE MEUNIER. — C'est comme quand je repique mes meules : j'ai beau les remonter avec soin et bien nettoyer mes engrenages, il y a toujours quelques frottements que je n'ai pas prévus.

L'INSTITUTEUR. — Et les frottements de la volonté hu-

maine sont autrement difficiles à éviter que ceux de vos
engrenages !

LA MÈRE CHOPIN. — Mon Dieu ! un rien vous embar-
rasse ; on donnerait la tâche à chacun en même temps
que sa nourriture, comme fait un maître pour ses ouvriers.

LE PARCHEMINIER. — Avec cette différence que le maître
connaît le prix du travail de l'ouvrier et celui des matières qu'il emploie, ce qui lui permet de calculer son bénéfice : mais si l'administration s'en mêlait, l'on profite-
rait de son ignorance pour la tromper. L'intérêt particulier est seul capable d'assurer la prospérité générale.

LE FILEUR. — Oh ! mais l'administration s'adjoindrait
comme surveillants des gens de toutes les professions.

L'INSTITUTEUR. — Comment un garçon intelligent peut-il
dire de semblables niaiseries ? Ne serait-ce pas à peu près
ce qui se passe aujourd'hui ? avec cette différence pourtant
que les industriels salariés ne prendraient qu'un faible
intérêt à la prospérité de l'industrie, n'y étant plus stimu-
lés par la concurrence. L'État, bien plus avisé que vous,
cherche au contraire, chaque jour, à se décharger sur l'intérêt privé d'une foule d'entreprises, et fait preuve de sagesse en cela. Cet intérêt n'est-il pas le plus vigilant de
tous ?

LE SERRURIER. — Ce qui ne l'empêche pas de se tromper quelquefois, puisqu'il se trouve des gens qui se ruinent en travaillant.

L'INSTITUTEUR. — Les uns sont imprudents, les autres
poussés dans une fausse voie par l'ambition, sans compter ceux que frappe un malheur imprévu. Mais toutes ces
ruines partielles sont loin d'entraîner les graves consé-

quences qu'aurait la ruine de l'Etat, car l'intérêt privé ne saurait errer longtemps.

ÉTIENNE. — Croyez-vous que le télégraphe électrique rendra de grands services à l'industrie?

L'INSTITUTEUR. — Oui, dans l'avenir surtout, quand on aura pris l'habitude de s'en servir.

LE CORDIER. — Dans l'avenir comme dans le présent et dans le passé, le faible sera toujours opprimé par le fort, en dépit de toutes les inventions nouvelles.

CYR PATRIGEON. — Voici encore une mauvaise parole, Blin, et qui montre une fois de plus que l'esprit de justice et d'équité ne réside pas en toi. Le faible est plus protégé actuellement par la loi qu'il ne le fut jamais, et tu n'as pas le droit de prédire son oppression dans l'avenir. Le dernier des Français, pourvu qu'il soit dans son droit, obtient justice contre le gouvernement lui-même. Compterais-tu donc cela pour rien, toi qui ne cesses de te plaindre?

L'INSTITUTEUR. — Sous ce rapport, la France est certainement la nation la plus avancée de l'Europe. La guerre est le seul vestige qui nous reste du règne de la force, et chaque jour elle a moins de chances de se produire. Les intérêts de toutes les nations sont tellement mélangés et devenus solidaires par les transactions commerciales, qu'une guerre comme il y en eut pendant les quinze premières années de ce siècle serait également ruineuse pour les vainqueurs et pour les vaincus. Ce ne sera pas le peuple le plus fort qui assujettira les autres, mais le peuple le plus travailleur et le plus habile. Ce ne sera donc plus avec les hommes que se fera la guerre maintenant, mais avec les produits de l'industrie. Ces grandes expositions où, de toutes les parties du monde, chacun est libre

d'apporter son œuvre, voilà le grand champ de bataille
qui ne sera pas arrosé de sang humain. Il faut donc que
chacun le sache, y pense et se le répète chaque jour, afin
de ne pas s'endormir sur le succès : car les traînards seront
les vaincus dans cette lutte pacifique, surtout chez nous
autres Français qui sommes si jeunes en industrie, et
cnez qui le travail était presque un déshonneur avant
notre glorieuse Révolution. Les grandes victoires à venir
ne seront plus remportées par un certain nombre d'hommes enrégimentés, mais par la grande armée des travailleurs. Quel malheur que l'ouvrier ne veuille ou ne puisse
pas comprendre les questions sociales qui le touchent de
près ! S'il gagne moins que les cultivateurs à la prospérité
du pays, il souffre infiniment plus qu'eux de sa décadence.
Faute d'être bien éclairé sur ses véritables intérêts, il
tombe parfois dans une infinité d'erreurs qu'il lui faut ensuite expier cruellement.

DOUZIÈME VEILLÉE

EMPLOI DU TEMPS, PROBITÉ, TEMPÉRANCE, CHARITÉ, DEVOIR

LE PARCHEMINIER. Mon oncle, il n'est bruit dans le quartier que de votre querelle avec les tailleurs de pierre qui travaillent à la reconstruction du pont du château. Comment se peut-il faire que vous, l'homme juste et pacifique par excellence, vous vous soyez querellé avec quelqu'un ?

CYR PATRIGEON. — Ne m'en parle pas, mon neveu ! tu m'en vois encore tout confus. Je me suis laissé aller à mon indignation en voyant ce tas de fainéants le nez en l'air, et j'ai eu grand tort, ie le reconnais ; car si l'intention était louable, l'effet n'y a pas répondu.

LE PARCHEMINIER. — Mais comment la chose est-elle arrivée ?

CYR PATRIGEON. — Il faisait si beau ce matin que Simon m'a encore une fois installé bien commodément dans la petite voiture, et m'a mené promener pour me réchauffer à ces derniers rayons du soleil de novembre. Après avoir fait le tour de nos champs, nous avons suivi la rue du Faubourg jusqu'au pont, Simon ayant affaire par là. Pendant qu'il parlait à son charpentier, je regardais ces ouvriers qui, au lieu de tailler consciencieusement leurs pierres

causaient ou jouaient au *palet*. Croyant qu'ils prenaient
leur repas du milieu de la journée, je demandai à l'un
d'eux pourquoi l'heure du goûter était changée. Il me répondit que rien n'était changé, et qu'ils iraient manger
à midi comme à l'ordinaire. Alors je m'étonnai de les
voir si peu occupés de leur besogne. Un jardinier qui
plantait ses laitues d'hiver dans son jardin tout contre
la rivière, me dit qu'il en était toujours ainsi quand les
ingénieurs ou l'entrepreneur n'étaient pas là pour surveiller ces gens. Je cherchai à faire comprendre à ceux
qui entouraient ma petite voiture qu'ils se rendaient coupables d'un véritable *vol*, en n'employant pas leur temps
au profit de celui qui le leur payait. A ce mot de *vol* ils se
récrièrent; moi, je soutins mon dire en m'échauffant outre
mesure, malgré mes quatre-vingt-dix ans. Je leur démon-
trai sans peine que leur journée étant payée 2 francs
40 centimes, chacune de leurs heures valait 20 centimes;
que par conséquent autant d'heures ils perdaient, autant
de 20 centimes ils prenaient dans la poche de l'entrepreneur. Ils ont protesté, je me suis entêté, criant à tue-tête
que le *temps* c'était de l'*argent*, et que tout homme qui
n'employait pas celui qu'on lui paie n'était qu'un *voleur*.
La foule se faisait autour de nous, et, ma foi! je ne sais
pas trop ce qui en serait advenu sans l'arrivée de l'entrepreneur. Chaque ouvrier courut à sa besogne, hué par
l'assistance, et moi je dis à Simon de fouetter la bourri-
que, tant j'étais honteux d'avoir fait scandale, malgré mes
bonnes intentions.

LE MARÉCHAL. — Je ne vois pas, monsieur Patrigeon,
qu'il y ait lieu d'être confus de ce qui est arrivé là; car enfin, tous les moyens sont bons pour produire le bien.

CYR PATRIGEON. — Non pas, Blanchard, non pas! Si,

pour faire le bien, on en appelle aux passions, même aux meilleures, il en résulte toujours quelque trouble ; car qui dit *passion* dit *excès*, et l'excès ne vaut jamais rien. Si, ce matin, au lieu de me monter la tête comme un jeune homme, je m'étais contenté de faire remarquer à un ouvrier ce tas de fainéants qui, au lieu de gagner honnêtement le pain de leur famille, passent leur temps à regarder les travaux du pont, je lui aurais facilement fait comprendre la sottise de ces gens-là, qui agissent absolument comme s'ils jetaient dans la rivière l'argent qu'ils auraient gagné en travaillant ; car cette journée perdue, rien au monde ne peut la leur rendre. J'aurais ainsi amené mon ouvrier musard à discuter la valeur du temps et la question de probité que renferme son bon emploi, et j'aurais agi plus efficacement sur son esprit qu'en lui faisant des reproches directs. Étant de sang-froid l'un et l'autre, je me serais mieux expliqué, il m'aurait mieux compris et bien certainement je l'aurais convaincu.

LE SERRURIER. — Au fait, on a bien eu l'idée de capitaliser l'argent, comment celle de capitaliser le temps n'est-elle venue à personne ?

LE CORDIER. — C'est que l'argent peut se mettre dans un sac : mais le temps, comment faire ?

LE PARCHEMINIER. — On capitalise le temps sous forme de travail ; si on pouvait ressaisir tout celui qui est perdu chaque jour, que de choses ne ferait-on pas ! Vous, par exemple, Blin, dont le métier ne peut s'exercer qu'en plein air et quand il fait beau, il vous reste bien des moments inoccupés, sans parler des soirées : quel beau capital vous eussiez pu réunir ?

LE CORDIER. — J'en ai bien trop, de ces moments-là, malheureusement pour moi !

ÉTIENNE. — Pourquoi ne joins-tu pas à la tienne, une industrie qui puisse s'exercer à la maison ? Tu capitaliserais ainsi tous les moments perdus, et tu mettrais en sac l'argent qu'ils te produiraient. En Normandie, le pays de France où l'on conçoit le mieux le prix du temps, dans la moindre chaumière se voit un métier à tisser la toile ou bien à faire les bonnets de coton : souvent tous les deux à la fois. Si le cultivateur est obligé de quitter la bêche ou la charrue pour cause de pluie, plus fréquente là qu'ailleurs, il se met de suite au métier; et ne fît-il que trente tours de tricots, ne lançât-il la navette qu'une cinquantaine de fois en attendant le beau temps, c'est autant de gagné; et tout cela réuni fait une certaine somme. Les femmes s'en mêlent aussi. Il y a tant d'instants que l'on gaspille sans plaisir pour personne, pas même pour soi, et qui pourraient être facilement capitalisés au grand avantage de tous!

L'INSTITUTEUR. — Si au moins l'ouvrier avait toujours à sa portée un bon livre dont il lirait quelques pages pendant les instants de chômage forcé, le temps serait capitalisé au profit de son intelligence. Rien ne m'attriste plus que de voir les gens oisifs sur le pas de leur porte ou bien sur le banc du café. N'est-on pas bien coupable de laisser sans emploi les facultés que le ciel nous a données ?

LE CORDIER. — C'est si bon de ne penser à rien ?

LE MARÉCHAL. — Eh bien! voilà un singulier plaisir ! il nous met de niveau avec les animaux qui ne vivent que pour manger et dormir.

ÉTIENNE. — Encore l'animal fait-il bien des combinaisons pour trouver sa nourriture, et emploie-t-il mille ruses pour échapper à son ennemi.

LE PARCHEMINIER. — Nous parlions de capital l'autre

jour : mais le temps et les bras sont le plus important de tous, puisqu'ils créent les autres capitaux de toute nature : et celui-là nous est bien donné *gratis*.

VÉRONIQUE. — C'est pourquoi, je le crains bien, on en fait si peu de cas.

LE PARCHEMINIER. — Ce n'est certes pas vous, ma tante, qui tombez dans cette faute. Excepté le saint dimanche, l'on vous voit occupée sans cesse, malgré votre grand âge qui cependant commande le repos.

LA MAITRESSE PATRIGEON. — Et si le dimanche les mains de ma tante restent inactives, il n'en est pas de même de son esprit. Après avoir assisté aux offices, elle arrange dans sa tête les services qu'elle rendra pendant la semaine.

VÉRONIQUE. — Ce n'est qu'en capitalisant mon temps, comme vous le dites, que je puis travailler pour nos voisins les plus pauvres ; c'est mon trésor, à moi qui ne possède rien en propre, puisque j'ai abandonné ma part à mon frère et à sa femme. Si je vous disais tout ce que je fais dans ce qu'on appelle les moments perdus, vous ne pourriez le croire.

LA MAITRESSE PATRIGEON. — Ma tante fait tout le linge de celles de nos voisines qui n'ont pas le temps de le coudre elles-mêmes : les vieillards ne sont chaussés que de son tricot ; elle fait toutes les layettes, sans compter les mille guenilles qu'elle raccommode courageusement.

L'INSTITUTEUR. — Il faut convenir pourtant que s'il est des gens qui ne connaissent pas la valeur du temps, il en est qui lui demandent trop, ne voulant pas comprendre qu'il faut mettre le temps nécessaire à toute chose pour qu'elle vienne à bien ; ont-ils une idée ? aussitôt ils veulent la mettre en œuvre avant de lui avoir fait subir l'épreuve de la réflexion : cependant, comme il se trouve beaucoup d'esprits faibles et infirmes, il est nécessaire que les ardents modèrent leur train afin que tout le monde arrive ensemble au but. Le progrès ne consiste pas à toujours courir en avant, mais bien plutôt à marcher posément vers l'idée nouvelle, en soutenant les pas de ceux dont l'haleine est courte afin qu'ils puissent s'en approcher à leur tour; et il n'y a de progrès véritablement acquis au monde qu'alors que la nécessité en est ressentie par le plus grand nombre, éclairé ou non. Tant qu'il n'est accessible qu'aux intelligences cultivées, il ne porte pas grands fruits.

LE CHARRON. — Savez-vous bien, monsieur Lumet, qu'il est des gens qui ne veulent pas marcher du tout ? Et j'en connais, moi, de ces gens-là !

L'INSTITUTEUR. — Oh ! ceux-là sont les orgueilleux et les entêtés. Mais étant en minorité, on en tient peu de compte ; et encore se laissent-ils entraîner par le courant, malgré eux. Il est une autre classe d'orgueilleux qui va toujours en avant sans s'inquiéter si elle est suivie par la foule. Ceux-là ne sont occupés que des satisfactions de leur esprit et non du bien général.

CYR PATRIGEON. — Ceux-là manquent de l'amour du prochain qui féconde tout, et sans lequel les meilleures idées restent stériles. Si, avec un peu plus d'humilité, ils ralentissaient leur pas, les autres ne désespérant plus de les atteindre accéléreraient le leur, et tout en irait mieux.

LE PARCHEMINIER. — Cette difficulté de s'entendre ne tient qu'au manque d'équité. Les plus pressés se plaignent des abus sans tenir compte des bonnes choses; aussi courent-ils quelquefois au-devant de maux tout aussi insupportables que ceux dont ils souffrent.

L'INSTITUTEUR. — Il est juste de dire cependant que la

somme des abus diminue chaque jour et que la notion d'équité s'étend de plus en plus.

UNE DES BRUS. — Monsieur Lumet, définissez-moi donc bien clairement ce mot d'*équité*, s'il vous plaît ?

L'INSTITUTEUR. — *Équité* signifie justice naturelle, droiture : *autant d'un côté que de l'autre* ; l'équité veut que dans tous nos jugements, dans toutes nos actions, nous fassions la part d'autrui égale à la nôtre, et que nous lui rendions justice, même contre notre propre intérêt.

LA BRU. — Mais ce n'est pas déjà si facile, cela, savez-vous ?

CYR PATRIGEON. — Plus facile que tu ne le crois, Geneviève ; pour y réussir il faut se mettre en idée à la place de ceux avec qui l'on est en contestation, et se demander ce qu'on penserait du jugement qu'on va porter s'il était prononcé par un autre : on voit tout de suite de quel côté est le bon droit.

LE CHARRON, *riant*. — Voisin Pivert, tu as terriblement péché contre l'équité quand tu t'es brouillé avec Gaulthier parce qu'il n'a pas voulu te vendre sa maison ; car tu trouvais tout naturel qu'il s'en défît en ta faveur.

LE VIGNERON. — Crois-tu donc que je la voulais pour rien, cette maison ?

LE CHARRON. — Non certainement ; je sais bien que tu la lui aurais payée. Mais pourquoi vouloir que cet homme fasse un marché qui lui déplaît ? Il a mis beaucoup de modération dans toute cette affaire ; et pourtant, n'avait-il pas raison d'être choqué de se voir harcelé parce qu'il ne voulait pas vendre la maison où il se trouve bien ? Tu as dit de ces paroles qui blessent comme le glaive ; et voilà deux braves gens brouillés à mort parce que l'un ne veut pas sortir de sa maison qui fait bonne envie à l'autre ! Est-ce équitable, cela, voyons ?

CYR PATRIGEON. — Je dis, moi, qu'il y a là manque de probité.

LE VIGNERON. — Voilà une parole bien rigoureuse, monsieur Patrigeon.

CYR PATRIGEON. — J'en suis fâché, mon camarade, mais elle n'est que juste. Il est mille moyens de manquer de probité sans pour cela être ce qu'on appelle un fripon. Les ouvriers avec qui je me suis disputé ce matin manquent certainement de probité, et cependant on ne les regarde pas comme de malhonnêtes gens. Il en est de même de celui qui surprend le secret de ses voisins, ou bien qui divulgue celui qu'on lui a confié; et en même temps la probité se rencontre quelquefois chez les malheureux que la société repousse à bon droit. Ainsi, les contrebandiers qui passent en fraude d'un pays dans un autre des dentelles, des montres, des bijoux, et qui ne gagnent qu'un minime salaire à ce métier rempli de périls, font preuve de probité en respectant scrupuleusement les objets dont ils sont chargés et qu'ils pourraient facilement s'approprier; vous comprenez bien cependant qu'il est impossible de classer les contrebandiers parmi les honnêtes gens.

L'INSTITUTEUR. — En mettant toute considération morale de côté, et ne regardant les choses qu'au point de vue de l'intérêt particulier, on ne comprend réellement pas qu'il y ait des fripons; leurs dupes ne veulent plus avoir affaire à eux : chacun les renie et leur refuse toute estime. Ils ont beau s'enrichir et mettre leur bonheur dans la jouissance de ce bien mal acquis, l'humiliation ne manque pas de les frapper au cœur. Regardez attentivement l'homme dont la conscience n'est pas pure, vous verrez combien sa physionomie est troublée; son regard ne se lève jamais franchement sur la personne qui lui parle. Veulent-ils, par hasard, agir honnêtement, on suspecte leur sincérité, et l'on cherche des motifs honteux à leurs actions les plus simples. En vérité, il suffit de l'intérêt bien entendu pour nous maintenir dans le droit chemin.

VÉRONIQUE. — Ne trouvez-vous pas qu'en n'aidant point aux efforts de celui qui cherche à rentrer dans la bonne voie, on manque essentiellement de charité? Ne le force-t-on pas ainsi à persévérer dans la mauvaise où il finit par s'endurcir? Je crois que c'est un compte qu'il faudra rendre à Dieu.

LE MARÉCHAL. — Mais j'y pense! Comment se fait-il que Pivert soit ici au lieu d'assister à la noce de sa nièce? Dis-nous un peu, voisin, pourquoi tu n'es pas à boire et à te réjouir avec le reste de ta famille?

LE VIGNERON. — C'est précisément pour n'être pas tenté de boire outre mesure que j'ai quitté la noce pour venir vous retrouver. J'ai un peu trop fêté la bouteille dans ma jeunesse, et mon estomac s'en ressent. Je reconnais la vérité de ce qui a été dit ici; c'est que toute faute porte sa peine avec soi.

ÉTIENNE. — Tiens! nous étions jeunes ensemble et je ne t'ai jamais connu buveur?

LE VIGNERON. — C'est que je ne me suis jamais grisé, affaire de tempérament; et cela me poussait précisément à faire des vaillantises. Je me plaisais à griser les camarades, moi qui conservais ma raison en buvant, pendant qu'ils perdaient la leur. Mais le vin n'en faisait pas moins son ravage; si bien qu'aujourd'hui, il suffit d'un seul verre de vieux pour me rendre malade.

LA MAÎTRESSE PATRIGEON. — Les ouvriers de la filature sont donc aussi de cette noce qui se fait à Chinault? car Rémi n'est pas ici comme à l'ordinaire. Il en aura pris un peu trop, sans doute, et ne veut pas que sa promise le voie ainsi.

LA FIANCÉE. — Il est pourtant bien sobre de coutume, ma mère, et je crains que vous ne le soupçonniez à tort.

LE MEUNIER. — Si tous les ouvriers de la filature buvaient de bon vin à chaque repas pour soutenir leurs forces, ils ne seraient pas si curieux d'aller au café et même au cabaret chercher l'excitation dont a besoin l'homme enfermé toute la journée dans un atelier; et cela ne leur coûterait pas plus cher, moins même, et porterait plus de profit; car il est bien reconnu que si le vin des cabarets détruit à la longue les forces de l'homme, celui qu'il boit à ses repas les répare, au contraire. Mais comment leur faire entendre cela, dans les grandes villes surtout!

LE PARCHEMINIER. — C'est un grand malheur, mais qu'il est difficile d'éviter. Considérez comment sont logés ces pauvres diables! Le besoin de respirer le grand air, qu'ils ne trouvent pas dans leur réduit, en sortant de l'atelier, les force à sortir; et ils ne savent pas résister à l'attrait du cabaret où ils s'empoisonnent lentement avec le vin frelaté qu'on y débite.

L'INSTITUTEUR. — N'allez pas vous imaginer que le grand nombre des cabarets fasse le grand nombre des buveurs. Dans tous les pays où l'ouvrier, plus instruit, recherche des plaisirs plus délicats, le nombre des cabarets va toujours en diminuant.

VÉRONIQUE. — Est-il vrai, Châtelain, qu'il y ait des pays où se sont formées des sociétés de tempérance dont chaque membre s'engage à ne boire que de l'eau?

LE PARCHEMINIER. — Oui, ma chère tante, en Amérique et aussi en Angleterre, pays où l'on ne récolte pas de vin. Elles sont instituées surtout pour mettre un terme à l'abus qu'on y fait des liqueurs fortes. En France, les mœurs font justice de ces honteux excès, et rendent les sociétés de tempérance inutiles. Plus nous allons, plus les ivrognes deviennent rares ; il ne s'en trouve plus que parmi les gens qui ont perdu toute vergogne. Cela me rappelle que quand Rémi est arrivé dans notre pays, il s'imaginait que chacun, ayant du vin dans sa cave, devait en boire sans mesure, et il fut fort surpris de voir les vignerons, même les plus aisés, se contenter de piquette à l'ordinaire.

L'INSTITUTEUR. — C'est justement dans les contrées qui ne produisent pas de vin que l'ivrognerie est le vice capital des populations. En Angleterre, le peuple s'enivre avec de l'eau-de-vie de genièvre. L'Amérique échange ses nombreux produits contre une immense quantité d'eau-de-vie. En 1827, il y a déjà longtemps de cela, on a évalué à 2,492,000 hectolitres ce qui s'y consomme. Avant l'institution des sociétés de tempérance, l'abus des spiritueux enlevait, chaque année, trente-trois mille individus de tout sexe et de tout âge sur un million. Et comme la population a peut-être doublé depuis lors, jugez où cela pourrait aller maintenant ?

CYR PATRIGEON. — Mais c'était donc pis que la peste !

L'INSTITUTEUR. — Les sociétés de tempérance ont beaucoup diminué cet épouvantable fléau, et les cas d'ivrognerie sont devenus un peu plus rares.

LE CHARRON. — Ces Anglais sont de rudes consommateurs. Hier je suis allé conduire un tombereau neuf à la forge de Mareuil. J'y ai vu des ouvriers anglais qui font une fois plus de besogne que les Français, et j'en étais tout étonné; car je voyais bien que le courage était égal des deux côtés. Le régisseur me fit observer que si le courage était égal, les forces ne l'étaient pas. Le forgeron anglais mange beaucoup plus de viande que l'autre, et résiste mieux à la fatigue. Quelques ouvriers français ont essayé du régime et s'en trouvent si bien qu'ils rivalisent avec l'étranger maintenant.

LE MARÉCHAL. — N'est-il pas bien malheureux que la viande soit à un prix tel qu'il n'est pas donné à tout le monde d'en manger à son aise?

ÉTIENNE. — Il faut espérer que nous arriverons à en produire assez un jour, grâce aux progrès que fait l'agriculture. Les prairies artificielles s'étendent chaque jour davantage; mais je doute qu'on parvienne jamais à persuader à l'homme des champs de renoncer à cette trop grande frugalité qui l'épuise avant l'âge, et lui cause tant de maladies.

LE PARCHEMINIER. — S'il pouvait donc communiquer cette grande frugalité à l'ouvrier de fabrique et en recevoir un peu plus d'amour de bien-être, ils s'en trouveraient bien tous les deux : car ils amoindrissent également leurs forces, l'un par les privations, l'autre par les excès; et ce dernier, devenu plus prévoyant et plus économe, perdrait cette inquiétude d'esprit qui lui fait si souvent prendre ses intérêts au rebours.

CYR PATRIGEON, *souriant*. — Hé ! j'ai vu dans ma jeunesse les bourgeois les plus huppés, voire même la petite noblesse, dîner chez le traiteur et n'être pas toujours en état de retourner au logis après le festin.

LE MARÉCHAL. — L'habitude de boire est donc bien impérieuse puisque le proverbe qui dit : *qui a bu boira*, se trouve si souvent justifié?

LE MEUNIER. — Le proverbe en a menti ! Les bonnes habitudes sont moins difficiles à prendre qu'on ne se l'imagine : j'en sais quelque chose, moi. Étant jeune, je me plaisais bien au cabaret, non pas que j'aie jamais aimé à boire : mais là on causait, on riait, et l'allure de tous ces viveurs me réjouissait fort. J'étais *meunier de ville* chez mon père ; plus d'une pratique me trouvant bon garçon payait volontiers bouteille, et mes tournées n'en finissaient pas. Maître Pigelet s'aperçut à temps que je me dérangeais. En homme prudent, il ne fit pas de bruit ; mais après s'être bien renseigné il me prit un jour à part et me fit une peinture si vive du sort qui m'attendait si je ne coupais court à mon funeste penchant : il me parla si chaleureusement de l'honneur de la famille que j'avais peut-être déjà compromis, qu'il obtint de moi la promesse de ne jamais mettre le pied ni dans un cabaret ni dans un café ; et j'ai tenu religieusement ma parole.

LE PARCHEMINIER. — L'intempérance est encore une des plus nombreuses conséquences de l'ignorance ; elle crée un grand nombre de malheureux qu'on ne peut plus ramener à la dignité d'hommes, c'est-à-dire de travailleurs, et qui finissent tous misérablement.

LE CORDIER. — Bah ! Pourquoi donc tant se préoccuper de l'avenir quand on n'est pas bien sûr du lendemain !

L'INSTITUTEUR. — Blin, ceci est d'une philosophie fausse et de la pire espèce. L'homme ne vit pas isolé en ce monde : l'économie qu'il fait profitera à sa famille, qu'il ait des enfants ou non. Le genre humain ne compose-t-il pas une grande famille, et chacun ne doit-il pas travailler consciencieusement à la prospérité générale ?

LE CORDIER. — Ma foi, monsieur Lumet, il est des gens

que je ne puis me décider à considérer comme de ma famille, et à qui je ne donnerais pas une poignée de main pour tout l'or du monde.

CYR PATRIGEON. — Blin, il faut se garder d'être aussi rigoureux. Nous blâmons souvent des gens que nous eussions imités si nous nous fussions trouvés dans les mêmes circonstances. Ce sont les mauvaises actions qu'il faut flétrir énergiquement et non les hommes, envers lesquels il faut toujours être miséricordieux : est-on jamais certain que le coupable ait senti la portée de sa mauvaise action ?

VÉRONIQUE. — Quand on voit une pauvre âme en danger de se perdre, est-il bien humain de lui refuser assistance, même au prix d'un peu de dégoût ? Voyons, voisins, si l'un de nos petits enfants tombait dans la mare, l'y laisseriez-vous périr crainte de vous salir en le sauvant ?

BLIN. — Ah ! ma chère demoiselle, pouvez-vous faire une pareille question ?

VÉRONIQUE. — Eh bien ! mon ami, si vous voyiez votre prochain mettre le pied dans le bourbier du vice, ne l'avertiriez-vous pas qu'il se trompe de chemin ? S'il y tombe, la crainte d'être sali par son contact vous empêchera-t-elle de l'aider à se relever ? Et si vous parveniez à le tirer de là, ne le couvririez-vous pas de votre manteau jusqu'à ce qu'il se soit purifié de la fange qui le souille ?

LE MEUNIER. — Mademoiselle Véronique, il faut être sainte comme vous pour faire de ces choses-là.

CYR PATRIGEON. — Ma sœur a lavé dans sa vie beaucoup de ces sortes de souillures ; croyez-vous que son honnêteté en soit entachée ?

VÉRONIQUE. — Mon Dieu, voisins, si l'on épluchait sa

conscience avec scrupule, on y puiserait mille raisons d'être indulgent.

LA MAITRESSE PATRIGEON. — Ce n'est certainement pas là, ma tante, que vous trouvez les vôtres !

VÉRONIQUE. — Ma nièce, une pauvre fille comme moi, dont la vie est circonscrite en un petit nombre de devoirs faciles à remplir, n'a pas grande occasion de pécher activement ; mais les péchés par omission n'en sont pas moins graves.

LE CHARRON. — C'est être aussi trop scrupuleuse, mademoiselle Véronique !

VÉRONIQUE. — Mon ami, quand l'occasion s'offre d'obliger le prochain ou même de lui faire simplement plaisir, on n'est pas excusable de s'en abstenir.

ÉTIENNE. — Mais, ma tante, loin de négliger ces occasions-là, vous les recherchez au contraire.

VÉRONIQUE. — Pas toujours comme j'aurais dû le faire, et en voici la preuve :

Dans ma jeunesse, j'étais extrêmement timide et l'âge ne m'a pas encore entièrement dépouillée de cette sorte d'infirmité, car je suis loin d'être exempte de la *fausse honte*, cette exagération du respect humain, caractère distinctif du Berrichon. Un jour de marché, j'avais dix-huit ans alors, je passais dans la rue de l'Avesnier pour aller retrouver mon père qui mettait sa voiture à l'auberge des Trois-Rois ; j'aperçus un rassemblement au coin de la rue Marmouse, et m'étant approchée, je vis une femme étendue le long de la borne dans un état complet d'ivresse. La malheureuse s'était blessée en tombant, et les spectateurs de sa chute l'accablaient de quolibets et d'injures ; pas une main secourable ne se tendait vers elle. Mon premier mouvement fut pour étancher son sang, la relever, et la conduire chez elle. Je cherchai à me faire faire place, et les plaisanteries tombèrent sur moi. En me voyant ainsi en évidence, mon courage faillit, et j'eus la lâcheté de m'enfuir toute mécontente de moi-même; la malheureuse me rappelait à grands cris, et je l'entendis longtemps dans mes rêves.

Une autre fois je rencontrai à la foire trois petits enfants, beaux comme des chérubins, arrêtés devant une de ces loteries où l'on tire des biscuits et des macarons. Ils étaient tout tristes, les pauvres petits ! Leurs yeux s'animaient pourtant quand un des tireurs gagnait quelqu'une des friandises exposées sur la table. Un vieux monsieur leur demanda pourquoi ils ne tiraient pas aussi. Je n'ai pas de sous, répondit le plus grand, le cœur gros de larmes : — Tiens, en voilà un, tire à ton tour ! — Puis il continua son chemin. Les larmes vinrent aux yeux des deux petits camarades, et j'en fus si touchée que je m'avançai pour les faire tirer aussi. Mais quand je vis tous les regards fixés sur moi, je quittai la place. Tout ceci, et bien d'autres incidents du même genre, vous semblent de peu d'importance; et pourtant j'en conserve toujours des remords, car je ne puis me dissimuler que j'aie été lâche de cœur. Pourrais-je donc affirmer que dans de plus graves circonstances j'aurais montré plus de courage ? Non, en vérité, je n'en ai pas le droit.

LIMONDIN. — Mademoiselle Véronique, ce ne sont pourtant pas là des fautes !

VÉRONIQUE. — Si vraiment, ce sont des fautes, puisque j'en conserve un remords ! Faites donc attention que la pente du mal est si douce, si insensible pour les cœurs honnêtes, que l'omission de ce qui est bien conduit tout droit à l'indifférence ; de l'indifférence à l'égoïsme, le père de tous les péchés. Il faut donc être très-rigoureux à soi-même, tandis qu'on doit indulgence au prochain ; et n'oublions pas que la critique a un certain charme qui nous induit trop souvent en méchanceté.

LE MEUNIER. — Dites-nous un peu pourquoi ce sont précisément ceux qui donnent prise à la critique qui manquent de charité ?

L'INSTITUTEUR. — Ils devraient pourtant connaître mieux que personne que le bien n'est pas toujours facile à faire, et que non-seulement il y faut mettre beaucoup de bonne volonté, mais que pour l'accomplir avec fruit il est nécessaire d'avoir une ferme résolution et même une bonne santé.

LE MARÉCHAL. — La croyez-vous donc bien indispensable ?

L'INSTITUTEUR. — Certainement oui. Quels services peut donc rendre l'homme malade et le valétudinaire ? Aussi l'homme de bien est-il dans l'obligation de maintenir en santé son corps aussi bien que son âme. N'est-ce pas le corps qui, docile aux inspirations de celle-ci, pratique la vertu et rend les services ? Qui peut donc répondre que la maladie ne lui fera pas faire quelque action dont il eût rougi, s'il fût resté sain de corps ?

LA MEUNIÈRE. — Je n'ai jamais compris le plaisir que tant de gens trouvent dans la médisance.

VÉRONIQUE. — D'autant plus que la médisance, loin de nous améliorer, nous donne au contraire une haute idée de nous-même ; et l'on finit par traiter les gens avec d'autant plus de rigueur qu'on exige de miséricorde pour soi.

LE CORDIER. — C'est qu'il est si commode d'accuser et si doux d'être excusé !

CYR PATRIGEON. — Oui ; on dirait que l'abaissement d'autrui nous grandit ; et cependant le bien est toujours le bien, la proportion n'y fait rien ; de même une mauvaise action n'en devient pas meilleure pour se produire au milieu d'actions encore plus mauvaises.

VÉRONIQUE. — C'est comme ma petite taille, qui n'ajoute pas un centimètre à celle de la maîtresse Pigelet, dont je n'atteins pas l'épaule.

LE CHARRON. — Pourtant, si toutes les femmes étaient aussi petites que vous, la meunière nous semblerait une géante.

VÉRONIQUE. — Elle n'en aurait pas moins que cent soixante-dix-sept centimètres.

LE VIGNERON. — Jolie taille de conscrit, vraiment !

L'INSTITUTEUR. — Croyez-moi, mes amis, c'est une triste supériorité que celle qui repose sur l'infériorité de notre entourage, et il est mauvais de rechercher cette royauté dont parle le proverbe ; car mieux vaut être au nombre des clairvoyants que d'être roi chez les aveugles. On s'amoindrit infailliblement en se contentant de cette royauté borgne, triomphe de l'orgueil joint à la paresse.

VÉRONIQUE. — Usons donc largement de charité envers le prochain : donnons-lui de bons exemples, afin de l'améliorer si c'est nécessaire, ce que ne saurait faire ni la raillerie ni la médisance.

LE MEUNIER. — Pour moi, je ne crois pas facilement aux mauvaises intentions, et malgré cela je ne suis pas plus souvent dupé qu'un autre. J'ai rarement à me plaindre des gens auxquels j'ai affaire, et voici ce qui m'a rendu si accommodant. Étant tout petit, j'entendis une parole de notre curé qui me fit une vive impression et je ne l'ai jamais oubliée. Mon père était en discussion avec son frère pour la délimitation d'une prairie qu'ils fauchaient en commun; on s'échauffait, et déjà l'on menaçait d'un procès quand le curé entra au moulin. Mon père courut à lui en s'écriant: « Monsieur le curé, jugez entre nous, et j'accepte d'avance votre décision ! »

Et il se préparait à lui conter le chose tout au long quand le saint homme l'arrêta dès les premiers mots, en lui disant: « Je ne veux rien savoir; seulement aimez-vous tous les deux en bons frères, et vous serez bientôt d'accord. »

Cette simple parole fit tomber subitement leur colère; chacun d'eux sentit que dans cette discussion, toute affection fraternelle était sortie de leur cœur. Ils s'embrassèrent et le différend fut bientôt terminé. Quand à mon tour j'ai eu des différends, je me suis rappelé le mot du vieux curé et l'ai mis en pratique. Aussi n'ai-je jamais eu ni brouille ni procès.

CYR PATRIGEON. — Il n'y a pas d'opinion ni même de droit qui tienne devant le véritable amour de son semblable : c'est là le grand pacificateur du monde.

LA MAITRESSE PATRIGEON. — Voilà bien pourquoi les fêtes de famille sont les plus joyeuses, parce que ces jours-là on s'aime pleinement et l'on oublie les petites aigreurs qui ont pu diviser un instant tous ces parents réunis.

LE VIGNERON. — Cependant la justice, en punissant le coupable rigoureusement, nous enseigne qu'il ne faut rien passer à celui qui a failli.

L'INSTITUTEUR. — C'est bien précisément parce que la

société a une justice qui recherche et punit le crime et les délits, que les particuliers ne sont pas obligés d'être si rigoureux pour le coupable. On doit toujours espérer ramener au bien celui qui s'en éloigne, et cela vaut la peine de surmonter la répulsion qu'il inspire. Souvent il suffit de flétrir hautement et énergiquement les mauvaises actions pour faire naître la honte et le repentir chez ceux qui s'y livrent.

LE PARCHEMINIER. — Malheureusement on fait tout le contraire : on plaisante, on rit des fautes les plus graves, et l'on traite sans pitié le misérable qui, bien souvent, n'a dû sa chute qu'à ces mêmes plaisanteries.

LE VIGNERON. — Prétendriez-vous donc que si chez moi tout ne va pas à ma guise, je doive le souffrir sans rien dire ?

LE CHARRON.—Tu as raison de réprimander ton monde quand il fait mal ; mais encore ya-t-il manière de le faire. Si, à la moindre de tes bévues (et qui n'en commet pas?) on te traitait comme je t'entends souvent mener femme et enfants, je voudrais bien voir comment tu le prendrais ? et devant tout le monde, encore !

L'INSTITUTEUR. — La violence provoque toujours la révolte, c'est dans l'ordre naturel ; car rien de plus indépendant que l'âme qui ne cède jamais qu'à la persuasion.

VÉRONIQUE. — Réservons l'intolérance pour le mal en lui-même ; honnissons-le toujours et partout ; mais miséricorde au pécheur ! Dieu accueille le cœur qui se repent ; et la charité dont on use envers le coupable peut seule faire naître le repentir en lui.

ΟΥΒ PATRIGEON. — Il faut traiter chacun avec les mémes égards et la même indulgence que nous demandons pour nous-mêmes ; c'est ma maxime, à moi.

LE VIGNERON. — Est-ce que je pense à tout cela quand je m'impatiente !

CYR PATRIGEON. — C'est bien là le mal ; tu n'es plus maître alors de la parole, et tu blesses à tort et à travers.

VÉRONIQUE. — Vous avez pourtant sous les yeux et dans votre propre maison, un grand exemple de douceur et de patience, Pivert ; ne voyez-vous pas chaque jour votre digne femme soigner pieusement votre grand'tante dont l'humeur n'est pas commode, et qui est affligée d'infirmités repoussantes ; elle la sert et lui obéit sans se lasser jamais et sans en tirer vanité.

CYR PATRIGEON. — Et toi tu bâilles aussitôt qu'il te faut garder la bonne femme quelques instants, quoiqu'elle soit de ton sang. Elle s'en aperçoit bien, toute aveugle qu'elle est, et fait retomber sa mauvaise humeur sur ta pauvre femme, parce qu'elle a peur de ta violence. Pivert, ce n'est pas tout que d'endurer la présence des infirmes : il faut encore cacher cette tolérance qui les humilie sous des dehors de bonne amitié. Tu ne sais pas combien il est amer de se sentir à charge aux gens qu'on aime !

LA JEUNE FIANCÉE. — Grand-père, il y a des infirmes qu'on soigne avec bonheur, et on se sent tout fier de leur être utile, et de reconnaître par de bons et tendres soins l'honneur qu'on a de leur appartenir.

CYR PATRIGEON. — Allons, viens m'embrasser, petite enjôleuse, et tais-toi.

LE FILEUR, *entrant bruyamment*. — Bonne nouvelle, bonne nouvelle ! je suis nommé premier contre-maître de la filature. Suzanne, embrasse-moi, c'en vaut bien la peine!

LA MAITRESSE PATRIGEON. — Voilà un fameux cadeau de noces, Rémi ! raconte-nous comment c'est arrivé.

LE FILEUR. — Ce soir les fileurs, dont une partie était allée à la noce sans en prévenir le patron, et la moitié du reste au cabaret, ont été vertement tancés, une grande quantité de laine devant être livrée ces jours-ci à la fabrique de Châteauroux et à celle de Romorantin ; car, sans vanité, notre filature est la meilleure qu'il y ait à vingt lieues à la ronde. Les ouvriers se sont mutinés et ont juré de ne pas reprendre l'ouvrage à moins d'une augmentation de salaire; le patron a protesté qu'il fermerait plutôt son usine que de céder à d'injustes prétentions, et il est rentré chez lui. Ce peu de mots a dégrisé un bon nombre de mutins qui sont restés tout penauds. J'ai profité de leur confusion pour les faire rentrer dans le devoir, et les plus faciles à conduire se sont remis à l'ouvrage. Je suis resté avec les obstinés (et je dois dire que ce sont aussi les plus habiles); j'ai essayé de leur faire entendre raison aussi. Comme ils ne donnaient que de mauvais prétextes, le sang m'a monté aux oreilles et je les ai malmenés d'importance. J'ai vanté hautement l'équité du patron qui ne ferait pas tort d'un quart d'heure de travail au dernier des enfants qu'il emploie. Mon éloquence furibonde a imposé a la moitié des récalcitrants qui ont repris leur travail; le reste, formant le quart des ouvriers à peu près, s'en est allé.

Je suis rentré à l'usine où j'ai fait valoir l'embarras du patron qui serait grandement mortifié en manquant à son exactitude ordinaire envers ses principaux clients; tous ont offert d'ajouter deux heures à leur travail de chaque jour pour terminer la besogne livrable d'ici à peu de temps, afin de soutenir l'honneur de la filature. Voyez comme l'esprit passe vite du bien au mal et du mal au bien quand il est sorti de son assiette ordinaire ! Je me suis empressé de porter cette bonne nouvelle au patron. Bien, m'a-t-il dit : tes camarades n'auront pas à se repentir de leur généreuse résolution ; mais comme je n'ignore pas que c'est toi qui les as fait rentrer dans le devoir, il est naturel que je te donne toute ma confiance. Cette mutinerie des ouvriers m'ayant fourni l'occasion d'apprécier ton énergie et ta droiture, tu seras mon premier surveillant, tu me remplaceras en cas d'absence, et avec toi je dormirai tranquille.

— Monsieur, je crains d'être trop jeune encore pour prendre sur les ouvriers toute l'autorité nécessaire.

— Mon garçon, ils t'ont vu à l'œuvre aujourd'hui, et tu as conquis tout d'un coup l'ascendant de l'homme qui comprend son devoir et le remplit à ses risques et périls. Choisis toi-même tes chefs d'atelier, puisque les anciens sont tous partis, espérant me laisser dans un grand embarras ; mais ils ne rentreront pas, et nous verrons si à nous deux nous parviendrons à nous tirer d'affaire.

Avec tout cela, maîtresse, j'ai grand'faim, car je n'ai pas soupé.

LA MAITRESSE PATRIGEON. — Et nous qui te croyions en goguette ! Suzanne, sers-lui ce qu'il y a de mieux à la maison.

GYR PATRIGEON. — Et toi, Simon, vas tirer trois grands pichets de bon vin vieux, nous boirons tous à sa santé ; car c'est bien, ce qu'il a fait là, le jeune homme ! cela passe l'éponge sur toutes les folies qu'il nous a débitées, et qui heureusement ont traversé son esprit sans le fausser.

Tiens, voilà Suzanne qui t'apporte du jambon; elle disait bien, la brave fille, que ce n'était pas le plaisir qui retenait son galant loin d'elle.

LE FILEUR. — Ni aujourd'hui ni jamais, ma Suzanne; tu peux être tranquille.

L'INSTITUTEUR. — Avait-on tort de dire, mes amis, que pour remplir son devoir il faut être sain de corps aussi bien que d'esprit? Si Rémi avait eu la fièvre aujourd'hui, aurait-il pu se mettre en lutte ouverte avec ses camarades? le sentiment instinctif de sa faiblesse eût suffi pour le tenir à l'écart. Il ne se fût pas mis au nombre des révoltés, j'en suis convaincu, mais il n'eût eu aucune action sur les mutins. Les malades et les infirmes s'abstiennent du mal, s'ils sont honnêtes, mais presque toujours ils sont impuissants à faire le bien.

LE SERRURIER. — Même quand on est en santé, ce n'est pas une petite affaire que de bien remplir son devoir!

L'INSTITUTEUR. — Hélas! non. Les mauvaises habitudes, qui deviennent si facilement de mauvais penchants, nous font sortir du droit chemin et nous induisent à chercher notre satisfaction aux dépens d'autrui; mais la conscience, cette sentinelle vigilante, ne manque pas d'avertir qui veut l'écouter.

LE VIGNERON. — Vous en parlez bien à votre aise! est-ce qu'on est le maître de faire ce qu'on veut!

CYR PATRIGEON. — Certainement, l'on peut *faire* ou ne pas *faire* quand on le veut! Si l'on ne gouverne pas toujours les événements, on est le maître de sa propre volonté; on peut toujours choisir entre ce qui est bien et ce qui est mal.

LE CORDIER. — Il y a pourtant des gens qui sont si simples qu'ils ne sauraient pas distinguer l'un de l'autre.

CYR PATRIGEON. — Voilà ce que je nie formellement, et je n'en veux pour preuve que l'empressement que met un tout petit enfant, le simple entre les simples, à cacher sa faute aussitôt qu'il l'a commise.

L'INSTITUTEUR. — Songez donc, Blin, que s'il en était comme vous le dites, il ne pourrait y avoir de justice ni dans ce monde ni dans l'autre. Dieu nous a laissés parfaitement libres de nos actions, nous donnant la raison pour guide et la conscience pour juge; nous n'avons donc aucune bonne raison à faire valoir quand nous n'écoutons ni l'une ni l'autre.

LE CORDIER. — C'est qu'il est tant de sortes de devoirs qu'on s'y perd, et que rien n'est plus facile que d'en oublier quelques-uns.

L'INSTITUTEUR. — Pas si nombreux ni si difficiles que vous le pensez, car les devoirs se résument en un seul : *aimer le prochain* et le *faire passer avant soi-même.* Celui qui s'oublie complétement et n'est occupé qu'à faire tout le bien possible, même dans les plus petites choses, remplit son devoir qui est de tous les temps, de tous les pays et de toutes les conditions. Tous les autres ne sont que des devoirs relatifs.

ÉTIENNE. — Ne trouvez-vous donc pas qu'il est des devoirs qui se contrarient? Par exemple, un des plus grands que puisse avoir un père de famille, est de développer l'intelligence de ses enfants. Mais chez le pauvre ouvrier, n'est-il pas subordonné au devoir d'assurer leur nourriture de chaque jour?

L'INSTITUTEUR. — Aussi ce devoir relatif à la nourriture

intellectuelle des enfants est-il restreint pour les pauvres ouvriers; mais ceux qui sont à l'aise n'ont pas d'excuse à retirer leurs enfants des écoles aussi tôt qu'ils le font.

LE PARCHEMINIER. — L'homme qui, au lieu d'occuper honnêtement ses loisirs, les consacre à des plaisirs abrutissants, remplit tout aussi mal son devoir envers l'intelligence qu'il a reçue du ciel, qu'il le remplirait mal envers son corps s'il ne le nourrissait pas suffisamment.

LE MEUNIER. — A mon avis, le plus grand devoir est la fidélité à la parole donnée, car c'est sur lui que repose l'ordre social, la sécurité de la famille, et par conséquent celle de tout le monde.

LE VIGNERON. — Il faut bien que ma fille aînée soit de votre avis, maître Pigelet : je viens encore de lui trouver un bon parti, et c'est le quatrième; elle le refuse comme tous les autres en disant qu'elle s'est engagée à attendre Pierre Badinot, qui est en Afrique et qui n'a pas donné de ses nouvelles depuis un an. J'ai beau lui dire qu'il ne pense peut-être plus à elle, et que l'an prochain, quand il reviendra, il pourrait bien se marier à une autre; elle me répond : « Mon père, j'ai donné ma parole, et il y a promesse entre nous. S'il manque à son devoir, cela ne me dispense pas de faire le mien. J'attendrai que Pierre vienne me délier de ma parole ou bien tenir la sienne.

CYR PATRIGEON. — Voilà ce que j'appelle une brave fille et dont tu dois être fier, voisin!

PIVERT. — Oui sans doute; mais le temps passe, et elle a déjà vingt-cinq ans.

LE MARÉCHAL. — Je connais Pierre, puisque c'est moi qui lui ai appris l'état; je puis donc dire que je le regarde comme incapable de manquer à sa parole; Marianne a raison d'y compter. Ainsi, Pivert, ne la tourmente donc plus.

ÉTIENNE. — Le devoir, c'est de ne prendre aucune mauvaise habitude : car ce sont autant de liens qui nous enlèvent notre liberté d'agir, et nous empêchent souvent d'être utiles à l'occasion.

LA MAITRESSE PATRIGEON. — On doit aussi fuir les mauvais exemples comme la peste, parce qu'ils sont contagieux, et qu'on finit par les suivre involontairement.

LE MEUNIER. — N'est-ce pas aussi un devoir d'entretenir en nous le besoin de l'estime et de la bienveillance des gens de bien, pour nous soutenir dans nos bonnes résolutions !

VÉRONIQUE. — Un des plus difficiles à remplir est de lutter contre la tentation ; et comme plus on compte sur sa force et plus on en a, on est assuré de la victoire quand on a le ferme propos de la remporter. Malheur à qui croit ne pouvoir résister : il est vaincu avant le combat.

LE CORDIER. — Dame ! mademoiselle Véronique, si l'on ne peut pas absolument résister ?

VÉRONIQUE. — Mon cher Blin, ce sont là de ces raisons qu'on se donne quand on a bonne envie de succomber. Il serait vraiment trop commode de dire en toute occasion : *Je n'ai pas pu !*

L'INSTITUTEUR. — Avec une telle excuse, on en arrive à légitimer toutes les mauvaises actions. Qui donc prouverait aux criminels qu'ils ont mal fait, si l'on admet qu'on ne peut pas toujours résister à la tentation ? qui donc dira à quel point s'arrête la possibilité de cette résistance ?

VÉRONIQUE. — Quand on aime Dieu et qu'on tient ses regards constamment fixés sur les gens de bien, l'on a toujours le courage de combattre et la certitude de vaincre.

LA MEUNIÈRE. — Vous ne parlez pas du devoir qui nous oblige à faire des économies pour nos enfants et aussi pour nos vieux jours. L'économie n'est-elle pas cette vertu qui nous met à l'abri de la pauvreté et qui nous permet de soulager plus malheureux que nous encore?

LE MEUNIER. — Sans compter qu'elle nous délivre de la tentation de mal faire, qui assiége trop souvent les misérables.

UNE BRU. — Et la propreté, ce devoir intime envers nous et ceux qui nous approchent?

LA FIANCÉE. — Ma tante, est-ce que ce n'est pas un plaisir?

UNE BRU. — Oui, Suzanne, mais un plaisir qui n'est pas compris par toutes les femmes. Que penser de celle qui ne cherche point à flatter les regards de son mari par la bonne tenue de sa personne et celle de sa maison? qui ne sait pas lui donner toutes ses aises au retour de l'ouvrage, selon sa position? La propreté du corps prouve le respect qu'on se porte à soi-même.

VÉRONIQUE. — Sans faire une idole de son corps, il est bon de le tenir d'un aspect agréable, puisqu'il est l'enseigne de l'âme. La beauté ne dépend pas de nous, mais il est toujours possible, sauf des cas fort rares, de cacher les infirmités dont on est atteint, afin de ne pas inspirer du dégoût.

LA MEUNIÈRE. — Avez-vous remarqué comme moi, voisines, que quand la maison est bien propre et bien rangée, qu'on est tirée à quatre épingles, on éprouve un contentement qui rend meilleure, et qu'on supporte plus patiemment la mauvaise humeur et les infirmités de tout le monde?

L'INSTITUTEUR. — Un des devoirs les plus négligés parce qu'il est mal compris aussi, c'est de faire part de toutes les bonnes idées qui viennent d'elles-mêmes ou qui nous sont suggérées; car les idées comme la vérité sont un bien commun à toute l'humanité, et il faut s'empresser de les répandre.

CYR PATRIGEON. — N'arrive-t-il pas bien souvent que la vérité s'altère en passant par un si grand nombre de bouches?

L'INSTITUTEUR. — Que voulez-vous, monsieur Patrigeon! c'est un effet inévitable de la faiblesse humaine qui rend encore plus grand le devoir de proclamer la vérité en toute occasion; autrement on se rend complice de tout le mal qui se fait. Refuser de faire part de ses lumières, tant faibles soient-elles, c'est refuser d'indiquer son chemin à l'homme qui va s'égarer faute de le savoir.

LE CORDIER. — Je ne conçois pas que vous trouviez ainsi des devoirs partout.

L'INSTITUTEUR. — C'est, qu'en effet, la vie n'est remplie que de cela; chacun a ses devoirs particuliers en dehors des devoirs généraux. Ainsi, le père de famille doit élever ses enfants dans l'amour de Dieu et du prochain, et leur donner l'exemple du travail et de la probité. Le devoir des enfants est d'être respectueusement soumis à leurs parents et de les assister dans leurs vieux jours. Les maîtres doivent protection et bon exemple à leurs serviteurs, et le devoir de ceux-ci est d'honorer leurs maîtres en soignant leurs biens comme s'ils y avaient un intérêt direct : le patron doit justice et assistance à l'ouvrier qu'il emploie, lequel lui sera fidèle et ne le frustrera pas d'une seule minute de son temps. Le marchand, l'artisan, doivent de bonne marchandise à leurs chalands qui, de leur côté, sont tenus d'en acquitter le prix sans retard.

ÉTIENNE. — Nos devoirs s'étendent jusqu'aux animaux qui nous servent; il faut les bien nourrir et les traiter avec beaucoup d'humanité. Est-il rien de plus révoltant que de voir maltraiter une pauvre bête qui ne peut pas se défendre?

LE CORDIER. — Toute cette humanité ne vous empêche pas de vendre votre bétail au boucher, après l'avoir si bien soigné à l'étable.

ÉTIENNE. — Le boucher les tue, mais ne les maltraite pas; et comme l'animal ne prévoit pas la mort, il ne souffre pas à l'idée de son approche.

L'INSTITUTEUR. — Ce qui prouve combien la religion du devoir est profondément gravée au fond de l'âme de chacun, c'est le blâme général qui tombe sur l'homme qui s'en affranchit, et l'empressement que met toute société dès son début à se donner un délégué, lequel a le droit de punir quiconque néglige de remplir les devoirs qui font la sécurité de tous; et remarquez avec quelle docilité on se soumet à ces sentences, bien qu'elles ne soient pas toujours exemptes d'erreur! C'est qu'il n'est personne qui ne soit pénétré de la nécessité de respecter les droits de tout le monde, afin de faire respecter les siens propres. Il ne faut jamais oublier que les droits et les devoirs marchent de front et s'équilibrent toujours.

LE FILEUR. — Monsieur Lumet, que veut dire bien nettement le mot de droit?

L'INSTITUTEUR. — *Droit*, dans son expression la plus simple, signifie ligne droite. Avoir droit à quelque chose, c'est pouvoir suivre la ligne droite pour entrer en possession sans froisser en chemin l'intérêt d'autrui. Chacun a le droit de faire tout ce qui est nécessaire à la conservation de son existence, pourvu qu'il ne porte préjudice à qui que ce soit. Celui qui, pour vivre, dérobe ce qui ne lui appartient pas, ne saurait être dans son droit, quelque pressant que soit son besoin. Si l'âge ou la maladie l'empêche de travailler, il a droit à l'assistance publique, et le secours ne lui est pas refusé. Chacun a également le droit de défendre sa vie contre tout danger qui la menace.

LE VIGNERON. — Et chacun a bien le droit aussi de parler quand il lui plaît.

CYR PATRIGEON. — Pas toujours, Pivert, pas toujours ! Toi qui te piques de dire tout ce qui te plaît, tu dépasses ton droit, bien certainement, car tu blesses souvent ceux à qui tu t'adresses; et leur droit à la tranquillité est aussi respectable que le tien à la parole.

L'HUISSIER. — La bonne et véritable conduite en toute chose est de respecter les droits de chacun, et il est toujours possible de soigner ses propres intérêts sans nuire à ceux d'autrui.

LE PARCHEMINIER. — Est-il un droit dont on ait plus abusé que de celui de la parole, soit dit sans choquer le voisin Pivert ?

L'INSTITUTEUR. — N'oubliez pas que le droit naturel repose sur cette notion que *l'homme est né bon et juste*. S'il dévie de cette bonté et de cette justice native, c'est qu'il laisse prendre trop d'empire aux passions qui, mieux dirigées, porteraient de bons fruits.

ÉTIENNE. — Au fait l'avarice, cette honteuse passion qui témoigne du plus révoltant égoïsme, n'est que l'exagération de l'économie, qualité précieuse en elle-même. La prodigalité qui ruine les familles devient libéralité si elle est contenue dans de justes bornes.

VÉRONIQUE. — Comme il faudrait être un saint pour faire le bien sans en retirer une satisfaction personnelle, Dieu nous a donné la *sympathie* et la *compassion* pour rendre notre tâche plus facile et plus agréable; et cependant, si l'une et l'autre sont poussées jusqu'à la faiblesse, on arrive insensiblement à tolérer le vice.

LA MEUNIÈRE. — Est-ce que vous ne mettez point au nombre des devoirs l'ordre qui amène la prospérité dans le ménage du pauvre travailleur, sans lui imposer de trop grandes privations? car l'ordre parfait qui double la durée de toutes choses est une véritable richesse.

L'INSTITUTEUR. — Enfin, chacun est si bien imbu de l'idée du devoir, que le premier venu vous répondra parfaitement juste si vous l'interrogez sur les devoirs généraux.

LE CORDIER. — Il se pourrait bien que l'on ne vît pas aussi clair quand il s'agit de ses propres intérêts.

L'INSTITUTEUR. — C'est vraiment bien ce qui nous impose le devoir de répandre les lumières par tous les moyens possibles; car, enfin, si chacun était bien renseigné sur son véritable droit, il ne nuirait jamais à celui d'autrui, et loin de se disputer et même de plaider, l'on se soutiendrait mutuellement. Qui donc se refuse à donner un bon conseil quand on le lui demande, ou se refuserait à le suivre s'il est de bonne foi?

LE FILEUR. — Je trouve les fermiers qui, vivant isolés,

ont peu de devoirs à remplir, bien plus heureux que les habitants des villes.

ÉTIENNE. — Où as-tu pris, mon garçon, que les devoirs de l'agriculteur qui dirige une exploitation soient moins compliqués que ceux du travailleur de la ville? Le fermier n'exerce-t-il pas un grand commandement ? Ne faut-il pas qu'il s'occupe de tout ce monde qui est sous ses ordres? Et si, moralement, il a plus de satisfaction que l'ouvrier de la ville, c'est que ses nombreux devoirs sont bien déterminés, étant responsable du mal tout comme du bien qui se fait chez lui.

VÉRONIQUE. — Le seul et vrai bonheur, celui auquel rien ne saurait porter atteinte, repose sur le calme de la conscience et sur un grand fond d'affection. N'est-ce pas là ce que Dieu nous a donné de meilleur au monde?

LA JEUNE FIANCÉE. — Ma tante Véronique a bien raison; il n'y a rien de tel que de se sentir le cœur rempli d'affection pour sa famille et pour ses amis.

VÉRONIQUE. — Et pour tout le monde.

CYR PATRIGEON. — Il est bien reconnu que celui qui aime est plus heureux que celui qui est aimé; aussi les gens qui entretiennent la haine et la jalousie dans leur cœur portent-ils la peine de leurs fautes en étant privés ce ce bonheur-là.

LE MARÉCHAL. — Êtes-vous bien certain de ce que vous dites? Il m'est permis d'en douter, moi qui, sincèrement attaché à ma famille, à mes amis, à mes voisins, n'ai cependant jamais été heureux!

VÉRONIQUE. — C'est que, mon pauvre Blanchard, vous ne cherchez pas le bonheur là où il se trouve réellement. Il ne repose pas entièrement dans les tristes événements

qui vous ont privé de plusieurs de vos enfants et enlevé
la meilleure partie de cette petite fortune si laborieusement et si honnêtement acquise. Il est dans le témoi-
gnage de votre conscience, qui vous dit que vous avez
toujours rempli loyalement vos devoirs, et aussi dans la
tendre affection de la famille qui vous reste, ainsi que
dans l'estime générale. Rien au monde ne peut vous enlever le prix de vos vertus; n'est-il pas hautement reconnu
que vous êtes l'exemple du quartier, et que les gens qui
vous fréquentent en deviennent meilleurs? Le chagrin
peut bien vous atteindre, mais non le malheur.

BLANCHARD. — Vous êtes trop honnête, mademoiselle
Véronique, de parler de mes vertus; je ne suis malheureusement pas en position de faire grand bien.

VÉRONIQUE. — Mon ami, le mérite des services qu'on
rend ne consiste pas dans leur importance, mais dans les
sacrifices qu'ils exigent, et dans le cœur qu'on y met. Par
exemple, quand, pour obliger plus pauvre que vous, vous
prenez sur votre nécessaire, vous faites plus que le riche
qui donne beaucoup. Convenez que quand l'occasion se
présente d'agir ainsi, vous éprouvez une satisfaction qui
vous aide à supporter vos ennuis ?

LE VIGNERON. — Croyez-vous donc qu'on peut être heureux quand on a des ennemis ?

ÉTIENNE. — Pourquoi as-tu des ennemis ? pourquoi es-
tu brouillé avec tout le monde ? Quand tu crois avoir à te
plaindre de quelqu'un, fréquente-le moins; vos relations
se dénoueront tout doucement et sans scandale. Toutes
les querelles où l'on s'offense mutuellement mettent du
fiel dans le cœur; et le plus grand malheur des mésintel-
ligences est que plus on se sent de tort, moins on est disposé à pardonner aux gens dont on a à se plaindre; et si

l'on finit par se réconcilier, ce n'est pas bien sincèrement, parce que le souvenir des mauvais propos ne s'efface jamais complétement.

LE CHARRON. — Voilà pourquoi je ne parle jamais de mon ancien voisin, le bourrelier, dont j'ai tant à me plaindre, parce que je sens bien que je ne serais pas maître de ma langue, qu'elle irait plus loin qu'il ne le faut, et que je n'entends pas laisser troubler ma tranquillité par le souvenir d'un homme que je ne peux pas estimer.

CYR PATRIGEON. — Tu as grand'raison, mon cher ami, de respecter ta tranquillité et ton bonheur ! C'est le plus souvent faute d'une attention si simple que le bien nous devient difficile et désagréable.

LE CORDIER. — Vous avez beau dire, il n'est point du tout aisé d'être heureux.

VÉRONIQUE. — Pourquoi donc cela, Blin ? Il ne s'agit que de pratiquer l'oubli de soi-même, dont nous avons tant parlé. Celui qui est toujours prêt à rendre service s'inquiète peu de ce qui lui manque, et le bonheur se tient à sa porte.

LE CORDIER. — Laissez donc ! Pour être heureux, il faudrait n'avoir besoin de rien.

ÉTIENNE. — Et l'ennui donc ? Nous avons déjà débattu cette question à propos du travail et du progrès. Quand il nous faut chômer quelque grande fête plusieurs jours de suite, nous ne savons que devenir, et le lendemain nous reprenons l'ouvrage de bon cœur.

CYR PATRIGEON. — Le bonheur serait plus commun si tant de gens n'étaient pas dévorés d'ambition !

L'INSTITUTEUR. — Monsieur Patrigeon, l'ambition n'est

pas aussi condamnable que vous semblez le croire; elle
n'est que l'interprétation exagérée de cette loi du progrès
qui nous porte à la recherche du *mieux*, et qui pousse
sans cesse le monde dans la voie que la Providence lui a
tracée. A chaque pas qu'on y fait, on voit les choses de
plus près et on en juge plus sainement. Alors on comprend que ce qui convenait hier ne suffit plus aujour-
d'hui, et l'on se met de nouveau en quête de ce qu'il faudra demain.

VÉRONIQUE. — Le bonheur est proportionné non pas aux
choses qui le donnent, mais bien au cœur qui en jouit; et
celui qui n'est pas pur de tout mauvais sentiment ne
saurait y prétendre.

CYR PATRIGEON. — Mes bons amis, voilà les noix cas-
sées et *curées*, grâce à votre aide, et nos bonnes veillées
sont arrivées à leur terme. Demain, la maîtresse nous fera
faire un bon *berlaud* [1], en vous remerciant de votre obligeance. A demain donc, et pas trop tard; que personne
ne manque à la réunion, dont le père Puy fera partie; car
il vient de prendre livraison de deux beaux bœufs que
lui a vendus Étienne : deux belles bêtes, ma foi !

[1] Fête qui termine tout travail important, comme la moisson, les
vendanges, etc.

CONCLUSION

Le lendemain, une bonne partie des amis et des voisins était réunie à la ferme quand Pivert y entra, suivi de son jeune garçon. Voyant l'étonnement de chacun, il s'avança vers le fauteuil où se tenait Cyr Patrigeon en lui disant :

— Quoique je sois pas mal têtu, je me rends pourtant aux bonnes raisons qu'on m'a données depuis le commencement des veillées pour me prouver la nécessité de l'instruction. Je suis allé chercher le *petit* ce matin, je vous l'amène afin qu'il vous remercie, et demain je le conduirai à l'école primaire où il retrouvera son ami Georges Limondin.

CYR PATRIGEON, *tendant la main à Pivert.* — Touche là, voisin ; voilà qui raccommode bien des choses. Je t'estime plus pour avoir sacrifié ton opinion dans cette circonstance que si tu avais agi par inclination naturelle ; cela prouve d'ailleurs que nous n'avons pas perdu notre temps en traitant toutes ces questions, chacun selon ses lumières, et que nous nous sommes éclairés mutuellement. Quant à moi, je n'ai pas honte d'avouer, tout vieux que je suis, que j'avais tort de blâmer le luxe que chacun peut payer sans dommage pour sa famille, et je me réjouirai franchement des progrès de l'industrie qui met à la portée du paysan ce beau drap, lequel, à tout prendre, n'est

que la toison de nos moutons, mieux travaillée qu'autrefois.

LE CORDIER. — Vous avez raison, monsieur Patrigeon,
toutes les paroles qu'on a dites n'ont pas été perdues. Moi
qui tiens à mes idées autant au moins que le voisin Pivert, j'ai renoncé à plus d'une par suite de nos discussions, et je commence à douter de la justesse de quelques
autres. Je reconnais que le travail est sain à l'âme tout
comme au corps, et je ne rêve plus un loisir sans
fin et une aisance que je n'aurais pas gagnée. Je
suis bien résolu à employer mon *capital temps* de façon
à donner pâture à l'activité de ma tête, qui va trop
vite quand mes mains sont oisives. Vous m'avez fait
entrevoir le bonheur qui logeait près de moi sans que je
m'en fusse encore douté ; aussi n'oublierai-je jamais nos
veillées de cette année ni le service qu'elles m'auront
rendu. Il suffit de vous dire que ma maison est assurée de
ce matin, ainsi que mes cordes et mon chanvre.

CYR PATRIGEON. — Et tu as bien fait, camarade. La so-
iété n'étant, comme nous l'avons prouvé, qu'une grande
assurance mutuelle, honte à qui lui refuse sa participation ! Quand je pense que moi, obscur paysan, je reçois
en un mois, jour pour jour, une lettre de mon filleul qui
est établi à six mille lieues de France : que cette lettre
m'est remise ici, dans mes mains, moyennant un port
d'un franc dix centimes, je rends grâce de grand cœur à
l'organisation de cette société qui m'épargne tant de peines et me donne tant de jouissance. Aussi ai-je la plus
grande sympathie pour l'homme laborieux, non-seulement parce que l'honnêteté et les bonnes mœurs sont la
conséquence du travail, mais parce que cet homme concourt efficacement au bonheur général. Apprenez bien

cette vérité à vos enfants, mes amis : qu'ils sachent que, par une loi toute providentielle, le travail nous améliore sans cesse ; apprenez-leur aussi à ne jamais mettre en doute la bonne foi des gens qui ne les ont pas trompés ; car le soupçon amoindrit l'homme qui le conçoit par excès de prudence, en même temps qu'il blesse celui qui s'en voit l'objet ; et s'il est important d'éviter toute souillure, il ne l'est pas moins de n'offenser qui que ce soit.

LE SERRURIER. — Moi, je ne m'en cache pas, voisins, je me sens meilleur depuis une quinzaine ; je payerai maintenant l'impôt de bonne grâce quoiqu'il me semble encore un peu lourd, car j'en reconnais la nécessité. Je ne craindrai plus de voir les produits de tout travail monter à des prix exagérés, puisque tout producteur d'une chose étant consommateur de beaucoup d'autres, il faut bien que l'équilibre finisse par s'établir ; car l'un voulant toujours vendre trop cher et l'autre acheter à trop bon marché, le prix raisonnable se fixe entre ces deux prétentions opposées. Enfin, que vous dirai-je ? je me sens heureux, quoique je n'aie pas fumé depuis la promesse faite à maître Limondin de ne pas toucher à une pipe.

LIMONDIN. — Quel effet vous a produit ce changement d'habitudes ?

LE SERRURIER. — Les premiers jours j'étais inquiet, cherchant ce qui me manquait, et je travaillais mal, mais bientôt ma tête s'est trouvée plus libre, et mon ancienne gaieté perdue depuis si longtemps est revenue ; hier, en travaillant, je me suis même surpris à chanter.

LIMONDIN. — Puisque chacun fait sa confession, je te dirai, Étienne, que j'ai acheté des graines fourragères comme toi ; ainsi mon propriétaire me devra une augmentation de revenu l'an prochain. Je dois avouer que je me

cens tout honteux quand je songe où l'égoïsme m'avait
conduit sans que je m'en fusse douté; ça m'avertit de bien
veiller sur moi-même.

LE MARÉCHAL. — Vous aviez bien raison de le dire; je
reconnais combien j'étais ingrat envers la Providence sans
m'en rendre compte. Je me sens beaucoup moins triste
depuis que mademoiselle Véronique m'a prouvé que chacun porte le bonheur en soi; la vie semble plus facile autour de moi, et je vois bien qu'on s'y trouve plus heureux;
enfin, je puiserai des forces contre mes peines dans le bonheur de ma famille.

PUY, LE BOUCHER. — Je n'ai pourtant passé qu'une soirée au milieu de vous; mais j'ai été si frappé de ce que j'ai
entendu dire que je l'ai sans cesse ressassé dans ma tête,
et voilà qu'aujourd'hui je dis comme vous, que celui qui
ne respecte pas la loi, même quand elle le gêne, finit par
ne respecter personne, ni lui-même. Il en arrive à abuser
insensiblement de toutes choses et descend plus bas qu'il
ne l'aurait voulu. Je reconnais donc qu'un homme de
cœur doit obéir aux règlements de la société qui le protége depuis sa naissance jusqu'à son dernier jour; et
comme je tiens beaucoup à l'estime des braves gens, je
vous déclare que je ne fais plus entrer en fraude une
seule tête de bétail.

LE CHARRON. — Qui donc pourrait rester dans une telle
compagnie sans sentir son esprit s'éclairer et sa raison
s'affermir? Chacun de nous s'est débarrassé de bien des
préjugés pendant cette bienheureuse quinzaine, et j'en
rends grâces à ceux qui ont bien voulu nous assister de
leurs lumières.

LA MÈRE CHOPIN. — Oh! moi, d'abord, je les remercie de
grand cœur de ce service-là, autant que pour les secours

que j'en reçois chaque jour. Depuis qu'on m'a bien fait voir toute la laideur de mon péché d'envie, je l'ai chassé loin de moi, et je me trouve légère comme l'hirondelle. Il me semble que tout rit autour de moi depuis que je ne hais plus personne.

L'INSTITUTEUR. — Mes bons amis, vous êtes tous de braves et excellentes gens ; si quelque mauvaise pensée éclôt par hasard dans votre tête, il suffit d'y porter la lumière pour l'en faire déloger au plus vite. Je suis convaincu que vous ne jalouserez plus la supériorité de personne, pas plus que vous ne mépriserez ceux qui sont moins éclairés que vous. Vous ne douterez plus que ce qui fut donné aux uns l'a été également aux autres, et qu'il ne s'agit que de savoir en tirer parti. Mais comme tous les enfantements, celui-là est douloureux, et la paresse n'y trouve pas son compte. Dieu l'a ainsi réglé pour nous laisser le mérite de nos œuvres. Admirons donc sincèrement les hommes qui n'ont pas reculé devant ce rude travail, et plaignons ceux qui n'ont pas eu le courage de l'entreprendre. Cela nous aide à comprendre que nous sommes presque toujours les artisans des peines qui troublent notre vie ; en la maintenant pure de tout excès et de tout mauvais sentiment, il est peu de maux qui puissent nous atteindre en dehors de ceux qui tiennent à notre nature mortelle. L'homme éclairé se conduisant d'après les lois de la morale, vit calme et heureux. Ne nous inquiétons plus de l'avenir du monde, puisque aussitôt qu'un besoin impérieux se fait sentir à l'humanité, le moyen d'y satisfaire se produit presque immédiatement.

VÉRONIQUE. — Et quelle que soit l'immensité de nos désirs, notre âme est plus vaste encore.

LA MAITRESSE PATRIGEON. — Le temps passe et Rémi

ne vient pas. Le souper est cuit à point et ne peut que perdre à attendre.

CYR PATRIGEON. — Je n'entends pas qu'on soupe sans lui : s'il se fait attendre, c'est qu'il ne peut mieux faire, et Suzanne, sa promise, que je vois d'ici surveiller les pâtisseries qui sortent du four, est fort de mon avis, je gage.

LE FILEUR, *entrant*. — Excusez-moi, monsieur Patrigeon, d'avoir fait attendre la compagnie qui veut bien me traiter comme un vieil ami, quoique je ne sois pas du pays; mais il n'y a pas de ma faute dans ce retard, vous pouvez m'en croire. Vous comprendrez tous qu'un premier contremaître n'est pas aussi libre qu'un simple ouvrier. Ce matin j'étais à l'usine un quart d'heure avant mes camarades pour constater leur présence et le moment précis de leur arrivée. Quand vient le goûter je sors le dernier, et je rentre le premier à la reprise de l'ouvrage. Ce soir j'ai dû faire l'inspection de la filature après la sortie des ouvriers qui travaillent, comme je vous l'ai dit, une heure de plus le matin et une de plus le soir. Enfin, il a bien fallu aller rendre compte au patron de la manière dont les choses se sont passées aujourd'hui; et tout cela m'a pris plus d'une heure.

LE PARCHEMINIER. — Eh bien! mon garçon, que dites-vous de cette théorie de l'égalité des salaires? Pensez-vous maintenant que le contre-maître qui exerce une surveillance continuelle et se trouve chargé d'une grande responsabilité, ne mérite pas un salaire plus élevé que le simple ouvrier qui, trop souvent, travaille comme la mécanique qu'il fait marcher.

LE FILEUR. — Ah! monsieur Châtelain, tous ces songes creux sont bien dissipés, je vous assure; il ne m'en reste plus rien du tout. Cette mutinerie de nos ouvriers m'a ouvert les yeux; l'autorité que j'exerce depuis un jour seulement m'a fait sérieusement réfléchir à tout ce qu'on a dit et écrit sur le travail comme sur le salaire. Ma raison s'est plus mûrie depuis ces vingt-quatre heures, grâce aux bonnes semences que j'emportais d'ici chaque soir, qu'elle ne l'aurait fait en plusieurs années dans les circonstances ordinaires. Je sens maintenant l'importance de la modération et de la mesure en toutes choses, et j'avoue humblement que toute innovation prématurée peut être fort dangereuse, quand bien même elle serait bonne en soi. Vous m'avez convaincu que ce qui est raisonnable est toujours possible parce que, quand une chose est bonne et utile, elle peut et doit s'accomplir; ce n'est plus alors qu'une affaire de temps. Monsieur Patrigeon, vous pouvez me confier sans crainte le sort de votre arrière-petite-fille; je ne compromettrai jamais son avoir pas plus que mon propre honneur.

CYR PATRIGEON. —Allons, ma bru, servez vite et buvons à la santé des fiancés. Que personne n'oublie qu'il est de la noce qui se fera à Noël, et que pas un n'y manque, entendez-vous!!!

VÉRONIQUE. — Mes chers voisins, je crois que tout ce qui s'est dit dans ces douze veillées aurait pu se réduire, à la rigueur, aux paroles du bon curé dont nous a parlé maître Pigelet : *Aimez-vous les uns les autres.* En suivant ce doux commandement, le bien se fait de soi-même, et la paix règne dans les âmes.

Nohan, le 3 juin 1866.

TABLE DES MATIÈRES

HUITIÈME VEILLÉE.

NEUVIÈME VEILLÉE.

DIXIÈME VEILLÉE.

ONZIÈME VEILLÉE.

DOUZIÈME VEILLÉE.

FIN DE LA TABLE DES MATIÈRES.

COULOMMIERS. — TYP. PAUL BRODARD

www.ingramcontent.com/pod-product-compliance
Ingram Content Group UK Ltd.
Pitfield, Milton Keynes, MK11 3LW, UK
UKHW021916070726
13614UKWH00001B/72